神野直彦
小西砂千夫

日本の地方財政

第**2**版 Local Government Finance in Japan

有斐閣

第2版刊行にあたって

「十年一昔」といわれるけれども，本書の第2版を「十年」の半分ほどの歳月が流れたところで，世に送り出すことになった。「十年一昔」とは十年を一区切りとして社会の変化を眺めると，その間に，激しい変化が生じているという意味である。とはいえ，この間の地方財政は，1つの時代の区切りともいわれる十年も経ることなく，激しい制度的変化を遂げている。本書の内容を改訂しようと決意するにいたったのは，こうした地方財政の制度的変化を反映させるためである。

したがって，この改訂は主として，本書の初版以降，地方財政に加えられた制度的改革に対応することに焦点を当てている。地方財政改革が短期間のうちに激しく実施されているのは，現在が疾風怒濤の「危機の時代」だからである。しかも，この「危機の時代」の迷宮から抜け出す「アリアドネの糸玉」の役割を，地方財政が果たさなければならないからである。本書を小西砂千夫教授と執筆したのも，そうした思いからである。

本書は小西教授と私との文字どおりの共同執筆である。改訂にあたっても，その方針には変わることがないけれども，私は視覚に障害があるため，新しき事態への対応する作業は，どうしても小西教授の獅子奮迅の活躍に甘えざるをえなかったことを申し添えておきたい。

さらに，この第2版についても，有斐閣の柴田守氏の献身的な支えなしには実現しなかったことも付言しなければならない。長年にわたってお世話になっている柴田氏に感謝を捧げながら，この第2版が地方財政に関心を抱く人々に，ささやかでも役立つことがあればと願うばかりである。

　2020年9月12日　軽井沢の山荘にて

　　　　　　　　　　　　　　　　　　　　　　神 野　直 彦

はじめに

「魂」の感動から，本書は生まれている。

何の変哲もない日常生活から，思いもよらぬ「魂」の感動を覚える瞬間を経験することがある。いまでも鮮明に想い起こせる忘れえぬ経験は，深い考えもなく食後の一時に，テレビ番組を眺めていたときのことである。

そのテレビ番組では，居並ぶプロ野球選手に，「あなたはなぜ，野球をしているのか」と問うていた。いまを時めく有名プロ野球選手たちは，仕事だからとか，職業だからとかという曖昧な返答を繰り返し，その問いに判然とした答えを返してはいなかった。ところが，期待された投手として入団しながら，肩を壊して選手生命を絶たれてもなお，退団せずに，ブルペン捕手を務めている選手の応答に，私は感動した。それは「野球が好きだからです」という答えであった。そこに「いかに生きるべきか」という人間にとっての根源的な「問い」に，苦しみ抜いた末に吐き出された声を聞けた気がしたからである。

私は東京大学を定年退職すると，本書の共著者である小西砂千夫教授に光栄にも懇願されて，関西学院大学に赴任することになった。赴任すると小西教授に，自分の主催する地方自治体の職員との地方財政の研究会で，講義を担当してほしいと依頼された。その研究会に参加して，私は「魂」の震える感動を覚えたのである。

忘れもしない研究会は，北海道の弟子屈町と中札内村の2つの会場で，2泊3日の合宿で開催された。驚いたことには，その研究会に，北海道各地から地方自治体の職員が集い，講義を聴講するというよりも，地方財政を参加者が相互に学び合う，「学びの共同体」が形成されていた。つまり，「朋有り。遠方より来る。また楽しからずや」という雰囲気が醸し出され，社会学者の見田宗介の口まねをすれば，学びの「交響するコミューン」が眼前に存在していたのである。

研究会への参加費用も手弁当である。それどころか，研究会の準備も運営も参加者がすべて自発的に実施していく。もちろん，小西教授も無報酬で，費用すら自己負担で，この地方財政の研究会を主催していたのである。

私の深い感動は，なぜだという問いに根差している。つまり，なぜ，こうした地方財政の研究会が開催され，そこに多くの地方自治体の職員が集うのかという問いから湧き出づる感動である。

　言い知れぬ感動の底から，なぜだという問いに思いを巡らすと，私の脳裏を冒頭で紹介したブルペン捕手の言葉が掠（かす）めた。このなぜだという問いに，仕事や職業だからとか，仕事や職業のためだという答えが，研究会の参加者から返ってくることはあるまい。地方自治体の職員にしろ，はたまた小西教授にしろ，研究会への参加者は明らかに，仕事や職業という「役割からの逸脱」だからである。

　つまり，地方自治体の職員なのに，あるいは大学の教授なのに，なぜこの研究会に参加しているのかという問いとなるからである。というよりも，仕事や職業にもとづく参加であれば，そもそも自由に地方財政を学び合う「学びの交響するコミューン」は形成されるはずがないのである。

　そう考えてくれば，地方自治体の職員にしろ，小西教授にしろ，なぜこの研究会に参加するのかという問いに対する答えは明白となる。それは彼の無名のブルペン捕手と同様に，「地方財政を学び合うことが好きだからです」という応答である。

　畏敬すべきことには，小西教授はこうした研究会を，北は北海道から南は沖縄まで，全国津々浦々で主催している。私はわずか1年という関西学院大学在任中に，時間の許す限り，この小西教授の主催する研究会に参加させてもらうことにした。「魂」の感動とともに地方財政の研究会に参加するうちに，地方財政を「学び合う」ための手引書の必要性を感じるようになった。それを小西教授に提案し，2人の共同作業として実現したのが本書である。

　したがって，本書は地方財政の入門書ではあるけれども，いわば読書会方式で地方財政を「学び合う」手引書として書き上げてある。「学びの共同体」が地方自治体の職員同士であっても，学生同士であっても，それは問わない。もちろん，職業などを越えた多様な人々の「学びの共同体」であっても構わない。

　「学び合う」ための手引書とは，本書を通じて他者と対話をして，他者と近づきながら，真理に少しでも近づくための導き糸であることを意味している。したがって，大学における「学び合う」教室の講義にも使用することができる。さらには自己の内部に存在する他者との対話として，1人で学ぶことすらでき

るのである。

　「学び合う」手引書であるため，好きな章から読み始めてもらって構わない。つまり，どの章からでも対話を始め，議論をし，疑問を提起しながら，真理に近づいていくことができるように構成してある。

　私は有斐閣で『財政学』を出版させていただいている。この『財政学』の「はじめに」で，私は「遠い昔，財政学のテキストを読むたびに味わうことのできた胸の鼓動を，本書で復活させたかった」と記している。しかし，著名な財政学者は，文法が無味乾燥であるのと同様に，財政学も無味乾燥なものであると説いている。それでは無味乾燥な財政学を，なぜ研究するのかと問えば，有名なプロ野球選手が野球をする理由と同様に，仕事だからとか，職業だからだとかという答えが返ってくるに違いない。

　というよりも，そもそも私にとって文法は面白い。人間の意識あるいは「魂」の実質は言語である。その言語の規則である文法を学ぶことほど興味深いことはない。

　中国からの留学生が私に，「は」も「が」も主語を示す助詞のはずなのに，喫茶店で注文をする際に，「私はコーヒーです」と表現できるのに，「私がコーヒーです」というと笑われてしまったのは，なぜかと尋ねられたことがある。私は副助詞である「は」と，格助詞である「が」の違いについて丁寧に説明した。そうすると，その留学生は文法に興味を抱いて真剣に学び始めたのである。

　日本語の文法では家族内序列で目上の人については，役割で呼ばなければならない。「お父さん」，「お母さん」，「お兄さん」，「お姉さん」，「叔父さん」，「叔母さん」というようにである。

　ところが，家族内序列が目下の人に対しては，役割ではなく，固有名詞で呼ぶことになっている。「おい，弟」，「おい，妹」と呼ぶことも，「おい，甥」，「おい，姪」と呼ぶこともなく，「太郎」，「花子」あるいは「二郎ちゃん」，「和子ちゃん」などと固有名詞で呼ぶ。

　目上の人が複数存在して区別ができない場合でも，固有名詞を目上の人には付してはならない。「横浜の叔父さん」，「大阪の叔母さん」などと間接的に表現して区別する。

　企業でも家族と同様に，組織内序列が目上の人に対しては，役割で呼ばなければならない。「社長」，「部長」，「課長」というようにである。もちろん，組

織内序列が目下の人に対しては，「山田」とか「鈴木君」というように固有名詞で呼ぶ。それは日本の社会では，企業は疑似家族だからである。

　文法を学ぶことは，社会構造を学ぶことでもある。同様に財政学を学ぶことは，社会構造を学ぶことである。それだからこそ，心をときめかして学ぶことができるのである。もちろん，地方財政についても，財政学と同様のことがいえる。

　私の『財政学』に心を込めた書評を寄せてくれた財政学者が，本書の共著者である小西教授である。本書は小西教授と私との文字どおりの共同作業の産物である。何度も2人で原稿をやりとりしたために，筆の遅い私はすっかり小西教授に迷惑をかけてしまった。ただただ手を合わせるばかりである。

　ともあれ，本書には2人で，地方財政の「魂」を盛り込んだつもりである。その「魂」が読者に伝わり，「学びの共同体」が形成されることを心より願っている。

　私の『財政学』は有斐閣の柴田守氏の情熱の賜物として，世に送り出すことができた。本書もまた，柔和な笑顔で近づいてはくるけれども，的確に導いてくれる柴田氏という編集者なしには，年老いたる私にはまとめることができなかった。小西教授とともに柴田氏には深甚の謝意を捧げたい。

　　2014年8月　軽井沢にて木漏れ日を眺めながら

神 野　直 彦

目　次

第1章

地方自治の統治構造

1. 地方財政の主体としての地方自治体

1) 地方財政とは何だろう

　学問の扉をたたこうとすれば，自分が学ぶ学問は何を対象とするのかが明らかになっていなければならない。地方財政を学ぼうとすれば，自分が学ぶ対象である地方財政とは何かが理解できていないと，学びようがない。しかし，学問を学び始める時点で，その対象を理解することは，きわめて困難である。というよりも，学んでも学んでも，自分の学ぶ対象を解明できないのが学問であると考えた方がよい。

　とはいえ，学問を志そうとするときに，自分が何を学ぼうとしているかが，まったくわからないままではスタートが切れない。そこで学問の対象となるものへのごく常識的な理解を手がかりに学問を開始し，学問を深めていく過程で，それに肉づけをしていくという過程をとらざるをえない。

　地方財政とは，常識的にいえば，地方自治体の財政である。そこで，地方財政を理解するには，①地方自治体とは何かと，②財政とは何か，を明らかにする必要がある。

　②財政とは何か，については第2章で掘り下げるが，常識的にいえば政府の経済と考えられる。ところが，その場合，対象となる政府は複数の段階から構成される，一種の「政府体系」として存在している。複数の政府とは，日本の政府，アメリカの政府，ドイツの政府，フランスの政府などと，1つの政府の

外側に複数の政府が存在するという意味ではない。日本の政府という1つの政府の内部が，複数主体の政府からなる体系として構成されているという意味である。

　具体的にいえば，政府体系は，中央政府を頂点として，ピラミッド状態を形成する複数の地方政府から構成されている。日本では，法律では地方政府を「地方公共団体」と規定している。一方，本書では地方公共団体ではなく，地方自治体（local authorities）と表現する。つまり，地方財政とは複数主体からなる統治構造の一環としての「地方自治体の財政」ということになる。

2)　地方自治体とは何だろう

　日本国憲法の第8章の第92条では，「地方公共団体の組織及び運営に関する事項は，地方自治の本旨に基いて，法律でこれを定める」と規定している。したがって，地方公共団体とは「地方自治の本旨」を実現する公共的な団体だということになる。

　憲法に定める「地方自治の本旨」とは，団体自治と住民自治とからなると解釈されている。団体自治とは中央政府から独立して設置された地方公共団体が，その責任と権限において地域の行政や財政を処理できることをいう。これに対して住民自治とは，地方公共団体の構成員である住民が，住民自らの意思と責任で，あるいは住民の代表機関を通して，行政や財政を処理できることをいう。

　このように日本では，地方公共団体に，一定の地域で被統治者が統治するという自己統治（self-government）が認められている。その意味で，日本の地方公共団体は「政府」だと考えてよい。政府とは，領土，領民，統治権の3つを要素としている。日本の地方公共団体には，領土にあたる地域という空間的区画が存在し，領民にあたる地域住民も存在し，かつ自治権が存在するので，「地方政府」（local government）の要件を満たしている。

3)　地方自治体の日本的特色

　近代社会においては，政府は，立法・司法・行政の三権を備えている必要がある。政府が三権を備えているがゆえに，近代社会では政府への権力集中を阻止するために，立法・司法・行政の三権を分立させている。政府は三権を総体として備えていることが要件であると考えれば，日本の地方自治体には，自治

裁判所（municipal court）が存在しないため，一部，要件を欠いている。

　もっとも，国家には連邦国家と単一国家があり，日本は単一国家である。連邦国家とは主権を地方政府が留保しているのに対して，単一国家では主権を中央政府が掌握している。そのため同じ地方政府であっても，単一国家と連邦国家では相違するのは当然である。連邦制であるアメリカでは，州は最高裁判所をもつなど，国家に準じる司法機能をもっている。

　日本では，地方自治体の「政府」である側面が強調されずに，国の法律のもとに置かれた公共団体であるとの側面を強調するためか，一般には地方政府と呼ばずに，地方公共団体（local public entities）と呼ばれてきた。日本では 1960 年代から，「地方自治」を尊重する思いを込めて，地方自治体という言葉が定着し始めている。先述のとおり，本書もそれを踏襲する。

　本来は日本でも，そこから一歩進んで，地方政府として認識されることが望ましい。日本の地方公共団体は，一定の地域の住民が自己統治する「政府」であると同時に，中央政府の行政任務を執行する機関という性格があり，後者の性格が比較的強く認識される傾向があるからである。日本では，中央政府が可能な限り，地方公共団体を通して行政を執行しようとしてきた。地方政府という呼び方が定着してこなかったのは，その裏返しである。それに対して，先進諸国では，現代国家は地方政府から中央政府にいたる多様な政府からなる政府体系で構成されているという認識が一般的である。

2. 中央政府と地方自治体の政府体系

1) 地方自治体の種類と体系

　地方自治法第 1 条の 3 は地方公共団体の種類を示す条文であり，「地方公共団体は，普通地方公共団体及び特別地方公共団体とする」と規定されている。そのうえで「普通地方公共団体は，都道府県及び市町村とする」と定め，「特別地方公共団体は，特別区，地方公共団体の組合，及び財産区とする」とされている。一般的に地方公共団体といえば，都道府県と市町村を想い起こすが，特別地方公共団体も存在することに注意すべきである。それらは図 1-1 のように体系づけられている。

　普通地方公共団体は，都道府県と市町村との 2 層構造になっており，都道府

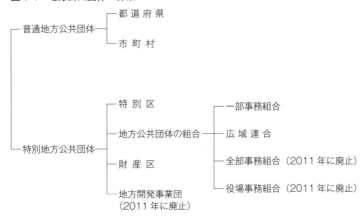

図1-1 地方公共団体の体系

```
              ┌─ 都道府県
  ┌─ 普通地方公共団体 ─┤
  │            └─ 市町村
  │
  │            ┌─ 特別区        ┌─ 一部事務組合
  │            │
  │            ├─ 地方公共団体の組合 ─┼─ 広域連合
  └─ 特別地方公共団体 ─┤            │
               ├─ 財産区        ├─ 全部事務組合（2011年に廃止）
               │            │
               └─ 地方開発事業団    └─ 役場事務組合（2011年に廃止）
                 （2011年に廃止）
```

　県は広域自治体，市町村は基礎自治体と呼ばれる。その一方で，たとえばフランスは，コミューンという基礎自治体に加え，デパルトマンとレジオンという広域自治体からなる3層構造となっている。

　都道府県という広域自治体の面積を合計すると，日本の国土と一致する。これに対して市町村という基礎自治体の面積を合計しても，日本の国土とは一致しない。というのも，東京都の23区には，市町村という基礎自治体が存在しないからである。東京都の特別区は，1998（平成10）年の地方自治法の改正によって，それまでの東京都の内部団体から「基礎的な地方公共団体」に改められた。東京都の23区は，一般市が所掌している上下水道，消防，都市計画決定を都が所管するなど，一般市に比べて所掌事務が小さいことから特別地方公共団体という位置づけであるが，現在は，基礎自治体と位置づけられている。

2）都道府県と市町村

　普通地方公共団体のうち広域自治体である都道府県は，現在では1都1道2府43県の47団体が存在している。その歴史は1871（明治4）年の廃藩置県に遡る。廃藩置県では北海道のほか3府72県が設置されている。1890（明治23）年には府県制・郡制が制定され，1庁（北海道庁），3府（東京府・京都府・大阪府），43県が設けられる。それ以降，府県の合併や分割は実施されてはいない。

　都道府県は，団体数こそ変化していないものの，その性格は大きく変わっている。第2次大戦前には中央官庁である内務省の地方機関として位置づけられ

ていた。議会が存在していたので，自治体的要素が存在していなかったわけではないけれども，都道府県の知事や長官はあくまでも中央官吏から任命された。第2次大戦後の戦後改革によって知事は官選から，選挙による公選に改められ，地方自治体としての都道府県が誕生したのである。

　市町村は2020（令和2）年3月現在で，792市743町183村の1718団体が存在する。市町村は1888（明治21）年の市制及町村制によって生まれるが，都道府県と違い，市町村は生まれながらにして，地方公共団体だったといってよい。というのも，議会の議員も選挙で選ばれるだけではなく，町村長も町村会が選出していたからである。しかし，市長は市会が推薦し，内務大臣が任命するにとどまっていた。もっとも，市長は有給であったけれども，町村長もさらには町村会議員も名誉職で無給であった。さらに，戦前の市町村は，地方自治体としては徹底されていなかった。当時の市町村議会議員の選挙権は，直接国税2円以上を納税する25歳以上の男子に限定した制限選挙だったからである。

　市町村の団体数は都道府県と相違して大きく減少してきた。市制及町村制の制定された1888年には，7万1314町村が存在していたけれども，1889（明治22）年には39市1万5820町村に減少している。第2次大戦直後の1945（昭和20）年10月には205市1797町8518村の1万520団体にまで減少する。

　第2次大戦後には「昭和の大合併」と「平成の合併」という2つの市町村合併推進運動が展開される。「昭和の大合併」では中学校の設置が市町村の責務となったことから，おおむね8000人の中学校の学区にある人口を標準として，市町村合併が進められた。その結果として市町村は，1961（昭和36）年6月には556市，1935町981村の3472団体となっている。「平成の合併」は1999（平成11）年7月に成立した地方分権一括法（地方分権の推進を図るための関係法律の整備等に関する法律）によって推進された。こうした市町村合併の経緯を図1-2で示している。

　広域団体である都道府県は東京都を除くと，同じ所管事務を担っている。政令指定都市は，政令で指定される人口50万人以上の市であって，行政能力などにおいて既存の指定都市と同等の実態を有するとみられる都市が指定される。この政令指定都市は，児童福祉や都市計画などの分野で，都道府県の所管事務のすべてあるいは一部を担っている。さらに人口30万人以上の都市は中核市に申請に基づき指定され（その他に人口20万人以上の都市を対象とする特例市が

図1-2　市町村数の変遷と明治・昭和の大合併の特徴

「明治の大合併」
近代的地方自治制度である「市制町村制」の施行に伴い，行政上の目的（教育，徴税，土木，救済，戸籍の事務処理）に合った規模と自治体としての町村の単位（江戸時代から引き継がれた自然集落）との隔たりをなくすために，町村合併標準提示（1888年6月13日内務大臣訓令第352号）に基づき，約300〜500戸を標準規模として全国的に行われた町村合併。結果として，町村数は約5分の1に。

「昭和の大合併」
戦後，新制中学校の設置管理，市町村消防や自治体警察の創設の事務，社会福祉，保健衛生関係の新しい事務が市町村の事務とされ，行政事務の能率的処理のためには規模の合理化が必要とされた。1953年の町村合併促進法（第3条「町村はおおむね，8000人以上の住民を有するのを標準」）及びこれに続く1956年の新市町村建設促進法により，「町村数を約3分の1に減少することを目途」とする町村合併促進基本計画（1953年10月30日閣議決定）の達成を図ったもの。約8000人という数字は，新制中学校1校を効率的に設置管理していくために必要と考えられた人口。1953年から60年までに，市町村数はほぼ3分の1に。

年	1888	1889	1920	1930	1940	1950	1960
市町村数	71,314	15,859	12,244	11,864	11,190	10,500	3,574

年	1970	1980	1990	2000	2005	2010
市町村数	3,331	3,256	3,246	3,230	2,217	1,730

「平成の合併」

出所）　総務省資料より作成。

あったが，2015年に廃止された），一般市にはない所管事務を担う。

　このように市町村の所管事務は，規模によって差が設けられているが，市町村と都道府県をあわせた所管事務は，全国どこでも共通である。しかも，市町村の区域が複数の都道府県にまたがることはなく包含関係にある。特別区を基礎自治体と考えると，国土のどこにも基礎自治体が置かれていない地域はなく，中央政府と都道府県と市区町村の3層制になっており，例外が少ないのが，日本の地方自治体の特色だといえる。

3）　区制度と協力方式

　日本の地方自治制度の重要な特色は，広域自治体も基礎自治体も普遍的に存在しているという普遍性にある。それに対して，たとえばアメリカでは，州（state）に区分され，州は郡（county）に区分され，それぞれに州政府と郡政府が設置されている。しかし，郡のもとに市町村（municipality）が設けられている地域もあれば，市町村が設けられていない地域もある。したがって，アメリカでは市町村の面積を合計したところで，国土全体にならないのである。

特別地方公共団体は，特定の目的のために設けられた地方公共団体とされている。地方制度における区には，自治権をもつ自治区と，行政事務を処理するための行政区がある。自治権をもつ自治区が，特別地方公共団体としての特別区と財産区である。政令指定都市に存在する区は行政区である。行政区は，政令指定都市の市長の権限である事務を分掌するために条例で設けられている。

第2次大戦という総力戦を遂行するために，首都機能のある東京では，1943（昭和18）年に東京市が廃止され，東京府と東京市の権限をあわせもつ東京都が誕生した。当時の府県は自治体とはいえず，都の首長は長官となったため，東京の都心には自治権が制限されたことになる。

第2次大戦後の1946（昭和21）年に東京都制が改正される。都長官・区長は公選とされ，区には条例・規則制定権が認められた。都条例によって区には区税の課税権と起債権が付与された。さらに地方自治法が施行された1947（昭和22）年には，従来の行政区を再編して，23の特別区が設けられた。

特別区には原則として市に関する規定を適用され，特別区の区長は，引き続き直接公選とされた。しかし，1952（昭和27）年には，特別区を都の内部的団体に位置づけ，都が基礎的な自治体となって，区長公選制は廃止されてしまう。区長公選制が復活するのは，1974（昭和49）年のことである。

2012（平成24）年は大都市（政令指定都市）が「都制度」に移行するための法律上の手続きを定めた法律が，議員立法で成立した。大都市問題の対応についていえば，1947（昭和22）年から56（昭和31）年まで，地方自治法上は特別市が設けられていたものの，特別市は適用されることなく廃止されてしまった。特別市では道府県の所管事務を原則としてすべて所管する。特別市のある区域は，国と特別市の2層制となる。基礎自治体重視の考え方に照らすと，都制よりも特別市の復活が望ましいとの声もある。大都市問題に対応するに，大都市を府県の知事が直轄するか，大都市に一般の市の権限以上の権限を付与するかという明治期以来のせめぎ合いが続いているといってよい。なお，2014（平成26）年の地方自治法の改正では，政令指定都市の行政区の権限強化や，政令指定都市と道府県の調整機能の強化など，政令指定都市制度の大幅な見直しが実現した。

特別地方公共団体であって，自治権をもつ自治区には，特別区のほかに財産区がある。財産区は，財産あるいは公的施設の管理・処分に機能を特定された

地方公共団体である。つまり，市町村さらには区の一部で，山林や温泉などの財産をもつか，用水施設，墓地，公会堂などの施設を設けている場合に，その管理・処分についてのみ権能をもつ。一般的には独自の機関を設けずに，財産区のある市町村や特別区の首長と議会が，執行機関と議決機関となる。

そのほかの特別地方公共団体には，地方公共団体の組合と地方開発事業団がある。この2つはいずれも地方公共団体の協力方式ということができる。図1-1に示したように，地方公共団体の組合には，一部事務組合と広域連合があり，2011（平成23）年に廃止された全部事務組合と役場事務組合を含めると4種類がある。一部事務組合は普通地方公共団体および特別区が，事務の一部を共同で処理するため，協議で規約を定め，都道府県が加入する場合には総務大臣の許可で，そうではない場合には知事の許可で設立される。消防や廃棄物処理などが多く，組合立の中学校なども存在する。

広域連合も一部事務組合と類似した仕組みである。普通地方公共団体および特別区が広域で処理した方が適当だと認められる事務について，広域計画を策定し，その執行に必要な連絡調達を図りつつ，処理するために設けられる。広域連合は介護保険事業の要介護認定などで多数設けられているほか，後期高齢者医療については都道府県単位で全国で設置されている。

全部事務組合と役場事務組合は，町村のみが設けることができる制度であった。つまり，全部事務組合は町村の事務を全部共同処理するために，役場事務組合は町村の役場事務を共同処理するために設けられた。もっとも，適用例はないままに，2011年に廃止された。

地方開発事業団も地方公共団体の協力方式である。地方開発事業団は普通地方公共団体が，一定地域の総合的開発計画に基づいて，他の普通地方公共団体と共同して事業を実施するために設けられる。対象となる事業として住宅，工業用水道，道路，港湾，上下水道などの施設建設や用地取得などがある。2011年の法改正で制度としては廃止され，現存する新産業都市建設事業団（青森県）を除き，新たな設立はできなくなった。

以上のように，都道府県と市町村の普通地方公共団体のほかに，多様な形態の特別地方公共団体が存在する。もっとも，一般に憲法で保障している自治権の直接の対象は，普通地方公共団体だと考えられている。

3. 地方自治体への事務配分

1) 自治事務と法定受託事務

　自治権が保障されている対象という意味に加えて，財政の主体とみたときにも，地方自治体の中心は，都道府県と市町村，および東京都の特別区である。都道府県と市町村，および東京都の特別区が課税権をもっているからである。財政とは強制力を備えた公権力体の経済である。そのため，公権力という強制力を背景にした課税権が，存在するか否かが決定的な意味をもつ。

　地方自治体が公権力を行使して財源を調達する場合に，どのような行政任務を果たすためなのかが問われなければならない。地方自治体の果たすべき行政任務を，「事務」と呼んでいる。地方自治法では地方自治体の事務を，「自治事務」と「法定受託事務」とに区分している。この「自治事務」と「法定受託事務」との区分内容は，表1-1に示されている。

　「法定受託事務」について，地方自治法は第2条で，第1号事務と第2号事務とに区分している。第1号事務とは「法律又はこれに基づく政令により都道府県，市町村又は特別区が処理することとされる事務のうち，国が本来果たすべき役割に係るものであつて，国においてその適正な処理を特に確保する必要があるものとして法律又はこれに基づく政令に特に定めるもの」とされている。これに対して第2号事務は，「法律又はこれに基づく政令により市町村又は特別区が処理することとされる事務のうち，都道府県が本来果たすべき役割に係るものであつて，都道府県においてその適正な処理を特に確保する必要があるものとして法律又はこれに基づく政令に特に定めるもの」とされている。

　つまり，第1号事務は，本来は，中央政府が果たすべき事務であり，第2号事務は，市町村または特別区が処理する事務のうち，本来は都道府県が果たすべき事務とされる。自治事務は「地方公共団体が処理する事務のうち，法定受託事務以外のものをいう」と，地方自治法では陰画法的に規定されているけれども，それは自治事務こそ地方自治体の本来の事務であることを表現しているといってよい。

　自治事務と法定受託事務との区分には，歴史的経緯がある。1999（平成11）年に成立した地方分権一括法に基づく地方自治法の改正以前は，自治事務とと

表1-1　事務の性格とその区分

		区　　分	国の関与の類型
地方分権一括法(1999年)に基づく地方自治法の改正以前の事務区分	自治事務	普通地方公共団体は，その公共事務及び法律又はこれに基づく政令により普通地方公共団体に属するものの外，その区域内におけるその他の行政事務で国の事務に属しないものを処理する。 **公共事務** 　普通地方公共団体の目的そのものと考えられる事務，固有事務とも呼ぶ。 **団体委任事務** 　法律又はこれに基づく政令により普通地方公共団体に属する事務であり，中央政府または他の地方公共団体から委任された事務。 **その他の行政事務** 　公共事務，団体委任事務に属さない事務。	助言・勧告，資料の提出の要求，是正措置要求，その他個別法に基づく関与。
	機関委任事務	普通地方公共団体の長は，当該普通地方公共団体の事務及び法律又はこれに基づく政令によりその権限に属する国，他の地方公共団体その他公共団体の事務を管理し及びこれを執行する。	包括的な指揮監督権，認可権・訓令権・監視権・取消停止権等手段方法について法令の規定不要，助言・勧告，資料の提出の要求，是正措置要求，職務執行命令（代執行），その他個別法に基づく関与。
地方分権一括法(1999年)に基づく地方自治法の改正以降の事務区分	自治事務	地方公共団体が処理する事務のうち法定受託事務以外のもの。	助言・勧告，資料の提出の要求，是正の要求，協議。　その他個別法に基づく関与としての同意，許可・認可・承認，指示については，一定の場合に限定し，代執行，その他の関与についてはできる限り設けない。
	法定受託事務	**第1号事務** 　法律又はこれに基づく政令により都道府県，市町村又は特別区が処理することとされる事務のうち，国が本来果たすべき役割に係るものであって，国においてその適正な処理を特に確保する必要があるものとして法律又はこれに基づく政令に特に定めるもの。 **第2号事務** 　法律又はこれに基づく政令により市町村又は特別区が処理することとされる事務のうち，都道府県が本来果たすべき役割に係るものであって，都道府県においてその適正な処理を特に確保する必要があるものとして法律又はこれに基づく政令に特別に定めるもの。	助言・勧告，資料の提出の要求，同意，許可・認可・承認，指示，代執行，協議。その他個別法に基づく関与についてはできる限り設けない。

もに機関委任事務が存在した。自治事務とは旧来の地方自治法第2条第2項で，「普通地方公共団体は，その公共事務及び法律又はこれに基づく政令により普通地方公共団体に属するものの外，その区域内におけるその他の行政事務で国の事務に属しないものを処理する」と規定していた事務である。それは3つの

事務から成り立っている。第1は「公共事務」であり，この事務は普通地方公共団体の目的そのものと考えられる事務であるため，「固有事務」と呼ばれていた。第2は「法律はこれに基づく政令により普通地方公共団体に属する」事務であり，中央政府または他の地方公共団体から委任された事務であるため，「団体委任事務」と呼ばれていた。第3は「その他の行政事務に属しない」事務であり，「その他の行政事務」と呼ばれていた。

こうした3つの事務以外に旧来の地方自治法は第148条第1項で，「普通地方公共団体の長は，当該普通地方公共団体の事務及び法律又はこれに基づく政令によりその権限に属する国，他の地方公共団体その他公共団体の事務を管理し及びこれを執行する」ことを義務付けていた。つまり，地方公共団体の「長」などの「機関」は，「長」などの「機関」に委任された事務を，委任者である中央政府などの「機関」とみなされて実施することになる。これを「機関委任事務」と呼んでいたのである。

旧来の地方自治法第2条第2項に規定された団体委任事務は，地方自治体そのものに委任される。そのため委任された以上，その地方自治体の事務として処理される。これに対して機関委任事務は，あくまでも委任する中央政府などの事務であった。そのため知事などが機関委任事務の執行を怠った場合には，中央政府の主務大臣はその実施を勧告し，命ずることができた。この命令に従わないときには，主務大臣は高等裁判所に実施を命じる裁判を請求することができ，なお従わないときには主務大臣に代執行が許されていた。この一連の手続きを，職務執行命令（マンデマス・プロシーディング）と呼んでいたのである。

こうした機関委任事務の存在によって，日本の地方自治体は地域住民が決定した事務をする政府であるとともに，中央政府などの事務を実施する政府にもなっていた。しかも，驚くべきことに地方自治体の実施する事務のうち，市町村では40％から50％が，都道府県では80％から85％が機関委任事務だといわれていたのである。

そこで，1995（平成7）年の地方分権推進法に基づいて設置された地方分権推進委員会は機関委任事務の廃止を勧告し，2000（平成12）年の地方自治法の改正によって，機関委任事務は廃止され，「自治事務」と「法定受託事務」とに区分されることになったのである。

2) シャウプ勧告と神戸勧告

それでは行政任務に応じて，中央政府と地方自治体がどのように役割分担をすべきなのか。あるいは基礎自治体と広域自治体の役割分担はどうあるべきか。こうした政府間の事務配分のあり方は，事務配分原則論として展開されてきた。

第2次大戦後の租税制度の形成に決定的な影響を与えたのが，1949（昭和24）年の『シャウプ使節団日本税制報告書』（いわゆるシャウプ勧告）である。そこでは，事務配分の3原則を勧告している。3原則の第1の「行政責任明確化の原則」（principal of clear-cut responsibility）は，「能う限りまた実行できる限り，3段階の行政機関（国・府県・市町村：筆者注）の事務は明確に区分して，1段階の行政機関には1つの特定の事務が専ら割り当てられるべきである」とされた。つまり，中央政府，広域自治体，基礎自治体の事務を明確に切り分け，行政責任を明確にすべきという原則であり，地方自治実現のための前提条件と考えられていた。

第2の「能率の原則」（principal of efficiency）は，「それぞれの事務は，それを能率的に遂行するために，その規模，能力及び財源によって準備の整っているいずれかの段階の行政機関に割り当てられる」とされ，地方自治を実現するための保障条件だと考えられていた。

第3の「市町村優先の原則」（principle of local preference）は，「市町村の適当に遂行できる事務を都道府県または国に与えられないという意味で，市町村には第1の優先権が与えられる」である。この原則は事務を果たす能力がある限り，まずは市町村に委ね，市町村で実施が困難であれば広域自治体が，広域自治体が遂行困難であれば，中央政府が担うという補完性の原理にも通ずる，地方自治を具現化する基本原則だと考えてよい。

シャウプ勧告はこうした事務配分の3原則を明らかにし，事務配分の具体案を検討するために，内閣に勧告する委員会の設置を求めた。そこで，1949（昭和24）年に設置された地方行政調査委員会議は，50（昭和25）年に第1次勧告，翌年に第2次勧告を提起している。2次にわたる勧告は，会議の主宰者である神戸正雄氏に因み，神戸勧告と呼ばれている。

神戸勧告は，行政分野を①教育，②民生，③衛生，④労働，⑤農業，⑥林野，⑦水産，⑧商工，⑨運輸，⑩土木，⑪その他，の11項目に分類し，60の行政事務に区分している。そのうえで神戸勧告はシャウプ勧告が提唱した3原則に

基づいて，中央政府，府県，大都市，市町村に対して，行政事務を配分したのである。

　この神戸勧告の事務配分では，中央政府の事務を外交，幣制などの29種に限り，それ以外の事務は地方自治体に移譲することにした。しかも，機関委任事務を排除することが意図されていた。ところが，この神戸勧告は占領統治の終了とともに，具体化されることなく葬り去られてしまったのである。

3）　日本の事務配分の現状と課題

　神戸勧告の夢は破れ，機関委任事務は，その後むしろ増加の一途を辿る。機関委任事務こそ，神戸勧告から半世紀後にようやく法定受託事務に再編されたが，シャウプ勧告の唱えた行政責任明確化の原則は実現していない。現在の中央政府と地方自治体への事務配分を表1-2で示した。表1-2では行政分野を公共資本，教育，福祉，その他に区分したうえで，中央政府，都道府県および市町村という3層への配分状況を示しているが，行政分野あるいは行政事務は3層の政府で，重複して重層的に担われている。国道とは中央政府が中央政府の財源で，中央政府が建設して管理する道路であり，都道府県道とは都道府県が都道府県の財源で，都道府県が建設して管理し，市町村道とは市町村が市町村の財源で，市町村が建設して管理をするというヨーロッパの常識は，日本では通用しない。中央政府が都道府県道や市町村道に負担金・補助金を交付するだけではなく，地方自治体も国が建設・管理する国道事業に対して直轄事業負担金を負担している。

　義務教育についてみても，そもそも市町村の事務とされながら，給与と人事権は都道府県（2014〔平成26〕年の法改正で政令指定都市に移管）の事務とされている。しかも，都道府県が支弁する義務教育教職員の給与は3分の2であって，残りは中央政府が負担する。社会保障をみても，社会保障全般にかかわる法整備などの計画立案は中央政府が担う一方で，たとえば介護保険の保険者は市町村であり，都道府県は市町村の調整などの事務を分担している。

　神戸勧告では中央政府，都道府県，大都市，市町村と事務配分の主体が区分されていた。それに対して，現在では大都市行政の特殊性に対応するために，図1-3に示したように，政令指定都市に加え，中核市，一般市，町村など，規模に応じて段階的に所掌事務を違えている。政令指定都市では，地下鉄やバス

表1-2　国と地方の事務配分

分野		公共資本	教育	福祉	その他
国		○高速自動車道 ○国道（指定区間） ○一級河川	○大学 ○私学助成（大学）	○社会保険 ○医師等免許 ○医薬品許可免許	○防衛 ○外交 ○通貨
地方	都道府県	○国道（その他） ○都道府県道 ○一級河川（指定区間） ○二級河川 ○港湾 ○公営住宅 ○市街化区域，調整区域決定	○高等学校・特殊教育学校 ○小・中学校教員の給与・人事（政令市を除く） ○私学助成（幼～高） ○公立大学（特定の県）	○生活保護 （町村の区域） ○児童福祉 ○保健所	○警察 ○職業訓練
	市町村	○都市計画等 （用途地域，都市施設） ○市町村道 ○準用河川 ○港湾 ○公営住宅 ○下水道	○小・中学校 ○幼稚園	○生活保護 （市の区域） ○児童福祉 ○国民健康保険 ○介護保険 ○上水道 ○ごみ・し尿処理 ○保健所 （特定の市）	○戸籍 ○住民基本台帳 ○消防

出所）　総務省資料。

などの都市交通，都市計画，介護保険などの民生関係，保険衛生関係で，都道府県が担っている事務の移譲を受けている。中核市には政令指定都市に準じた事務が配分される。つまり，民生関係や保健所（保健所設置自治体に限る）や環境保全等の事務が配分されている。旧特例市も一般市に比べて，都市計画等で多くの事務が配分されていたが，道府県から市への権限移譲が進んだことで，一般市との間の権能差が小さくなったことから廃止された。

　逆にいえば，人口規模の小さな町村であっても，住民票や戸籍事務を始め，消防，義務教育，介護サービス，医療保険，上下水道，産業育成，観光，文化・スポーツ，社会教育などの事務が配分されている。まさに総合行政主体と呼ぶにふさわしいほどの所掌事務である。基礎自治体が担わない部分は，すべて広域自治体である都道府県が所管するため，基礎自治体と都道府県の事務をあわせると，一律の事務が配分されていることになる。

　このようにみてくると，日本の事務配分の特色は，中央政府，広域自治体，基礎自治体という3層の政府で，事務が重層的であると同時に，基礎自治体が規模別に段階づけられて，広域自治体の事務を段階的に担っていくことにある。

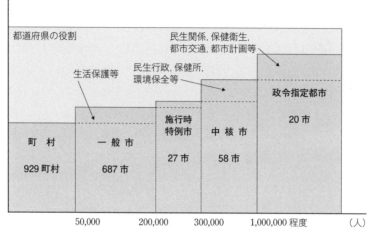

図1-3　市町村の規模と権能差

都道府県の役割

民生関係，保健衛生，
都市交通，都市計画等

生活保護等

民生行政，保健所，
環境保全等

政令指定都市
20 市

町　村
929 町村

一　般　市
687 市

施行時
特例市
27 市

中　核　市
58 市

50,000　　200,000　300,000　1,000,000 程度　　（人）

注）　地方自治体の数は，2019 年 4 月 1 日現在。町村に配分されている事務は，住民票，戸籍，消防，
小中学校，ごみ処理，国民健康保険，介護サービス，介護保険，税，窓口相談，上下水道，産業育
成，観光，文化・スポーツ・社会教育，自治振興，医療サービスなど，多岐にわたっている。

　このような特色は，シャウプ勧告の唱えた行政責任明確化の原則に背反する。
もっとも，地方自治法第 2 条第 3 項で，都道府県が処理するとされているもの
を除けば，市町村は，基礎的な地方公共団体として，一般的に事務を処理する
と規定されているのは，シャウプ勧告の市町村優先の原則を反映している。
　ヨーロッパを始めとする先進諸国で，広く容認されている事務配分の原則と
して補完性の原理がある。それはシャウプ勧告の市町村優先の原則とも，背後
理念を同じくしているといってよい。補完性の原理とは個人でできないことを
家族が，家族でできないことをコミュニティが，コミュニティができないこと
を基礎自治体が，基礎自治体ができないことを広域自治体が，広域自治体がで
きないことを国家が，国家ができないことを EU のような超国家機関がという
ように，下から上へと事務を補完するように引き上げていく原則である。
　補完性の原理は，基礎自治体の基盤に，地域での生活機能が営まれるコミュ
ニティが存在することを前提にしている。つまり，人間の生活機能が営まれる
「生活細胞」ともいうべきコミュニティがあり，同じような「生活細胞」が集
まって「生活器官」ともいうべき地域社会が形成されると想定している。こう
した「生活細胞」を基盤に基礎自治体が，「生活器官」を基盤に広域自治体が

形成されていると考えられている。細胞が集まり「器官」が形成され，「器官」が集まり「生物体」が形成されるように，基礎自治体が集まり，広域自治体が形成され，広域自治体が集まり国家が形成されるという認識である。

しかし，日本にはこうした認識は存在しない。あたかも電力会社が電力供給エリアを決めるかのごとくに，地域自治体のエリアが決定されていく。そのため事務配分に応じて，合併をして地域自治体の区画を決定していくという発想がとられることがある。それは，地方自治のあり方からすれば，本来，転倒した事態といえる。近年では，市町村合併によらない方策として，基礎自治体の規模に応じたさまざまな形態で市町村間の連携，あるいは県による補完によって小規模な基礎自治体が担いきれない地域的課題を解決する方向が示されている。

第2章

財政の機能と地方財政

1. 財政とは何か

1) 公的貨幣現象としての財政

　地方財政とは「地方自治体の財政」だという常識を導き星にしながら，前章では「地方自治体」という側面から地方財政のアプローチしてきた。本章では，もう1つの要素である「財政」の側面からアプローチする。「財政」は，明治時代に誕生した新しい言葉である。つまり，「財政」は，パブリック・ファイナンス（public finance）の翻訳語なのである。しかも，日本で創り出された翻訳語であり，今日では中国にも輸出され，中国語でも使用されている。

　パブリック・ファイナンスの「ファイナンス」は貨幣現象を意味する。ファイナンスという一語で，資金調達や金融を意味することからも理解できる。友人から借金を申し込まれたときに，「いまは財政がピンチだから」といって断ることを思い浮かべれば，「財政」という言葉が「金回り」の意味をもっていることもわかる。

　一方，パブリック・ファイナンスの「パブリック」とは，「公」という意味である。したがって，パブリック・ファイナンス，つまり財政とは公的貨幣現象なのである。もっとも「公」という概念は，日本では理解されにくい。「公」とは「社会の構成員の誰もが排除されない領域」のことである。「公」の概念の説明として，宇沢弘文東京大学名誉教授はドイツの偉大な文学者ゲーテ（J. W. von Goethe）の唱えた「公園の思想」を紹介している。ゲーテは封建領主

や貴族が「私」的に所有していた美しい庭園を，すべての社会の構成員に開放しようとして，「公園の思想」を唱えたのである。

中国語で「公用電話」といえば，すべての社会の構成員が利用できる電話のことである。しかし，日本語で「公用車」といえば，大臣や官僚が政府の用務のために利用する車のことである。このように「公」の概念が理解されない日本では，「公」に「官」というレッテルが張られ，「官から民へ」という掛け声のもとに，「公」が簡単に「私」化されてしまうのである。

2) 民主主義の経済

財政とは「公」の貨幣現象であり，社会の構成員の「共同の財布」である。財政はまた「公共経済」(public economy) とも表現される。そのため財政は「政府の経済」と理解される。その場合，地方財政は「地方自治体の経済」となる。

財政を「政府の経済」だと理解しても，家計や企業という私的経済ではなく，あくまでも「公共」の経済であって，社会の構成員の「共同の財布」であることを忘れてはならない。財政を「共同の財布」だと理解すると，財政は近代社会，つまり市場社会が成立しないと登場しないことがわかる。近代以前の市場社会ではない時代，日本でいえば江戸時代には財政は存在しない。

江戸時代でも徳川幕府が支配のために経済活動を営んでいる。とはいえ，近代以前の社会では租税という貨幣によって支配のための経済を動かしていたわけではない。大坂・堂島の米相場では先物市場ができるなど高度な金融システムが発達した反面で，経済活動の主要な部分は年貢という実物によって営まれていた。しかも，徳川幕府という政府の経済は，あくまでも徳川家という私的な家計でしかない。つまり，近代以前には「私的な財布」は存在しても，社会の構成員の「共同の財布」は存在しなかったのである。

近代社会は市場社会である。市場社会とは，生産物を取引する市場が存在する社会という意味ではない。生産物市場であれば，人間の歴史とともに古くから存在する。市場社会とは，自然や労働という「生産要素」を取引する「要素市場」が存在する社会である。

土地に代表される自然も，内なる自然といってよい労働も，人間が創り出したものではない。江戸時代までは土地は永代売買禁止であり，労働も市場で取

引して賃金が支払われるという関係は存在しなかったといってよい。というよりも，封建領主は土地や労働に対してきわめて強大な支配力をもっていた。そのため封建領主は租税を調達することなく，土地から生ずる生産物を納めさせ，強制的に労働を命ずることで支配活動が可能だったのである。

　近代社会とは，市民革命によって，土地に緊縛されていた人間を解放した社会である。土地も労働も，国民が，つまり家計が私的に支配力を行使できるようになる。それは政府が土地や労働という生産要素を占有しなくなったことを意味する。

　そこで政府は，生産要素が生み出す果実を，生産要素を所有している国民から強制的に租税として調達することによって，社会を統合するという統治活動を実施せざるをえなくなる。国民に生産要素の私的所有を認めているので，強制的に貨幣を調達するには，国民の了解を必要とする。そこで国民の代表者からなる議会を通じた国民の共同意思決定の過程を経て，国民から強制的に貨幣を調達することになる。こうして「公」の貨幣現象として財政が成立することになる。

　このように，財政の誕生には2つの条件が必要だということがわかる。1つは要素市場，つまり市場社会が成立することである。もう1つは民主主義が成立することである。

　民主主義の「民」は「統治される者」を意味し，「主」は「統治する者」を意味する。つまり，民主主義とは「統治される者」が「統治する者」になることなのである。民主主義とはデモクラシー（democracy）の翻訳語であるけれども，デモクラシーとはデモ，すなわち民衆がクラシー，つまり権力を握ることを意味する。

　財政とは民主主義に基づく経済である。市場社会が成立すると，市場経済の反対側で必ず形成されなければならないのが財政であり，社会の構成員の「共同の財布」として機能する。

3）「お金儲けをしてはいけない」経済

　要素市場が成立するということは，家計と企業とが分離することを意味する。それは生活の「場」と生産の「場」とが分離することだといってよい。江戸時代の農家を想起すれば，農家は生活の「場」でもあり，生産の「場」でもある。

図2-1　財政をめぐる3つのサブシステム

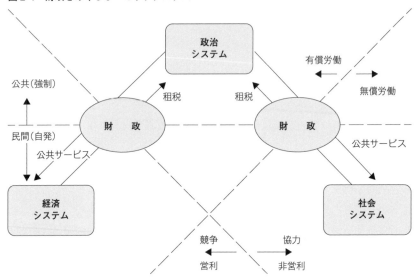

　ところが，要素市場が成立すれば，労働市場を通して働くようになり，家計と企業が分離する。つまり，生活の「場」と生産の「場」が分離してくることになる。

　要素市場が成立した市場社会では，生活の「場」と生産の「場」が分離してくるということは，そもそも三位一体であった経済システム，社会システム，政治システムという3つのサブシステムが分離し，三角形を形成することを意味する。トータル・システムとしての社会全体は，図2-1のように示すことができる。

　経済システムでは生産と分配が営まれる。要素市場で取引が実施されるとは，生産活動が行われていることと同じ意味である。要素市場では分配も規定される。つまり，人間の生活に必要な財・サービスを生産・分配する機能を担う経済システムでは，市場のメカニズムで生産・分配を処理することになる。

　社会システムとは人間の生活の「場」である。家族やコミュニティは，共同体原理によって営まれる。経済システムで生産・分配された財・サービスは，社会システムで共同体原理に基づいて，必要に応じて分配される。生まれたての乳児も生存できるのは，家族が共同体原理に基づき，必要に応じて財・サー

ビスが分配されるからである。

政治システムとは被支配・支配の人間関係を意味し，強制力によって社会を統合していくことになる。市場社会では被支配者が支配者となるという民主主義が実現しているので，すべての社会の構成員が政治システムに参加している。

つまり，市場社会では社会の構成員は3つの顔をもつ。1つは経済システムで生産者として働く顔であり，もう1つは社会システムでの生活者の顔であり，最後の1つは政治システムでの被支配者でもあり，支配者でもあるという顔である。

財政は，三位一体である経済システム・社会システム・政治システムを結びつける役割を果たしている。政治システムは「政府の経済」として，財政を通じて，経済システムの機能する前提である所有権を設定し，それを保障するための公共サービスを提供する。政治システムは，公共サービスの対価として，経済システムから強制的に租税という貨幣を徴収することになる。

同時に，政治システムは，財政を通じて，社会システムに対して，社会システムのなかで営まれる生活活動を保障する公共サービスを提供する。それによって，政治システムは，社会システムから政治システムに対する忠誠を獲得して，トータル・システムとしての社会全体を統合していくことになる。

このように，財政は，経済システムにおける市場経済とは相反する原理で営まれることが理解できる。市場経済は「お金儲けをしてもよい」経済であり，市場原理，つまり競争原理に基づいている。これに対して財政は「お金儲けをしてはいけない」経済であり，協力原理に基づかなければならない。

地方自治体には，第三セクター等による開発事業として，スキー場経営や温泉事業に乗り出し，住民負担を生み出し，財政状況を悪化させ，福祉や教育あるいは医療といった，本来的な公共サービスの供給が困難になる事例が見受けられる。地方自治体が地域開発を進めることは実態としてはあるとはいえ，そこでリスク回避を怠ると，地方自治体本来の機能に支障が生じる。そもそも財政とは「お金儲けをしてはいけない」経済だということを忘れてしまった代償は大きい。

2. 3つの財政機能と地方財政の機能

1) 市場の失敗

　市場経済は「お金儲けをしてもよい」領域で機能する経済であり，財政が「お金儲けをしてはいけない」領域で機能する経済であることは，逆にいえば，財政が市場経済では提供してはならない，あるいは提供できない財・サービスを提供する機能を担うことを意味する。このように市場経済では提供できず，財政が提供する財・サービスを公共財と呼んでいる。

　公共財はベーター（F. M. Bator）によって，「市場の失敗」（market failure）として説明されている。「市場の失敗」とは，完全競争市場でも，効率的な資源配分が達成できないことをいう。「市場の失敗」は公共財，費用逓減現象，外部性，不確実性の4つの分野にまとめられている。

　「市場の失敗」の第1に掲げられている公共財とは，非排除性と非競合性という2つの性格を備えた財と定義される。非排除性とは，対価を支払わない者を消費から排除することが不可能であるという財の性格である。もう1つの非競合性とは，特定の消費者が消費しても，他の者が消費可能な量が減少しないという財の性格をいう。たとえば，灯台のサービスは，費用負担を行わない船の利用を排除できないし，他の船が利用したからといって灯台の便益が減少するわけではない。

　「市場の失敗」では，排除性という概念が，あたかも財に固有の物理的性格であるかのように考えている。しかし，排除性という財の性格は，その財に私的所有権が設置されているか否かに基づいている。たとえば，時計が排除性という性格をもつのは，時計に私的所有権が設定されるから，他者の使用を排除するにすぎない。私的に所有されている庭園も，政府に寄付され，公園となれば，非排除性を備えることになるのである。

　つまり，非排除性は，私的所有不可能性（non-appropriability）の要素にすぎない。非排除性を備えた財を，「市場の失敗」として説明しようとする試みは，私的所有権の設定されない財は，市場では取引できないといっているにすぎないのである。

　経済的資源は，市場経済という民間部門と，財政という公共部門に配分する

必要がある。こうした財政の機能を資源配分機能と呼んでいる。つまり，財政の資源配分機能とは，市場経済を通じては供給されない公共財を提供する機能である。

2） 財政の3つの機能

　財政の資源配分機能とは，市場経済の機能しない領域での財政の機能といえる。ところが，市場経済が機能している領域でも，財政の機能が求められる場合がある。市場経済が分配する所得を，社会が「公正」だと受け入れるとは限らないからである。

　所得分配に対して社会が「公正」だとして受け入れなければ，社会を統合することが不可能となる。そこで，財政は社会統合のために，市場を通じた分配に対して，所得を再分配しなければならない。財政は，そもそも社会統合を目的としているからである。このように市場経済による所得分配に対して，財政が再分配する機能を，財政の所得再分配機能と呼んでいる。市場経済による所得分配の不公正は，市場経済の「外在的欠陥」ということができる。

　さらに，市場経済には景気変動という「機能障害」がある。景気変動によって，労働市場で失業者が大量に発生すれば，社会統合は困難となる。そこで，財政が景気変動を調整する機能を担わざるをえなくなる。それを財政の経済安定化機能と呼んでいる。

　財政の機能を資源配分機能，所得再分配機能，経済安定化機能の3つに定式化したのは，マスグレイブ（R. A. Musgrave）である。財政の3つの機能は，歴史的に継起して生じたことに注意する必要がある。

　財政にとって基本的な機能は，資源配分機能である。財政の基本的機能である資源配分機能は，「小さな政府」を想定していたアダム・スミス（A. Smith）を始祖とする古典派経済学以来，取り上げられてきた財政の機能である。次に，19世紀後半頃から社会問題が深刻化すると，「大きな政府」を唱えるドイツ正統派財政学が登場してくる。ワグナー（A. Wagner）を代表とするドイツ正統派財政学は，財政の所得再分配機能を重視した。さらに，20世紀に足を踏み入れる頃から，金本位制に基づいたイギリスを中心とする世界経済秩序は動揺し，1929年（昭和4年，日本に影響が及ぶのは翌年頃から）に世界恐慌が勃発する。この世界恐慌からの脱出を模索する過程で，いわゆる「ケインズ革命」が生じる。

つまり，ケインズ（J. M. Keynes）の経済学に触発されて，財政の経済安定化機能として，フィスカル・ポリシーの財政学が展開される。

このように，歴史的に継起して登場し，それまでの財政学が取り組んできた財政の問題領域を，マスグレイブは３つの機能として体系化した。マスグレイブの定式化した財政の３つの機能は，現在の財政学では広汎に受け入れられている。

3）　財政機能と地方財政

財政の３つの機能に対して，中央政府と地方自治体とで，どのように分担されていくのかが，次に問われることになる。それは前章で行政面からアプローチした中央政府と地方自治体間における事務配分を，財政面から捉え直すことでもある。

国家財政と地方財政との担うべき財政機能の分担のあり方，財政の３つの機能を定式化したマスグレイブやオーツ（W. E. Oates）によって，「財政連邦主義」（fiscal federalism）として展開されている。「財政連邦主義」では地方財政の機能は，狭く資源配分機能にのみ限定されると唱えられる。

経済安定化機能については，中央政府は金融政策を担い，景気変動を調整する能力を備えているのに対して，地方自治体がマクロ的経済政策を展開する能力は制限されている。マクロ経済政策の効果は，域内からの財・サービスの移出入が自由であることから域外に消失してしまうからである。したがって，経済安定化機能は国家財政が担うべきだとされる。

所得再分配機能についても，地方自治体では住民の流入と流出が生じることから，地方自治体が独自の基準で所得再分配政策をしようとしても有効ではない。地方自治体が所得再分配機能を強めようとして，地方税で累進所得税や法人利潤税を課税し，その課税を強化しようとすれば，入退自由な地方政府では，富裕者や法人企業が，他の地域へと移動してしまうことが考えられる。所得再分配機能についても，国家財政がもつべき機能であると考えられている。

一方，資源配分機能についていえば，公共財の便益がすべての国民に及ぶような公共財は，国家財政が提供すべきだが，地方自治体の住民にのみ便益をもたらす公共財は，地方財政が提供すべきだと主張される。公共財の便益がすべての国民に及ぶような公共財を国家公共財と呼び，地方自治体の住民にのみ便

益をもたらす公共財を地方公共財と呼ぶことで，国と地方の役割分担を規定できる。仮に，国家公共財を地方自治体が提供すると，地方自治体は住民に帰属する便益に見合った国家公共財しか提供しないために過少供給が生じる。逆に地方公共財を国家財政が提供すれば，住民の選好の相違に応じた供給が不可能となる。

オーツは，地方財政を通じて地方公共財を提供するメリットとして，次の3点を指摘している。第1に，住民選好に適合した地方公共財を提供できる。つまり，お好みの公共サービスを提供できるということである。第2に，地方公共財の生産における実験（experimentation）と革新（innovation）が実現できることである。第3に，地方公共財をコストの自覚と結びつけて提供できることである。

以上のように財政連邦主義が地方財政の財政機能を狭く限定するのは，中央政府が国境を管理する政府なのに対して，地方自治体が境界を管理しない入退自由なオープン・システムの政府だからだと考えていることによる。国境を管理している中央政府であれば，入退自由ではないため，累進所得税や法人利潤税が容易に課税でき，経済政策の効果も拡散しない。

また，累進所得税や法人利潤税は，収入の所得弾力性が高く，景気変動にともない税収が激しく変動するため，中央政府が担う景気変動に対する自動安定化機能（ビルトイン・スタビライザー）の手段ともなる。

オーツは「中央政府は，経済の安定，平等な所得再分配の達成，そして社会の全構成員の福祉に大きく影響する公共財の供給に第一義的責任をもつ」のに対し，「地方政府はこれらの活動を補完し，その行政区域の住民にのみ第一義的利益のある公共財・サービスを供給する」と財政連邦主義の主張をまとめている。つまり，財政連邦主義では中央政府の活動を地方自治体が補完することになる。

中央政府と地方自治体の事務配分では，補完性の原理が重要となる。つまり，中央政府が地方自治体の活動を補完する。ところが，財政機能からアプローチした「財政連邦主義」では，地方自治体が中央政府の活動を補完することになってしまう。こうして「財政連邦主義」は地方自治の原則ともいうべき補完性の原理を真っ向から否定する結論に辿り着いてしまうのである。

3. 地方財政機能の歴史的傾向

1) 転位効果と集中過程

中央政府と地方自治体との間の機能分担において，「財政連邦主義」は，地方財政の担うべき機能を，結果的にきわめて小さく限定する。そこで注意すべきは，財政の3つの機能が，歴史的に継起して登場してきたことである。財政機能が歴史的に次々に拡大していけば，財政経費も膨張していくと当然に考えられる。こうした財政経費の歴史的傾向を，「経費膨張の法則」として定式化したのは，ワグナーである。

ワグナーは政府機能が拡大していくことを，歴史的必然だとして，「公共活動，とくに国家活動膨張の法則」を指摘している。しかも，「国家活動膨張の法則」を指摘するだけではなく，国家活動の膨張にともない，財政経費も絶対的に膨張するだけではなく，国家所得などとの関係で，相対的にも膨張するとして，「経費膨張の法則」を提唱したのである。

この「経費膨張の法則」をピーコック（A. T. Peacock）とワイズマン（J. Wiseman）は実証的に研究し，経費膨張が歴史的に進むとしても，それは一律に進むものではないことを明らかにしている。ピーコックとワイズマンは経費膨張が「転位効果」（displacement effect）をともないながら，段階的に生じることを実証した。転位効果とは，経費膨張が，2度の世界大戦のような大規模な戦争や社会的混乱を契機に生じ，大規模な戦争や社会的混乱が収まったとしても，従来の水準に戻ることなく，膨張した水準で維持される現象である。こうした転位効果が生じる理由は，戦争などの社会的混乱期には財政支出の増大を受け入れるだけではなく，租税負担の引き上げを承認するからである。しかも，ひとたび高い租税負担水準が受け入れられると，平時に戻っても戦費の一部が他の経費に置き換えられ，元のトレンドに戻りきれずに高い経費水準が維持されると説明されている。

この転位効果は図2-2のように示される。ピーコックとワイズマンは，転位効果とともに，戦争などの混乱期には，中央政府の歳出が地方政府に比べて膨張する「集中過程」（concentration process）の存在も実証している。

集中過程とは戦費などの社会的危機を契機として，財政支出にしろ租税収入

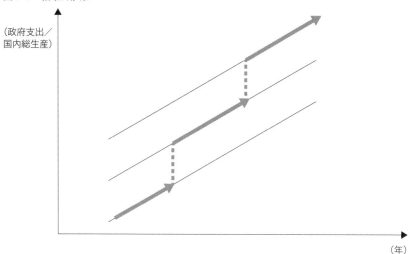

図2-2 転位効果

（政府支出／
国内総生産）

（年）

にしろ，中央政府に集中していく現象である。歴史的に中央政府の財政のウェ
イトが拡大していく傾向については，第1次大戦後のワイマール共和国の大蔵
官僚であり，財政調整制度の「生みの親」と称えられるポーピッツ（J. Popitz）
が，「国家または上位機関財政の吸収力の法則」（das Gesetz der Anziehungskraft
der übergeordneten Haushalts，中央財政吸引力の法則，あるいは単にポーピッツの法則
ともいう）を示した。ポーピッツは中央政府に財政支出を引き寄せようとする
傾向が，時系列的に存在することを根拠に，この法則を提唱している。ピー
コックとワイズマンは，ポーピッツの法則が存在するとしても，それは歴史的
に一律に進むのではなく，段階的に生じることを明らかにした。

2) 集中過程から分散過程へ

　転位効果と集中過程は，3つの財政機能を前提にした「財政連邦主義」と整
合的なように思える。3つの財政機能は歴史的に継起するとすれば，財政支出
も歴史的に継起的に膨張する。しかも，財政の基本的機能である資源配分機能
に継起的に付け加えられていく，所得再分配機能や経済安定化機能は，「財政
連邦主義」によると，国家財政が担うことになる。そこで歴史的に「ポーピッ
ツの法則」が妥当し，集中過程が生じると考えられるからである。

ピーコックとワイズマンの集中過程について疑問視する研究もある。国際比較の観点から集中過程を実証しようとしたアルベルス（W. Albers）は，ドイツ，イギリス，アメリカの３つの国を取り上げ，実証的に研究した結果，いずれの国でも「ポーピッツの法則」が妥当しているとした。しかし，アルベルスは，将来についても，「ポーピッツの法則」が貫かれるとは限らないとしている。つまり，地方自治体の役割が見直されることもあると指摘していたのである。

　そもそも「経費膨張の法則」を唱えたワグナーは，経費膨張が進むと「国家から市町村にむかうより小規模な強制共同経済」が拡大すると考えていた。つまり，ワグナーは従来の「法および権力目的の領域」でのみ機能する「小さな政府」が，「文化的福祉目的の領域」にまで機能を拡大する「大きな政府」になれば，地方財政が拡大すると予言していたのである。

　というのも，「法および権力目的の領域」という秩序維持機能に対して「文化的福祉的目的の領域」では，「統一・集中・中央集権化の同じ需要が存在せず」，そうした需要は地方財政によって充足せざるをえないと想定していたからである。しかし，こうしたワグナーの予想は，的外れとなってしまった。それはワグナーが「法および権力目的の領域」の行く末を見誤ったからだといってよい。ワグナーは「法および権力目的の領域」における活動である戦争は，ますます稀有な出来事となり，戦争の期間もますます短くなると予想していた。ところが，現実には戦争が総力戦という財力を総動員する戦争となったばかりか，短期間のうちに２度も世界大戦が生じてしまったのである。

　そのため，国家財政が地方財政に対して相対的に膨張していく「ポーピッツの法則」，つまり「上位機関の財政の吸引力の法則」が妥当すると同時に，ピーコックとワイズマンの指摘のように，総力戦とともに地方財政の地位が相対的に低下する「集中過程」が生じたのである。

　しかし，もしも戦争を回避し，平和な時期が続けば，ワグナーが予言するように「文化的福祉目的の領域」が拡大し，地方財政のウェイトが増大していくと考えられる。アルベルスが将来についていえば，「ポーピッツの法則」は妥当するとは限らないとした予言の背景には，平和な時代が継続するという願いが込められたものと考えてもよいかもしれない。

　「ポーピッツの法則」への反論として，レクテンワルト（H. Recktenwald）による第２次大戦後のドイツ財政についての検証がある。第２次大戦後には国家

財政の相対的縮小と，地方財政の相対的拡大という集中過程とは逆方向の分散過程が生じていることを明らかにした。それは第2次大戦後には大きな戦争を回避し，相対的に平和な時代が継続した結果といえる。

　レクテンワルトが研究対象としたドイツに限らず第2次大戦後には，アメリカを除く多くの先進諸国で，地方財政支出の増大傾向が明確になってくる。「中央政府の支出よりも，地方政府の支出の方がより急速に膨張するという傾向」を，地方経費の膨張の法則と呼ぶことがある（池上惇『地方財政論』同文舘出版，1979年）。

　地方財政が相対的に拡大するという第2次大戦後に認められる分散過程は，地方分権を推進する動きと密接に絡み合っている。地方分権推進の動きは1980年代になってくると顕在化する。1985（昭和60）年にはヨーロッパ評議会（Council of Europe）が「ヨーロッパ地方自治憲章」を制定し，同年に国際地方自治体連合（International Union of Local Authorities）が「世界地方自治宣言」を提唱したことは，それを象徴しているといってよい。

　現代においては，政府が共同体社会の構築にむけて，より多くの社会サービスの提供を行うことが望ましいという考え方がとくにヨーロッパ諸国でされるようになり，そのなかで，地方自治体が従前とは異なる観点で，所得再分配機能についてより重要な役割を果たすことが期待されるようになっている。社会保障給付が，最低限の権利を保障するための現金給付だけでなく，生活環境を整える現物給付が重要視されるようになった。現物給付の提供は，中央政府ではなく，地方自治体が得意とする分野であることから，地方自治体の役割が増すこととなった。その点については第12章で述べる。

第3章

政府間財政関係

1. 政府間財政関係の基礎理論

1) 地方財政と政府間財政関係

　市場社会には，家計，企業それに政府の3つの経済主体が存在する。市場社会では家計，企業，政府という経済主体が，それぞれ個別経済を運営することで経済活動が展開されている。そのなかで，政府という経済主体が運営する個別経済が財政といえる。

　家計経済にしろ企業経済にしろ，民間の経済主体が運営する個別経済では，「量入制出」つまり「入るを量りて出ずるを制す」が運営の基本原則となる。家計経済であれば賃金収入がまず決まり，次いでその収入を食費に充てるか，被服費に充てるかなどと支出を決めていく。企業であれば売上の収入がまず決まり，次いでその収入を株主への配当に充てるか，内部留保とするかなどの意思決定が行われる。

　民間の個別経済では，市場が収入を決める。企業経済の売上は生産物市場で，家計経済の賃金は労働市場で決まる。そのため，民間の経済主体では，「量入制出の原則」に基づく。

　ところが，政府という経済主体が運営する財政では，収入は市場ではなく，政治過程で決定される。必要な支出を決めてからでなければ，それを賄う収入は決められない。政治過程で収入を決めるには，政治的にその支出が必要であると判断されていることが前提である。したがって，財政は「量出制入の原

則」，つまり「出ずるを量りて入るを制す」に基づいて運営されることになる。

「量出制入の原則」に従うのは，国家財政だけでなく，地方財政についても同じである。しかし，中央政府は単数主体の政府であるのに対して，地方自治体は複数主体の政府であることから問題が複雑になる。「量出制入の原則」の決定にあたり，国家財政では国民の意思に基づくだけでよいが，地方財政では地域住民の意思のみでは決定できない。中央政府の意思が何らかのかたちで介在する。地方財政においては，中央政府との政府間財政関係が決定的な意味をもつ。

2) 垂直的財政調整と水平的財政調整

政府間財政関係は図 3-1 のように整理することができる。図 3-1 はドイツで広く受け入れられている政府間財政関係とそれを調整する財政調整制度の説明図である。財政調整制度の「生みの親」といわれるポーピッツの理論を継承して作成されている。

政府間財政関係の調整は，中央政府と地方自治体間というようにレベルの相違する政府間で行われる垂直的財政調整と，地方自治体相互の同じレベルの政府間で行われる水平的財政調整に分けることができる。

垂直的財政調整では行政任務の配分と，課税権の配分という 2 つの調整が必要となる。行政任務の配分とは，中央政府と地方自治体との間で，提供する公共サービスをどのように区分するかであり，中央政府と地方自治体との事務配分を決定ということもできる。配分された行政任務に対して，中央政府も地方自治体も行政任務を滞りなく遂行できるようにするには，それぞれにふさわしい課税権が配分されなければならない。

垂直的財政調整を通じて行政任務と課税権を地方自治体に配分すると，地方自治体に財政需要が発生する一方で，地方自治体に課税力，つまり地域社会から租税収入を調達する能力が生じる。その結果，域内総生産や地価などで表される地域の経済力の格差を反映して，地方自治体間で，財政力格差が生まれる。そこでいう財政力とは財政需要と課税力とを統合した概念であることを注意したい。地域社会から多額な税収を調達できたとしても，財政需要がそれ以上に大きければ，財政力は大きいとはいえない。逆に課税力が小さくとも，財政需要がそれ以上に小さければ，財政力は大きいことになる。

図 3-1　財政調整の概念図

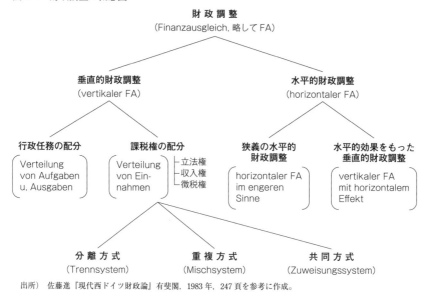

出所）　佐藤進『現代西ドイツ財政論』有斐閣，1983 年，247 頁を参考に作成。

　地方自治体に行政任務と課税権を配分することで生じる地方自治体間の財政力格差の調整を，水平的財政調整と呼ぶ。水平的財政調整には 2 つの様式がある。「狭義の水平的財政調整」と「水平的効果をもった垂直的財政調整」である。

　「狭義の水平的財政調整」とは，地方自治体が相互に直接，地方税収などの財源を移転し合って，財政力格差を是正し合う方式である。それに対して「水平的効果をもった垂直的財政調整」とは，中央政府が中央政府の財源で，地方自治体間の財政力格差を是正する方式をいう。日本の代表的な財政調整制度である地方交付税は，この「水平的効果をもった垂直的財政調整」にあたる。

　日本の政策論議では水平的財政調整といえば，「狭義の水平的財政調整」を指す場合が多い。「狭義の水平的財政調整」はドイツにおいて州内の財政調整として実施されている。連邦国家であるドイツでは，主権に基づく課税権である租税高権が州にあるため，州が徴税して連邦に配分する。そのため「狭義の水平的財政調整」が機能している。

　単一国家でもスウェーデンで「狭義の水平的財政調整」が採用されている。

しかし，この「狭義の水平的財政調整」には致命的欠陥が存在する。それは地域社会の財政需要を充足するために徴税した地方税を，他の地域社会の財政需要の充足のために充当することへの法的な妥当性についてである。スウェーデンでは，それが憲法違反なのではないかと問題となったことから，地方自治体が中央政府に税収を上納したうえで，中央政府が地方自治体に配分する方式をとっている。

3） 2つの非対応

　財政面で地方分権を推進しようとすれば，垂直的財政調整において，行政任務を地方自治体に多く配分すればよい。国民にとって身近な政府である地方自治体に，より多くの行政任務が配分されていれば，国民が手の届く距離で公共サービスの内容を決定できるからである。

　しかし，垂直的財政調整で地方自治体に多くの行政任務が配分されていたとしても，地方分権的ではなく，中央集権的だといわざるをえないこともある。「行政任務における決定と執行の非対応」と，「行政任務と課税権の非対応」の2つの非対応が生じている場合である。

　「行政任務における決定と執行の非対応」とは，行政任務，つまり事務の決定権限を中央政府が握り，地方自治体は事務を執行するにすぎないことを意味する。地方自治体が多くの事務を執行していたとしても，中央政府の決定に従い，執行するだけであれば，中央集権的だといわざるをえない。

　日本では機関委任事務が存在していた。機関委任事務では中央政府の決定どおりに執行せざるをえない。現在では機関委任事務は廃止され法定受託事務に改められている。しかし，法定受託事務でも地方自治体は受託された事務を中央政府の決定に従い，執行するにすぎないことには違いがない。しかも，自治事務であっても中央政府は法令でもって事務の執行を事細かに規定してしまえば，地方自治体は中央政府の決定どおりに執行せざるをえないのである。日本では機関委任事務が廃止されたいまでも，「決定と執行の非対応」という特色が拭いがたくつきまとっている。そこで，近年では，法令に基づく地方自治体の事務執行への規律付けを緩和する，義務付け・枠付けの緩和が行われている。それは一種の規制緩和であるといってもよい。

　もう1つの非対応である「行政任務と課税権の非対応」は，行政任務が多く

地方自治体に配分されているにもかかわらず，地方自治体に行政任務に対応した課税権が配分されていない状態である。つまり，国税と地方税との税源配分が，中央政府と地方自治体との事務配分と対応していないことを意味している。

　こうした「行政任務と課税権との非対応」が生じていれば，地方自治体は行政任務を遂行する財源を，中央政府からの財源の移転に頼らざるをえなくなる。そうなると，地方自治体は中央政府からの財源の移転によってコントロールされてしまうのである。

▌2．財政収入の政府間関係

1）　課税権とは何か

　2つの非対応のうち，「行政任務と課税権の非対応」は，一義的に政府間財政関係にかかわってくる。第1章で行政任務の配分，つまり事務配分について，原則的な考え方を述べた。図3-1で垂直的財政調整のうち課税権の配分に関する箇所を眺めると，立法権，収入権，徴税権と付記され，さらに課税権の配分について分離方式，重複方式，共同方式という3つの方式が描かれている。

　立法権，収入権，徴税権とは課税権を構成する3要素である。立法権とはどういう租税を課税するかを決定できる権限であり，収入権とは租税収入を受け取ることのできる権限，徴税権とは租税を徴収する権限である。図3-2で示したように，租税には，租税主体と租税客体という2つの基本的要素がある。立法権に基づいて租税を課税するには，この2つの基本的要素を決定しなければならない。

　租税主体とは，「ヒト」の要素である。租税をデザインするには，誰に租税を納めてもらい，誰に負担してもらうかを決定しなければならない。これに対して租税客体とは，「モノ」の要素である。租税を策定するには，どういう事実，あるいはどういう物件が存在したときに納税義務が生じるかを決定しなければならない。納税義務が生じる事実，あるいは物件を租税客体という。

　租税客体を数量化したものを，課税標準と呼ぶ。この課税標準に税率を乗じることで税額が算出される。酒税であれば，酒を製造する，あるいは酒を庫出ししたという事実が租税客体であり，それを数量化した造石高，あるいは庫出し高が課税標準である。課税権における立法権とは，租税主体と租税客体を決定

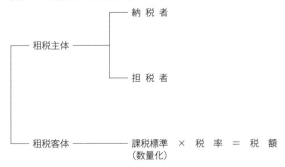

図3-2　租税主体と租税客体

する権限であり，さらに租税客体において課税標準と税率を決定できる権限である。

2）　地方税の政府間財政関係

　国税とは国民の合意を得て，国民に課税する租税であり，地方税とは地域住民の合意を得て，地域住民に課税する租税である。国税には中央政府に立法権があり，地方税は地方自治体に立法権がある租税といえそうだが，実はそうではない。地方税の決定には政府間財政関係が介在するからである。

　先述したとおり，地方自治体の課税権を配分する方式には分離方式，重複方式，共同方式の3つがある。この3方式は租税客体にかかわっている。国税と地方税の租税客体，つまり課税標準が分離しているか，重複しているか，または共同であるかによる。

　分離方式で課税される地方税を独立税と呼ぶ。シャウプ勧告は日本の地方自治のために，独立税主義を唱えた。そのため地方税の基幹税として，国税と租税客体を相違する独立税を設定することを勧告した。つまり，市町村の基幹税として固定資産税を，道府県税の基幹税として附加価値税の導入を勧告したのである。

　一方，国税と同一の租税客体，つまり課税標準に課税する地方税を，付加税と呼ぶ。付加税では，課税標準を決定する立法権は地方自治体にはなく，税率を決定する権限のみがある。第2次大戦前の日本では，付加税主義が採用されていた。それに対し，シャウプ勧告は独立税主義に改めようとした。

　課税標準を共同する共同方式には，共同税，分与税，分賦税という3つの課

図 3-3　地方税の課税方式

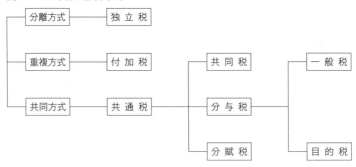

税形態がある。共同税では課税権のうち立法権を，中央政府と地方自治体とで
もっている。共同税を課税するためには，ドイツの参議院のように，地方自治
体と中央政府とが共同で意思決定をする機関が必要となる。共同税では税収を
中央政府と地方自治体とで分け合う。したがって，共同税は課税権のうち立法
権とともに，収入権も中央政府と地方自治体の双方がもつ。

　分与税も分賦税も，中央政府と地方自治体とで税収を分け合う。分与税では，
中央政府が課税する国税の一部ないしは全部を，地方自治体に移譲する。分与
税では立法権が中央政府にあるけれども，収入権の一部，あるいは全部が地方
自治体にある。これに対して分賦税は，地方自治体の課税する地方税の一部な
いしは全部を中央政府に移譲する。つまり，分賦税では立法権は地方自治体に
あるけれども，収入権の一部ないしは全部が中央政府にある。

　一般に地方税といえば，独立税と付加税を指している。事務配分と課税権が
非対応だという場合には，事務配分に対して，独立税と付加税とから構成され
る地方税の割合が小さいことを意味していると考えてよい。

3)　課税否認と課税制限

　国税との関係における地方税の課税形態をまとめると，図3-3のようになる。
独立税は国税と課税標準が相違しているので，国税と同じ課税標準に課税する
付加税という課税形態よりも地方分権的であると考えてよい。しかし，中央政
府は地方自治体の課税権に対して，租税統制を加えることがある。

　中央政府が地方自治体の課税権に加える租税統制には，課税否認（tax de-
nial）と課税制限（tax restriction）がある。中央政府が地方自治体に対して，課

税標準を設定する権限を否認するのは課税否認，地方税の税率に対して制限を加えるのは課税制限である。日本における課税否認の状況等については，第4章で詳述する。地方税は自主財源の中心であるが，それもまた中央政府との政府間財政関係の網のなかに織り込まれているのである。

3. 政府間財政関係における集権と分権

1) 移転財源と非移転財源

　地方自治体が自己の権限に基づいて調達する自主財源に対して，中央政府，さらに市町村であれば都道府県の決定に依存する財源を依存財源と呼んでいる。自主財源には地方税，使用料・手数料などが分類される。これに対して依存財源には地方交付税，地方譲与税，国庫支出金，地方債などが分類される。このうち国庫支出金には，中央政府からの負担金や補助金などが含まれ，市町村ではそれらに都道府県支出金も含まれる。

　自主財源と依存財源とともに，地方自治体の財源では一般財源と特定財源という分類がある。一般財源は使途が制限されていない財源であり，特定財源は使途が限定されている財源である。一般財源には地方税，地方交付税，地方譲与税などが含まれ，特定財源には国庫支出金，地方債などが分類される。もっとも，地方税には目的税も存在するし，地方譲与税にも，使途がゆるやかに特定される場合があるが，一般財源に分類されることが多い。

　地域住民の意思決定に基づいて調達する財源を自主財源と呼ぶのであれば，地方債も自主財源と呼んでよさそうである。地方債は依存財源に分類される。日本では地方債を財源とすることができる経費は法律で限定されているからである。地方債を財源とすることのできる事業を適債事業と呼んでいる。適債事業は地方財政法第5条に列挙されている投資的経費などである。地方債は，原則として資本的経費にしか充当できないとされている。しかし，その例外として，特別の法律上の規定によって地方債の起債が認められているものもある。地方財政法第33条の5の5に基づく退職手当債などである。地方財政法第5条に基づいて起債される地方債を5条債と呼び，それ以外の法律上の規定に基づいて起債される地方債を特別債と呼んでいる。

　公債によって調達される財源の使途が限定されているという点では，中央政

表 3-1　自主財源・依存財源と一般財源・特定財源

	自主財源	依存財源
一般財源	地　方　税	地方交付税 地方譲与税
特定財源		国庫支出金 地　方　債

府も本来は同じである。国債は財政法第4条によって，使途は公共事業などの資本的経費に限定されている。したがって，資本的経費の限定を越えて国債を起債する場合には，5年間など期間を限定して財政法に違反する特例法を制定している。こうして起債される国債が，特例国債，すなわち赤字国債である。

　地方債の償還財源は，自主財源である地方税等である。つまり，地方債は自主財源である地方税の先取りといえる。それにもかかわらず地方債は依存財源に分類されている。それは日本では，中央政府が地方債の起債に決定権をもっていたからである。かつて，地方債の起債は，中央政府の許可制となっていた。2000（平成12）年に施行された地方分権一括法によって，地方債の許可制は協議制に改められている。その点は，第9章で詳述するが，そのような経緯から，地方債は中央政府からの移転財源ではないにもかかわらず依存財源に分類されているのである。

　地方交付税や国庫支出金，地方譲与税も中央政府から地方政府への移転財源である。地方自治体の財源は移転財源と非移転財源とに分類することもできる。表3-1でいえば，移転財源は，特定財源であり依存財源である国庫支出金と，一般財源であり依存財源である地方交付税とからなっている。これに対して，非移転財源は，特定財源であり依存財源である地方債と，一般財源であり自主財源でもある地方税とから成り立っている。

2)　財源統制と財政移転

　中央政府と地方自治体との財政関係を財源の移転という観点から眺めると，図3-4のようになる。中央政府から地方自治体への財政移転には，一般補助金（general grant）と特定補助金（specific grant）がある。

　一般補助金とは地方自治体が使途を限定されずに使用できる補助金であって一般財源である。特定補助金とは使途が特定化されている補助金であって特定

図3-4　地方財政の統制

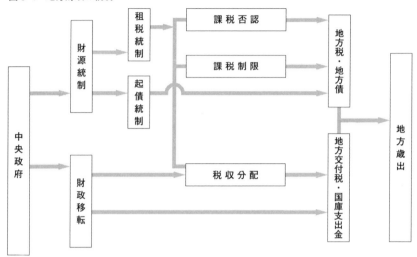

財源である。日本でいえば地方交付税が一般補助金であり，国庫支出金が特定補助金である。地方交付税のように使途を指定しない一般補助金を，中央政府が地方自治体に交付する目的は，地方自治体間の財政力格差を是正することにある。つまり，水平的効果をもった垂直的財政調整のために，一般補助金は交付されることになる。

　特定補助金は日本では国庫支出金と総称されている。この国庫支出金はさらに，大きく国庫負担金，国庫委託金，国庫補助金の3つに区分されている。国庫負担金とは中央政府の事務としての性格を帯びている地方事務に対して，中央政府が義務的に経費の一部を負担する特定補助金である。これに対して国庫補助金は，中央政府が奨励する政策を地方自治体に実施させるために交付する奨励的補助金である。国庫負担金は「割り勘補助金」，国庫補助金は「ワイロ補助金」と，冗談を交えて説明されることがある。

　国庫委託金はもっぱら中央政府の利害にかかわる事務に対する国庫支出金である。したがって，国庫委託金では中央政府が経費の全額を負担することが原則となっている。このように国庫負担金にしろ，国庫委託金にしろ，国庫補助金にしろ，特定補助金は，中央政府の意図する政策を地方自治体に執行させることにかかわって交付される。

一般補助金は財政調整という政策目的をもっており，中央政府の意図とは独立ではない。地方自治体を特定補助金のように使途を拘束しないとはいえ，中央政府からの財源の移転である財政移転は，決定権限は中央政府にあって地方自治体にはない。

　非移転財源である地方税や地方債については，地方自治体に基本的には決定権限が存在する。しかし，そうした非移転財源に対しては，中央政府は財源統制によって地方自治体の決定権限を制約することが可能となる。地方債の許可制はその代表例である。日本でも地方自治法第230条によると，地方自治体は予算によって，地方債を起債することができる。ところが，かつては地方自治法第250条によって，地方債を起債する場合には，「当分の間」，自治大臣または都道府県知事の許可を受けることになっていた。現在では許可制は協議制に改められたことで該当条文は廃止されたものの，起債統制は緩和されながらも，なお存在している。

　非移転財源である地方税は，地方債と相違して自主財源として位置づけられている反面で，課税否認と課税制限という財源統制がある。しかも，地方税の課税形態が独立税ではなく，中央政府に立法権のある分与税として，税収を中央政府と地方自治体とで税収を分け合うかたちにすれば，地方税を財政移転に転換することが可能となる。ただし，そのことは，地方自治体が財源への決定権限を失うことを意味する。

3)　集権と分散システム

　日本の政府間財政関係の特色は，大きな財政移転と厳しい財源統制のもとにある非移転財源にあるといわれてきた。図3-5をみれば，日本の地方歳出のウェイトは先進諸国でも比較的高い一方で，地方税のウェイトはスウェーデンには及ばないものの，ヨーロッパ各国に比べると大きい。その一方で，国からの財源移転も決して小さくない。大きな財政移転と厳しい財源統制という特色は，地方財政の歳入面で，「歳入の自治」が制約されていることを示している。「歳入の自治」が制約されると，「歳出の自治」も制約されてしまう。

　地方自治体が地域社会のニーズに対応した新しい事業を企画しようとしても，自主財源による地方税に，課税否認と課税制限という租税統制が加えられていると，財源を地方税に依存することに限界が生じる。そこで新規企画の事業の

図 3-5 一般政府支出・税収構成・財政移転の対 GDP 国際比較（2018 年）

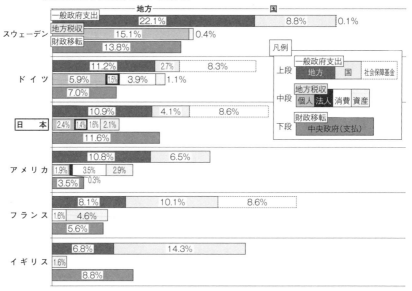

一般政府支出のうち地方分の GDP が高い順

注) 1 OECD 統計による 2018 年の数値である。ただし，日本の地方税収は 2018（平成 30）年度実績による。
   2 一般政府支出は「最終消費支出」と「公的資本形成」の合計である。
   3 財政移転は，中央政府総支出に占める「その他の経常移転」と「資本移転」の合計の割合を対 GDP 比で
    示したもの。
出所) 総務省資料。

　財源を地方債で調達しようとしても，起債統制で思うにまかせない。そうなる
と，地方自治体は新規企画事業の財源を，財政移転に求めて補助金獲得競争に
走らざるをえなくなる。財政移転には地方交付税という一般補助金もある。し
かし，財政調整を目的としたルールで配分される地方交付税に，新規企画財源
を求めることはできないのである。補助金の獲得は，地方自治体ではなく中央
政府の企画した新規事業を受け入れることを意味する。つまり，地方自治体が
企画する新規事業を放棄し，比較的優先度の高い事業を選ぶしかない。
　補助金を獲得して補助事業を実施する際，事業費の全額が補助されることは
例外的であり，地方自治体も負担をしなければならない。一般にそれを補助裏，
ないしは裏負担と呼んでいる。この裏負担があるため，財政力の乏しい地方自
治体は，補助事業を実施したくともできないことがある。
　そこで増税をしなくとも，補助事業が実施できるように，地方交付税が配分

される。そのため地方自治体は，中央政府の企画した事業へと誘導されていくことになる。こうして日本では，中央政府が決定した全国画一的事業に，全国画一的地方税制で動員されてしまうのである。

　日本の地方支出のウェイトは，政府支出全体に対して高い。つまり，日本では公共サービスを主として地方自治体が提供している。公共サービスの供給を主として中央政府が供給していれば「集中」，主として地方自治体が供給していれば「分散」とすれば，日本の財政システムは明らかに分散システムである。

　その一方で，地方分権か中央集権かは，あくまでも決定権限を基準とすべきである。公共サービスの供給と負担についての決定を，主として中央政府が行っているとすれば「集権」，地方自治体が行っているとすれば「分権」だと考えると，日本の財政システムは集権的である。つまり，日本の政府間財政関係は「執行」が地方自治体で，「決定」が中央政府，という集権的分散システムといえるのである。

第4章

地方税の体系とそのあり方

1. 地方税の性格とその沿革

1) 地方自治体の収入の基本としての地方税

　日本の地方財政では，歳入総額に占める地方税の割合は，おおむね30％台の後半から40％程度で推移している。もっとも，その割合は地方自治体によっても相当差があり，市町村の場合，30％未満にとどまる地方自治体は団体数で過半数を超えている一方で，60％以上の地方自治体も少数だが存在する。

　日本の地方財政の歳入に占める地方税の割合が，ほぼ3割台であるという事実をもって，日本の地方自治は「3割自治」だと表現されることがある。これに対して，地方税収入の割合が歳入の8割に及ぶデンマークの地方自治は，「8割自治」と称賛されている。

　このように歳入総額に占める地方税収入の割合は，地方自治の評価基準にすら用いられている。というのも，地方税は地方自治体が行政を執行するうえで，必要な一般的支出を賄うために地域住民に対して求める負担として，地方歳入の基本となるべきものだからである。地域住民が自らの税負担によって，地方自治体が提供する公共サービスの費用を賄うことを通じて，地域社会の公共的課題を解決し，そのための費用をシェアすることが，地方自治の基本にある考え方である。こうした地方自治の理念は，地方自治法で住民を規定した箇所である第10条第2項において「住民は，法律の定めるところにより，その属する普通地方公共団体の役務の提供をひとしく受ける権利を有し，その負担を分

任する義務を負う」と謳われ，それは負担分任の原則とも呼ばれている。

　地方自治体は，中央政府の法令に基づいて公権力を有しており，その最たるものが課税権である。地方自治法は第223条で，「普通地方公共団体は，法律の定めるところにより，地方税を賦課徴収することができる」と定め，地方自治体に課税権を認めている。

　近代国家では課税権は，議会を通して国民の同意を必要とする。そのため法律によらなければ課税ができないという租税法律主義に基づく。日本国憲法は，第84条でそれを謳っている。地方税の場合には，地方税法第2条において「地方団体は，この法律の定めるところによつて，地方税を賦課徴収することができる」として地方自治体の課税権を保障している。そのうえで地方自治体は，住民に対して地方税の賦課や徴収を行うに際して，地方税法第3条第1項で「地方団体は，その地方税の税目，課税客体，課税標準，税率その他賦課徴収について定をするには，当該地方団体の条例によらなければならない」と規定されている。つまり，地方自治体が新しい権限を行使するには，それぞれの議会において税条例を定めなければならないのである。

　地方税は，地方自治体が課税標準や税率などを議会によって税条例で決定できる自主財源である。同時に，地方自治体が条例を制定するにあたって，課税否認や課税制限などの租税統制が中央政府から加えられている。その一方で，国会が地方税法を改正しても，それだけで地方税が自動的に改正されるわけではなく，地方議会を通じて条例として地域住民の同意が得られなければ，地方税を課税することはできないのである。

2）　現代日本の地方税の体系

　2020（令和2）年度における日本の国税と地方税とを含む租税収入構成を示したのが，図4-1である。日本では所得課税は，国税と地方税にほぼ同様の割合で配分されており，個人所得に対する課税は，国税と地方税のどちらでも3割程度であり，法人所得に対する課税はどちらも15％程度である。その一方で，消費に対する課税をみれば，国税では3分の1程度であるのに対して，地方税ではその半分にも満たない。もっとも，国税では資産に対する課税がほとんどなく，地方税では固定資産税がおおよそ5分の1を占めている。

　地方税をさらに道府県税と市町村税とに分類して，所得課税を眺めると，道

図 4-1 国税・地方税の税収内訳（2020〔令和 2〕年度地方財政計画額）

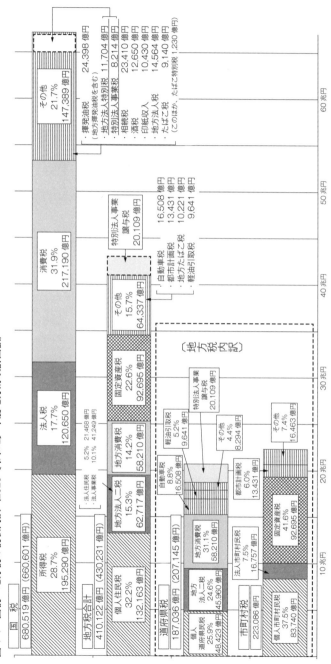

注) 1 各税目の％は、それぞれの合計を100％とした場合の構成比である。
2 国税は特別法人事業税を含み、地方税には、超過課税および法定外税等を含まない。
3 国税は地方法人特別税および特別法人事業税を含み、地方税は特別法人事業譲与税を含まない。地方税
　は特別法人事業譲与税を含めた金額である。
4 計数はそれぞれ四捨五入しているので、計とは一致しない場合がある。
出所) 総務省資料。

図4-2 現行の地方税の体系

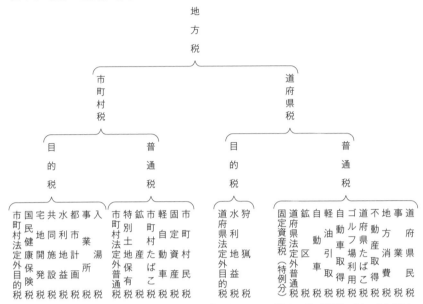

注) 1 普通税：その収入の使途を特定せず，一般経費に充てるために課される税。普通税のうち，地方税法により税目が法定されているものを法定普通税といい，それ以外のもので地方団体が一定の手続，要件に従い課するものを法定外普通税という。
   2 目的税：特定の費用に充てるために課される税。目的税のうち，地方税法により税目が法定されているものを法定目的税といい，それ以外のもので地方団体が一定の手続き，要件に従い課するものを法定外目的税という。
出所) 総務省資料。

府県税では道府県民税の個人分と地方法人2税がそれぞれ3割程度である。一方，市町村税では個人市町村民税は3分の1程度に達しているのに，法人市町村民税は1割弱にとどまっている。道府県税における地方法人2税とは，道府県民税の法人分と，法人所得等に対する課税である事業税をあわせたものである。

資産課税をみると，市町村税では固定資産税の割合が4割程度あるが，道府県税では土地に対する課税は税収としては小さい。消費課税をみると，道府県税では，地方消費税や自動車税，軽油引取税が主要な税目となっている。ただし，それらは相当程度の割合で市町村へ交付されることに注意が必要である。

図4-2は地方税の体系を示している。そこでは，課税対象による観点だけではなく，課税形態という観点が必要となる。共同方式である地方交付税や地方譲与税は，間接課税形態の地方税と考えられてもそこにはあがっておらず，地

表4-1　主要地方税の課税形態

	独 立 税	付 加 税
道 府 県 税	←	住 民 税　地方消費税 事 業 税
市 町 村 税	固定資産税	住 民 税

方税としては独立税と付加税という課税形態だけが想定されている。表4-1は主要な地方税の課税形態を示している。

　市町村税には財産課税である固定資産税が，独立税として存在している。ところが，道府県税には基幹税として独立税が存在しない。本章第3節の事業税の歴史を振り返る箇所で述べるように，そもそも事業税は，附加価値税という独立税として設定されるはずであったが，事実上，国税である法人税を本税とする付加税となった経過がある。

　日本では所得課税と消費課税における基幹税は，地方税では独立税ではなく，地方消費税や住民税など，付加税ないしは事実上の付加税として設定されている。日本の租税体系上からみた地方税の特色は，「3割自治」と表現されるように税収構成で比重が小さいだけではなく，独立税の存在が脆弱だという点にも見出される。

3)　地方税制の形成過程

　日本の地方税体系の形成過程は，表4-2のようにまとめることができる。明治維新で近代社会に足を踏み入れてから，第2次大戦までの日本の地方税体系は，付加税主義に基づいていた。そのような特徴をもった第2次大戦前の地方税体系は，1878（明治11）年の地方税制および88（明治21）年の市制及町村制に遡ることができる。

　地租や事業税などの国税に対する付加税を中心とした地方税体系は，社会問題が深刻化し，地方財政の役割が増大するとともに行き詰まっていく。第1次大戦後の大正デモクラシーのもとでは，国税である地租と営業税を地方税に委譲せよという両税委譲運動が生じている。

　大正デモクラシーの両税委譲運動を背景にして，1926（大正15）年に「地方税ニ関スル法律」が制定された。しかし，この法律では付加税を根本的に改めることなく，戸数割を道府県税から市町村税に移し，その代わりに道府県と

表 4-2　地方税制の主な沿革

年　度	地方税法等の改正内容
1875（明治 8）年	国税および府県税の分別（太政官令「租税賦金ヲ国税，府県税ノ二分ツ」）
1878（明治 11）年	府県税体系の法制化（「地方税規則」制定）
1888（明治 21）年	市町村税体系の法制化（「市制」「町村制」制定）
1926（大正 15）年	経済社会の進展に即応する地方税の整理（「地方税二関スル法律」制定）
1940（昭和 15）年	地方税の準戦時体制化による地方税の附加税化（「地方税法」制定）
1948（昭和 23）年	地方財政確立のための地方財源の拡張（新「地方税法」制定）
1950（昭和 25）年	シャウプ勧告に基づく地方自主財源強化のための地方税制の確立（附加税制度の全廃，現行「地方税法」制定）
1954（昭和 29）年	国民負担に対応する税源配分の合理化等のための地方税制の整備，道府県民税・不動産取得税・たばこ消費税の創設）
1956（昭和 31）年	受益者負担制度の拡張，非課税範囲の縮小等のための地方税制の改正（軽油引取税・都市計画税の創設，「国有資産等所在市町村交付金及び納付金に関する法律」制定）
1959（昭和 34）年	地方秩序の尊重と地方税徴収確保との調整を基本とする徴収制度合理化のための地方税制の改正（第 2 次納税義務制度の整備）
1961（昭和 36）年	地方税制の自主性の強化，合理化等を図るための地方税制の改正（個人住民税の課税方式を統一）
1962（昭和 37）年	国と地方団体間の税源配分および地方団体間の税源帰属の適正化，固定資産評価制度の改正実施に伴う準備態勢を整えるため等の地方税制の改正（所得税の一部の都道府県への移譲・入場譲与税制度の廃止・中央固定資産評価審議会等の設置等，「地方税法」の改正）
1963（昭和 38）年	徴収制度の改善合理化を図る等の地方税制の改正（延滞金および加算金の軽減合理化・賦課権の期間制限の設定）
1964（昭和 39）年	住民負担の不均衡の是正，固定資産評価制度の改正に伴う負担調整等の地方税法の改正（個人住民税の課税方式の統一等）
1968（昭和 43）年	道路整備に要する財源の充実を図る等の地方税制の改正（自動車取得税の創設）
1973（昭和 48）年	土地税制を改善する等の地方税制の改正（特別土地保有税の創設）
1975（昭和 50）年	都市税制の充実を図る等の地方税制の改正（事業所税の創設）
1985（昭和 60）年	公社有資産所在市町村納付金制度の廃止
1987（昭和 62）年	道府県民税利子割の創設，日本国有鉄道有資産所在市町村納付金制度の廃止
1988（昭和 63）年	道府県たばこ消費税の名称を道府県たばこ税に変更，娯楽施設利用税の名称をゴルフ場利用税に変更，料理飲食等消費税の名称を特別地方消費税に変更，市町村たばこ消費税の名称を市町村たばこ税に変更，電気税・ガス税・木材引取税の廃止
1994（平成 6）年	地方分権の推進，地域福祉の充実等のための地方税制の改正（地方消費税の創設）
2000（平成 12）年	地方分権一括法による地方自治体の課税自主権の尊重の観点からの法定外税創設の要件緩和および法定外目的税の創設
2003（平成 15）年	法人事業税における外形標準課税の導入
2004（平成 16）年	狩猟登録税と入猟税を統合し，新たに目的税である狩猟税を創設
2006（平成 18）年	所得税から個人住民税へ 3 兆円規模の税源移譲，個人住民税所得割の税率を 10%（道府県民税 4%，市町村民税 6%）比例税率化
2008（平成 20）年	地方分権の推進とその基盤となる地方税財源の充実を図るために抜本的税制改正までの暫定措置として，法人事業税の一部を分離し，地方法人特別税・地方法人特別譲与税を創設
2012（平成 24）年	社会保障・税一体改革に基づく消費税率の引き上げに伴う地方消費税率の引き上げを含む税制改正法の成立

2014（平成26）年	消費税率8％段階における地方法人課税の偏在是正のための措置（地方法人税【国税】を導入し交付税財源に）を導入し，地方法人特別税の規模を縮小しして法人事業税に復元
2015（平成27）年	法人実効税率の引き下げのために法人事業税の所得割の税率を引き下げ，同時に外形標準課税の拡大等
2016（平成28）年	引き続き，法人実効税率の引き下げのために法人事業税の所得割の税率を引き下げ，同時に外形標準課税の拡大等。消費税率10％段階における地方法人課税の偏在是正のための措置（地方法人税を導入し交付税財源に）を導入し，地方法人特別税の廃止
2018（平成30）年	森林環境税・同譲与税の創設，地方消費税の清算基準の抜本的な見直し
2019（平成31）年	地方法人課税における新たな偏在是正措置として特別法人事業税・同譲与税を創設，車体課税の大幅見直し

出所）　総務省『地方税制の現状とその運用の実態』地方財務協会，2008年，2〜3頁をもとに加筆，省略。

して家屋税を設けた。両税委譲に踏み切らず，道府県税と市町村税との間の税源の再配分にとどめたのである。

　1930（昭和5）年に始まる昭和恐慌によって地域経済が打撃を受け，地域間の財政力格差の拡大が問題視されるなかで，財政調整制度の導入が検討されるようになる。また，戦時体制において総力戦を遂行する意図もあって，戦費調達と地域間格差との是正をめざすために，1940（昭和15）年の税制改革で，「地方税法」が制定された（同法は旧法であり，現在につながる地方税法は，シャウプ勧告後の50〔昭和25〕年の制定）。この税制改革では地方税は，独立税と付加税という課税形態で課税される直接課徴の地方税と，国税として課徴し，地方自治体に交付する地方分与税という間接課徴の地方税とに分けられている。

　直接課徴の地方税では，地租，営業税，家屋税という収益税への付加税を中心とし，戸数割や所得税付加税を廃止した。間接課徴の地方税である地方分与税は，全額を徴収地に還付する還付税と，課税力と人口等に応じて配分される配付税とから構成されている。国税である地租税と営業税が還付税とされたため，両税委譲が間接課徴の地方税という形式で実現するとともに，本格的な財政調整制度が確立をみたという成果はあったが，その反面で戦時税制として中央集権的な性格を強くしている。

　第2次大戦前の付加税主義に基づく地方税体系を，独立税主義を唱えて転換させることを提言したのがシャウプ勧告である。シャウプ勧告は所得税・法人税を基幹税とする租税体系を勧告し，独立税主義に基づいて，道府県税の基幹税には附加価値税，市町村税の基幹税には固定資産税という独立税を勧告した。当時はいずれの国でもまだ採用していなかった附加価値税を，道府県税の基幹

税として導入するという勧告に基づいて，附加価値税の導入が 1950（昭和 25）年に法律として成立こそしたものの，実施の延期が重ねられ，ついには日の目をみないまま廃止されてしまったのである。

　第 2 次大戦後の租税制度の基盤となるシャウプ税制は，占領統治が終わった時期から段階的に手直しが加えられていった。1954（昭和 29）年の税制改正では，道府県税を強化するなどを目的として，道府県民税，不動産取得税，たばこ消費税が創設された。続く 1956（昭和 31）年には軽油引取税，都市計画税が創設された。個人住民税・所得割の課税方式は複数制度からの選択制であったが，1961（昭和 36）年に都道府県民税について統一され，市町村民税は 64（昭和 39）年に統一する改革が進められている。

　昭和 40 年代に入ると，特定の政策目的に対応して地方税の改正が進められる傾向がみられる。1968（昭和 43）年には，道路整備に要する財源の充実を図るために，自動車取得税が創設された。1973（昭和 48）年には地価の持続的な上昇に対応して，土地保有の流動化などを通じて，土地税制を改善するために特別土地保有税が創設されている。さらに，1975（昭和 50）年には都市税制の充実を図る目的で，事業所税が創設されている。

　昭和 60 年代以降になると，国税における消費税の導入問題に関連した地方税改正が展開された。1987（昭和 62）年には，所得税の利子課税の見直しにともなって，道府県民税利子割が創設され，国鉄民営化に関係して日本国有鉄道有資産所在市町村納付金制度が廃止されている。

　1989（平成元）年度からの消費税導入を目前とする 88（昭和 63）年には，国税で物品税など個別間接税の整理がされたことに歩調を合わせ，地方税の個別消費税でも，道府県や市町村のたばこ消費税が，それぞれ道府県たばこ税と市町村たばこ税に名称が変更されるとともに，娯楽施設利用税や料理飲食等消費税が課税対象を縮小して，それぞれゴルフ場利用税と特別地方消費税に名称を改められている。さらに，電気税・ガス税，木材引取税は廃止されてしまうのである。

　元号が変わって平成に入ると，地方分権の推進に資するための地方税改正が課題とされる。まず，1994（平成 6）年には，地方分権の推進と地域福祉の充実等を改正目的として，それまで消費税の一部を地方譲与税として地方財源としていた消費譲与税を廃止し，代わって地方消費税が創設された（実施は 97

〔平成9〕年度から）。さらに，2000（平成12）年には，地方自治体の課税自主権を尊重する観点から，地方分権一括法によって法定外税創設の要件緩和がされるとともに，法定外目的税が創設された。それを受けて，さまざまな法定外税の創設が始まっている。2003（平成15）年には，地方税収の安定性を確保するために，法人事業税における外形標準課税が導入されている。法人事業税の課税ベースに一部とはいえ外形標準を導入したことは，かつて附加価値税としての導入が図られたものの実現できなかった経緯を振り返ると，それに漸進的に近づけていくという画期的な意味がある。

　地方分権の推進では地方税の充実強化が焦点となる。その実現をめざしたのが，小泉純一郎内閣におけるいわゆる三位一体改革である。2006（平成18）年には，所得税から個人住民税へ3兆円規模の税源移譲を実現するとともに，個人住民税所得割の税率を，従来の累進税率を，10％（道府県民税4％，市町村民税6％）の比例税率に改正している。2008（平成20）年には，地方分権の推進とその基盤となる地方税財源の充実を図るために，抜本的税制改正までの暫定措置として，法人事業税の一部を分離し，地方法人特別税・地方法人特別譲与税を創設している。さらに，2012（平成24）年には，社会保障・税一体改革に基づく消費税率の引き上げにともなう地方消費税率の引き上げを含む税制改正法案が成立している。2014（平成26）年以降は消費税率10％への引き上げの実現にともなって，偏在是正の観点からさまざまな改正が実施されている。

2. 地方税の要件と制度の骨格

1) 地方税の租税原則

　租税制度が依拠すべき基準を租税原則と呼んでいる。租税原則としては，近代社会が形成されてくる過程で唱えられたアダム・スミスの4原則と，19世紀後半に唱えられたワグナーの9原則が知られている。アダム・スミスの4原則は，①公平の原則，②明確の原則，③便宜の原則，④徴税費最小の原則である。ワグナーの9原則は，①十分性の原則，②弾力性の原則，③税源選択の原則，④税種選択の原則，⑤普遍性の原則，⑥公平性の原則，⑦明確の原則，⑧便宜の原則，⑨徴税費最小の原則から成り立っている。

　アダム・スミスの4原則にしろ，ワグナーの9原則にしろ，国税と地方税を

区別していないが，主として国税を念頭に置いたものといえる。そこで地方税には国税と相違する固有の租税原則が存在するとして，地方税原則が唱えられることになる。伝統的に唱えられてきた地方税原則を整理すると，①応益原則，②安定性の原則，③普遍性の原則，④負担分任原則，⑤自主性の原則，の5つに区分できる。

① 応益原則

　アダム・スミスの4原則でもワグナーの9原則でも，公平の原則が掲げられている。公平の原則には，応益原則と応能原則がある。アダム・スミスの公平の原則は応益原則であり，ワグナーの公平の原則は応能原則だといってよい。そこでいう応益原則とは，政府の提供する公共サービスの受益に応じて租税を負担することが公平だとするものであり，応能原則とは，租税は社会の構成員の経済力に応じて負担することが公平だとするものである。

　もっとも，アダム・スミスは「各人それぞれの能力にできるだけ比例して，すなわち国家の保護のもとに享受する収入に比例して」納税すべきだと唱えている。「能力に比例して」と主張していることから，応能原則だと誤解されることがあるが，その主張は「国家の保護」という政府から受ける利益が，収入に比例していることを前提にしていることから，政府から受ける利益である収入に比例して課税すべきとしている。

　ここで注意すべき点は，応益原則でいう政府から受ける利益とは一般報償であって，個別報償ではないことである。政府から受ける利益が，個別の利益を意味するのであれば，反対給付の請求権のない無償性という租税の本質に反する。政府の救貧活動の財源とされた救貧税は，救済される貧者ではなく，不動産占有者に課税されるけれども，それは救貧活動によって社会秩序が安定し，不動産の私的所有権が安定することで，一般報酬をもたらすと考えられていることに基づいている。

　ところが，19世紀後半になり，社会問題が激化してくるにつれ，応益原則に代わって，応能原則が公平の原則として登場してくる。アダム・スミスが唱えるように所得に比例した課税ではなく，所得の高い者には重く，所得の低い者には軽く，累進的に課税する方が公平と考えられるようになる。ワグナーの公平の原則は，累進課税を唱える応能原則の主張である。

このように19世紀後半になり，租税原則として従来の応益原則に対して，応能原則が登場するようになると，地方税原則が体系的に議論されるようになってくる。公平の原則として応能原則を主張したワグナーも，政府の規模が小さければ小さいほど，応益原則が妥当すると考えた。こうした応益原則に適する租税として，地租，営業税などの収益税を想定し，19世紀末にプロイセンで実施されたミーケルの改革でも収益税が地方税に委譲されたのである。

1920年代になると，地方税原則としての応益原則をめぐって，「シャンツとヘンゼルの論争」が繰り広げられる。シャンツ（G. von Schanz）は「地方税には応益原則を，国税には応能原則を」とすることに必然性はないと主張したが，ヘンゼル（P. Haensel）は地方税には応益原則が整合的だと反論した。

現在では，地方税には応益原則が整合的だとする地方税原則は広く受け入れられている。日本でも1920年代に，国税と地方税との税源配分が，大正デモクラシーのもとで問題になり，臨時財政経済調査会は「地方税には応益原則を，国税には応能原則を」という税源配分を打ち出している。第2次大戦後のシャウプ勧告も，「地方税には応益原則を，国税には応能原則を」という地方税原則に基づいた。それが妥当であるという理由をあげれば，地方公共団体の財政では，地域的公共サービスの提供を主たる役割としており，応益的な税負担のあり方との整合性があることである。

② 安定性の原則

安定性の原則とは，地方税の収入は景気変動に左右されず，税収が安定している方が望ましいという原則である。地方財政のような小規模な財政では，そもそも税収は年度ごとに変動せず，安定していた方が望ましい。

しかも，財政連邦主義も主張するように，地方政府は地方公共財の供給という資源配分機能が重要であるため，税収は安定していた方がよいと考えられてきた。逆に経済安定化機能を担う中央政府の国税については，景気変動に税収が変動した方が自動安定化装置として機能する側面もある。

③ 普遍性の原則

普遍性の原則とは，税収が地域的に偏在することなく，普遍的に存在する方が，地方税として望ましいという原則である。税収が経済力の豊かな地域に偏

在する租税は，地方税として好ましくないことは明らかである。景気によって変動せずに，年度ごとに税収が安定している租税は，地域的にも税収が偏在せずに普遍的に存在することに通じる。

　ワグナーの9原則にも普遍性の原則が存在した。しかし，ワグナーの9原則における普遍性の原則は，すべての国民が納税の義務を負うという原則であり，意味が異なる。それに対して地方税原則でいう普遍性の原則は，税収の地域性にかかわる原則である。次に説明する地方税原則における負担分任原則の方が，ワグナーの9原則における普遍性の原則に近い意味をもっている。

　地方税原則でも重要な普遍性の原則は，必ずしも充足されていない。図4-3は都道府県別に1人当たりの地方税収の偏在度を，地方税全体と主要な地方税について示してある。地方税全体でみると，最大の東京都と最小の沖縄県との格差は2.4倍となっている。税収の偏在度の大きい地方法人2税は，最大の東京都と最小の奈良県とでは6.0倍になっている。主要な地方税では偏在度の最も小さい地方消費税は，最大の東京都と最小の奈良県で1.3倍となっている。

　このように，地方法人2税の大都市圏への偏在が，地方税収全体としての偏在度を高める結果となっている。したがって，普遍性の原則を充足するうえで，最も望ましいことは，地方法人2税を地方消費税のような偏在度の低い税種に振り替えていくことである。2008（平成20）年度には，法人事業税の一部を国税である地方法人特別税に振り替えて，その全額を地方法人特別譲与税として人口等を譲与基準に配分することで税源偏在に対処した。それらは経過的な措置であり，消費税率を10％に引き上げる際に解消するとして段階的に税制改正が行われた。しかし，地方税の偏在度は高まる一方であり，2019（平成31）年改正の特別法人事業税・同譲与税の創設によって事実上，継続されることとなった。

④　負担分任原則

　負担分任原則とは，地域社会のすべての住民が，地方税の負担を分かち合うというものである。ワグナーの9原則の普遍性の原則に近いものだが，負担分任原則が地方税を地域住民が相互に負担し合うのに対し，普遍性の原則では租税の納税をすべての国民の義務だと強制している点で決定的に相違する。

　古来より「国税は国民に負担させる税」「地方税は地域社会の住民が相互に

負担し合う税」といわれてきた。それは地方自治体が中央政府のように強制力を前面に押し出して社会統合を図るのではなく，地域社会の共同体的人間関係に根差して社会統合を図ることを意味している。つまり，負担分任原則とは地方税は地域社会に参加する会費に類似するものという原則なのである。

⑤　自主性の原則

　自主性の原則とは地方自治体の課税自主権を尊重し，地方税の課税標準と税率の決定に自主性が認められるべきだとする原則である。地方自治体に対する課税否認や，税率の自主決定権を制限することは，自主性の原則に反している。

2)　法定税と税率

　課税自主権は尊重されなければならないが，日本では，課税否認が2段階で実施されている。第1段階では，中央政府が地方税として課税すべき租税を，地方税法に制限列挙している。地方税法に列挙された地方税を法定税と呼んでいる。

　第2段階では，地方自治体が法定税以外の地方税である法定外税を創設する場合に，中央政府と協議して同意を必要とすることである。2000（平成12）年4月1日に地方分権一括法が施行されるまでは，法定外税の創設は，中央政府の許可を必要とする許可制だったが，それが事前協議制に改められた。その結果，中央政府の同意を必要とするけれども，中央政府と地方自治体が合意を求めて協議をすることになっている。許可制は原則禁止のなかでの例外を認めるものであるのに対し，協議制は原則自由のなかでの要件を満たすかどうかの協議であるので，姿勢として大きく異なる。許可制のもとで求められていた新税を創設するだけの財政需要の存在や財源の所在については協議の対象とせず，国税と重複しているか否かなどに協議対象を限定している。さらに従来は普通税しか認めていなかったが，法定外目的税の創設も認めたのである。

　法定税についても課税制限が加えられている。課税制限には標準税率，制限税率，一定税率がある。課税制限がない任意税率は一部の税目に限られる。表4-3で示したように，主要な法定税には標準税率が設定されている。標準税率とは，「通常よるべき税率」とされており，標準税率とは異なる税率の設定ができる。ただし，地方交付税の基準財政収入額の算定では標準税率を用いる。

図4-3 人口1人当たりの税収額の指数（5年平均〔2013～17年度決算〕）

地 方 税 計	個人住民税	地方法人二税
最大／最小：2.4倍	最大／最小：2.6倍	最大／最小：6.0倍

都道府県	地方税計	個人住民税	地方法人二税
北海道	84.1	79.6	65.4
青森県	71.7	64.7	55.2
岩手県	77.2	69.7	65.4
宮城県	92.8	86.2	95.8
秋田県	70.2	62.9	54.1
山形県	76.9	71.1	59.1
福島県	88.7	78.4	90.5
茨城県	92.9	91.1	81.7
栃木県	98.3	90.8	91.6
群馬県	95.4	86.4	96.6
埼玉県	90.4	106.1	61.2
千葉県	94.6	110.6	68.5
東京都	163.4	161.6	
神奈川県	106.3	128.4	82.3
新潟県	87.6	77.1	79.2
富山県	94.2	89.7	84.1
石川県	95.7	89.7	93.0
福井県	97.1	87.0	95.9
山梨県	91.3	84.4	91.9
長野県	87.6	83.0	75.2
岐阜県	89.4	87.7	72.3
静岡県	103.6	98.2	97.9
愛知県	117.8	114.6	135.2
三重県	96.4	92.5	85.8
滋賀県	93.8	93.1	88.5
京都府	92.7	94.2	80.6
大阪府	103.6	94.8	120.2
兵庫県	94.3	99.6	71.5
奈良県	75.8	91.4	41.6
和歌山県	78.2	74.2	56.5
鳥取県	73.1	69.7	59.0
島根県	75.8	72.7	66.2
岡山県	90.1	83.5	77.5
広島県	94.5	92.9	89.2
山口県	86.4	81.2	79.2
徳島県	83.2	75.8	80.7
香川県	88.1	83.8	94.9
愛媛県	80.0	72.6	74.1
高知県	71.4	70.7	53.6
福岡県	87.9	84.7	81.6
佐賀県	77.2	70.3	66.0
長崎県	69.9	69.3	52.2
熊本県	73.3	68.9	56.7
大分県	79.3	71.1	63.1
宮崎県	72.0	64.8	53.5
鹿児島県	72.0	65.5	53.1
沖縄県	68.6	61.9	54.6
全国	100.0	100.0	100.0

| 37.3兆円 | 12.0兆円 | 5.9兆円 |

注) 1 上段の「最大／最小」は，各都道府県ごとの人口1人当たり税収額の最大値を最小値で割った数値であり，
    2 地方消費税の税収額は，2018年度に適用される清算基準に基づき清算を行った場合の理論値である。
出所) 総務省資料。

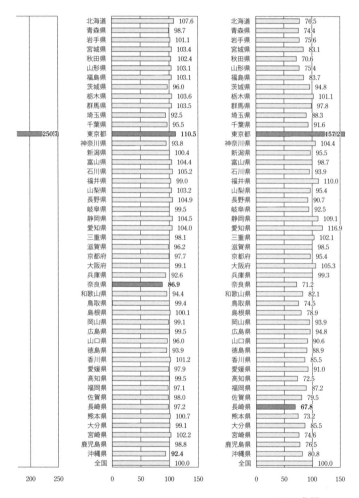

	地方消費税（清算後） 最大／最小：1.3倍	固定資産税 最大／最小：2.3倍
北海道	107.6	76.5
青森県	98.7	74.4
岩手県	101.1	75.6
宮城県	103.4	83.1
秋田県	102.4	70.6
山形県	103.1	75.4
福島県	103.1	83.7
茨城県	96.0	94.8
栃木県	103.6	101.1
群馬県	103.5	97.8
埼玉県	92.5	88.3
千葉県	95.5	91.6
東京都	110.5	157.2
神奈川県	93.8	104.4
新潟県	100.4	95.5
富山県	104.4	98.7
石川県	105.2	93.9
福井県	99.0	110.0
山梨県	103.2	95.4
長野県	104.9	90.7
岐阜県	99.5	92.5
静岡県	104.5	109.1
愛知県	104.0	116.9
三重県	98.1	102.1
滋賀県	96.2	98.5
京都府	97.7	95.4
大阪府	99.1	105.3
兵庫県	92.6	99.3
奈良県	86.9	71.2
和歌山県	94.4	82.1
鳥取県	99.4	74.5
島根県	100.1	78.9
岡山県	99.1	93.9
広島県	99.5	94.8
山口県	96.0	90.6
徳島県	93.9	88.9
香川県	101.2	85.5
愛媛県	97.9	91.0
高知県	99.5	72.5
福岡県	97.1	87.2
佐賀県	98.0	79.5
長崎県	97.2	67.8
熊本県	100.7	73.2
大分県	99.1	85.5
宮崎県	102.2	74.6
鹿児島県	98.8	76.5
沖縄県	92.4	80.8
全国	100.0	100.0

250.7

4.0兆円　　　　8.8兆円

下段の数値は，税目ごとの税収総額である。

表4-3　地方税法に規定する税目ごとの税率決定

区　　分		標準税率	制限税率	一定税率	任意税率
道府県税					
法定普通税					
道府県民税	均等割	○			
	所得割	○			
	法人税割	○	○		
	利子割			○	
	配当割			○	
	株式等譲渡所得割			○	
事業税		○	○		
地方消費税				○	
不動産取得税		○			
道府県たばこ税				○	
ゴルフ場利用税		○	○		
自動車税		○	○		
鉱区税				○	
固定資産税（特）		○			
法定外普通税					○
目的税					
自動車取得税				○	
軽油引取税				○	
狩猟税				○	
水利地益税					○
法定外目的税					○
市町村税					
法定普通税					
市町村民税	均等割	○			
	所得割	○			
	法人税割	○	○		
固定資産税		○			
軽自動車税		○	○		
市町村たばこ税				○	
鉱産税		○	○		
特別土地保有税				○	
法定外普通税					○
目的税					
入湯税		○			
事業所税				○	
都市計画税			○		
水利地益税					○
共同施設税					○
宅地開発税					○
国民健康保険税					○
法定外目的税					○

出所）　総務省『地方税制の現状とその運用の実態』地方財務協会，2008年，7〜8頁。

したがって，標準税率よりも高い税率や低い税率で課税できても，基準財政収入額に影響を与えないので，普通交付税の交付額に影響を及ぼさないのである。

標準税率に加えて，制限税率が設定されている。制限税率とはそれを超えて設定できない税率である。標準税率を超えて課税することを超過課税というが，超過課税の上限が制限税率である。

さらに課税制限としては，一定税率がある。一定税率では，それ以外の税率では課税はできず，最も厳しい課税制限といってよい。それに対して，自主性の原則に基づいて，地方自治体が任意に決定できる税率を任意税率と呼んでいる。当然のことながら，法定外税は任意税率となる。

表4-3のように，標準税率のみが定められている法定税は，住民税の均等割と所得割，不動産取得税，入湯税，固定資産税である。これらの法定税では，議会の議決を得て税条例を改正すれば，税率はいわば青天井で設定できる。ただし，標準税率未満で課税をする場合には，地方債の発行許可を受けるために，減税による減収額を歳出の圧縮等で埋められることが求められる。

シャウプ勧告では標準税率は，最低税率と認識されていた。つまり，標準税率で課税していなければ，現在の地方交付税の前身である地方財政平衡交付金を受け取ることができない。地方財政平衡交付金にしろ地方交付税にしろ，財政力が弱いために，他の地域社会の住民が納税した租税を受け取ることを結果的に意味する。他の地域社会から租税収入を受け取る以上，その地域社会よりも低い税率で課税することは，公正に反するからである。

標準税率だけでなく，税率の上限を制限税率で定めているのが，住民税の法人税割，事業税，自動車税，軽自動車税，ゴルフ場利用税，鉱産税である。住民税の法人税割や事業税は国税である法人税との負担調整という観点で，自動車税や軽自動車税は他の車体課税との負担調整，あるいはゴルフ場利用税と同様に消費税・地方消費税との負担調整という観点で，制限税率が定められている。

厳格な課税制限である一定税率は，地方消費税，道府県民税の利子割・配当割・株式等譲渡所得割，道府県たばこ税と市町村たばこ税，軽油引取税，自動車取得税，特別土地保有税，事業所税，狩猟税，鉱区税に適用されている。これらは国税との間の負担調整や，国税と地方税を同時に納税あるいは徴収するなどの税務行政上の煩雑さを避けるなどの観点で行われている。

図 4-4　超過課税の状況

ア　超過課税実施団体数（2018〔平成 30〕年 4 月 1 日現在）

○　都道府県

〈道府県民税〉

個人均等割　37 団体〔岩手県，宮城県，秋田県，山形県，福島県，茨城県，栃木県，群馬県，神奈川県，富山県，石川県，山梨県，長野県，岐阜県，静岡県，愛知県，三重県，滋賀県，京都府，大阪府，兵庫県，奈良県，和歌山県，鳥取県，島根県，岡山県，広島県，山口県，愛媛県，高知県，福岡県，佐賀県，長崎県，熊本県，大分県，宮崎県，鹿児島県〕

所 得 割　1 団体〔神奈川県〕

法人均等割　35 団体〔岩手県，宮城県，秋田県，山形県，福島県，茨城県，栃木県，群馬県，富山県，石川県，山梨県，長野県，岐阜県，静岡県，愛知県，三重県，滋賀県，大阪府，兵庫県，奈良県，和歌山県，鳥取県，島根県，岡山県，広島県，山口県，愛媛県，高知県，福岡県，佐賀県，長崎県，熊本県，大分県，宮崎県，鹿児島県〕

法 人 税 割　46 団体〔静岡県を除く 46 都道府県〕

〈法人事業税〉　8 団体〔宮城県，東京都，神奈川県，静岡県，愛知県，京都府，大阪府，兵庫県〕

○　市町村

〈市町村民税〉

個人均等割　1 団体〔神奈川県横浜市〕

所 得 割　1 団体〔兵庫県豊岡市〕

法人均等割　387 団体

法 人 税 割　996 団体

〈固定資産税〉　153 団体

〈軽自動車税〉　15 団体

〈鉱 産 税〉　30 団体

〈入 湯 税〉　5 団体〔北海道釧路市，北海道上川町，三重県桑名市，大阪府箕面市，岡山県美作市〕

イ　超過課税の規模（2017〔平成 29〕年度決算）

○　道府県税

道府県民税	個人均等割	（37 団体）	243.6 億円
	所 得 割	（1 団体）	26.5 億円
	法人均等割	（35 団体）	103.4 億円
	法 人 税 割	（46 団体）	1,193.2 億円
法人事業税		（8 団体）	1,315.9 億円
道 府 県 税 計			2,882.6 億円

○　市町村税

市町村民税	個人均等割	（1 団体）	16.9 億円
	所 得 割	（1 団体）	0.5 億円
	法人均等割	（388 団体）	163.9 億円
	法 人 税 割	（998 団体）	2,886.0 億円
固定資産税		（153 団体）	355.0 億円
軽自動車税		（15 団体）	4.9 億円
鉱 産 税		（31 団体）	9 百万円
入 湯 税		（4 団体）	34 百万円
市 町 村 税 計			3,427.6 億円

超 過 課 税 合 計		6,310.2 億円

※　地方法人二税の占める割合：89.7%

注）　イの団体数は，2017〔平成 29〕年 4 月 1 日現在。
出所）　総務省資料。

課税そのものが任意である法定外税は，任意税率であることは当然である。法定税であっても法定目的税である宅地開発税，水利地益税，共同施設税，国民健康保険税は，地方自治体ごとの財政需要に応じて税率を変える必要があるため，任意税率となっている。法定目的税であっても，都市計画税には制限税率が設けられている。都市計画区域における都市計画事業の目的財源となる都市計画税は，任意課税である。そのため課税ベースが重複する固定資産税との負担調整の観点から，制限税率が設けられているのである。

　標準課税よりも高い税率で課税する超過課税の実施状況を，図4-4で示した。住民税の所得割は，かつては制限税率が設けられていたが，課税自主権の尊重という観点から撤廃された経緯もある。しかしながら，超過税率を実施している団体は，2018（平成30）年度は都道府県で1団体，市町村で1団体にすぎない。課税自主権は，制度として確保されていないというよりも，発揮されていないとみるべきである。

　これに対して住民税でも法人税割となると，2018（平成30）年度で静岡県を除く全都道府県と，市町村でも過半数を超える996団体で，超過課税が実施されている。2017（平成29）年度決算で，超過課税にともなう税収のうち，地方法人2税の占める割合は89.7％であり，超過課税はもっぱら法人に適用されている。

　超過課税による収入は，2010（平成22）年度で6310億円であり，地方税収全体の1％強にとどまっている。道府県民税の法人税割に対する超過課税は，1974（昭和49）年度から実施が可能となった。1975（昭和50）年度には20団体が採用し，第1次オイルショックによる減収に苦しんでいた76（昭和51）年度には42団体に拡大している。

　一方，市町村についてみると，1965（昭和40）年度では超過課税にともなう増収分のおおよそ半分は，市町村民税の所得割が占めていた。その後，所得割への超過課税の実施団体が減り，昭和50年代になると例外的な団体にとどまってしまう。2007（平成19）年度に準用財政再建団体となった夕張市が実施するまでは，所得割への超過課税は適用例がない状態が長く続いたのである。

3）　法定外課税の実施状況

　法定外税についてシャウプ勧告は，これを認めなければならないと勧告する

図4-5　法定外税の状況

（2019〔令和元〕年6月1日現在）

2017〔平成29〕年度決算額　562億円（地方税収額に占める割合0.14%）

1　法定外普通税　　　　　　　　　　　　　　　　　　　　　　　（平成29年度決算額）
　　　　　　　　　　　　　　　　　　　　　　　　　　　　　　　　　　　［単位：億円］

［都道府県］		
石油価格調整税	沖縄県	10
核燃料税	福井県，愛媛県，佐賀県，島根県，静岡県，鹿児島県，宮城県，新潟県，北海道，石川県	206
核燃料等取扱税	茨城県	12
核燃料物質等取扱税	青森県	200
計	13件	429
［市区町村］		
別荘等所有税	熱海市（静岡県）	5
砂利採取税	山北町（神奈川県）	0.1
歴史と文化の環境税	太宰府市（福岡県）	0.9
使用済核燃料税	薩摩川内市（鹿児島県），伊方町（愛媛県）	4[3]
狭小住戸集合住宅税	豊島区（東京都）	4
空港連絡橋利用税	泉佐野市（大阪府）	4
計	7件	19[3]
［合　計］	20件	448[3]

2　法定外目的税

［都道府県］		
産業廃棄物税等[1]	三重県，鳥取県，岡山県，広島県，青森県，岩手県，秋田県，滋賀県，奈良県，新潟県，山口県，宮城県，京都府，島根県，福岡県，佐賀県，長崎県，大分県，鹿児島県，宮崎県，熊本県，福島県，愛知県，沖縄県，北海道，山形県，愛媛県	66
宿泊税	東京都，大阪府	31
乗鞍環境保全税	岐阜県	0.1
計	30件	97
［市区町村］		
遊漁税	富士河口湖町（山梨県）	0.1
環境未来税	北九州市（福岡県）	6
使用済核燃料税	柏崎市（新潟県），玄海町（佐賀県）	10
環境協力税等[2]	伊是名村（沖縄県），伊平屋村（沖縄県），渡嘉敷村（沖縄県），座間味村（沖縄県）	0.2[3]
開発事業等緑化負担税	箕面市（大阪府）	0.5
宿泊税	京都市（京都府），金沢市（石川県）	—[3]
	倶知安町（北海道）2020年11月1日施行予定	
計	11件	17
［合　計］	41件	114[3]

注）　1　産業廃棄物処理税（岡山県），産業廃棄物埋立税（広島県），産業廃棄物処分場税（鳥取県），産業廃棄物減量税（島根県），循環資源利用促進税（北海道）など，実施団体により名称に差異があるが，最終処分場等への産業廃棄物の搬入を課税客体とすることに着目して課税するものをまとめてここに掲載している。
　　　2　環境協力税（伊是名村，伊平屋村，渡嘉敷村），美ら島税（座間味村）など実施団体により名称に差異があるが，地方団体区域への入域を課税客体とするものをまとめてここに掲載している。
　　　3　伊方町使用済核燃料税（2018〔平成30〕年4月1日条例施行），座間味村美ら島税（2018〔平成30〕年4月1日条例施行），京都市宿泊税（2018〔平成30〕年10月1日条例施行），金沢市宿泊税（2019〔平成31〕年4月1日条例施行）は2017〔平成29〕年度の決算額がないため，含んでいない。
　　　4　端数処理のため，計が一致しない。
出所）　総務省資料。

反面で，地方自治体に対しては法定外税の数を制限するように忠告したいとしている。それは法定外税に税収を依存しようとすれば，不健全で不公平な課税に陥ってしまうからである。シャウプ勧告は「地方当局が実質的に依存できる税源に接するならば，法定外独立税の問題は大いに減少し，異常の場合以外には地方の決定に安んじて委せておくことができる」であろうと述べている。つまり，シャウプ勧告は法定外税に税収依存しなくてもすむように，「歳入力の強い地方独立税を与えられることを要求する」と勧告していたのである。

2000（平成12）年施行の地方分権一括法で法定外目的税をも認めたのも，税収というよりも，自主性の原則を尊重するとともに，地方自治体による環境政策や福祉政策などへの活用を考慮したからである。実際，2017（平成29）年度決算でみても，法定外税による税収は562億円で，地方収入に占める割合は，0.14％にすぎないのである。図4-5は法定外税の課税状況を示している。法定外普通税についてみると，道府県では核燃料関係がほとんどである。それに対して，市町村は砂利採取税等の環境関係を始め，さまざまな法定外普通税を実施している。

法定外目的税に目を転ずれば，都道府県では過半数を超える団体で産業廃棄物税等を採用している。税収規模が大きいのは東京都と大阪府の宿泊税である。これに対して，市町村では環境関係の租税が比較的多い。富士河口湖町の遊漁税などは，観光客への環境施設を法定外目的税で整備する点に意味がある。

2012（平成24）年度から，「わがまち特例」（地域決定型地方税制特例措置）が導入されている。これは固定資産税の特例措置に関して，国が一律で定めていた特例割合や期間について，法律で定める上限・下限の範囲内において，市町村の判断によって条例で定めることを可能とする制度改正である。その対象は，下水道除害施設や特定都市河川浸水被害対策法に規定する雨水貯留浸透施設に対する課税標準の軽減の特例措置である。こうした改革は自主性の原則からいえば望ましいものの，シャウプ勧告が強調したように，そもそも税制に特例措置を導入することは，慎むべき措置だという考え方も忘れてはならない。

3. 主要な地方税

1) 所 得 課 税

　直接税と間接税という分類がある。これは租税主体，つまり納税者と担税者というヒトの要素に着目した分類である。納税者と担税者とが一致している租税を直接税，納税者と担税者が相違する租税を間接税と分類している。

　もう1つの重要な分類に，人税と物税がある。これは租税客体に着目した分類である。租税客体とは納税義務が生じる事実や物件をいう。人税とはまず租税主体を決め，その租税主体に従属する租税客体に課税する租税をいう。所得税がこれにあたる。これに対して物税とは，まず租税客体を決め，その後に租税客体を決定する租税である。たとえば物税である固定資産税では，まず土地，家屋，償却資産という租税客体に着目し，その後に所有者が納税者として決定されていく。

　一般に所得課税と呼ばれている租税には，人税と物税とがある。人税である所得課税の典型は所得税である。租税主体である納税者の所得を，租税客体としているからである。一方，物税である所得課税は，収益税と呼ばれてきた。収益を生む土地，家屋，営業つまり事業，資本などに着目し，それを租税客体として課税する租税である。その所有者が納税者として後から決定される。地租，営業税，家屋税，資本利子税などがそれであり，収益税は応益原則に基づくので，地方税に望ましいと考えられてきた。

　現在の日本の地方税では，人税としての所得課税は住民税である。これに対して主要な物税としての所得課税は，事業税と固定資産税があげられる。もっとも，地租と家屋税をあわせた固定資産税についていえば，収益税か財産税かという論争があるが，ここでは固定資産税を財産課税として取り上げる。以下では，税目ごとに概略を示すこととする。

① 住 民 税

　住民税は人税としての所得課税である。つまり，住民という「ヒト」に課税される所得課税である。もっとも，この住民という「ヒト」には法人も含まれる。法人は「ヒト」ではないのに，「ヒト」とみなされる存在である。市場社

図 4-6　住民税の体系

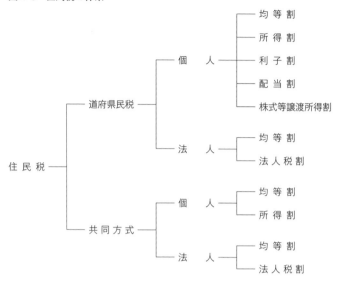

会では「ヒト」は所有の主体になるけれども，「ヒト」の所有の対象には決してならない。所有の対象になるのは，「ヒト」ではなく，「モノ」である。ところが，法人は所有の主体になれるので「ヒト」であるけれども，株式を通じて所有の対象になるので，「モノ」という存在でもある。したがって，法人は「ヒト」でもあり，「モノ」でもあるという存在なのだけれども，法人に対する住民税も，人税と位置づけておく。

　住民税は1940（昭和15）年の税制改革で，市町村民税として誕生する。この税制改革では，国税としての所得税を本税とする所得税付加税が廃止されてしまう。市町村民税の前身は戸数割である。戸数割は「所得と資産状況」を課税標準とする「見立て割」であった。この戸数割が1940（昭和15）年の税制改革で，市町村民税として生まれ変わることになる。

　シャウプ勧告は，市町村民税を市町村税の基幹税として位置づけ，シャウプ勧告に基づく1950（昭和25）年の税制改革で，市町村民税は再編成される。さらに1954（昭和29）年の税制改革で，道府県民税が創設された。東京都についていえば，道府県住民税として都民税を課税し，23区については特別区民税を課税している。

住民税の体系は図4-6のように示される。道府県民税にしろ市町村民税にし
ろ，個人には均等割と所得割が設けられている。法人には均等割と法人税割が
設けられている。さらに道府県民税として個人には，「利子割」「配当割」「株
式等譲渡所得割」がある。
　「利子割」と「配当割」および「株式等譲渡所得割」は道府県民税には存在
するけれども，市町村民税にはない。そこで市町村には，道府県民税のそれぞ
れの税収から，その相当分が市町村へ交付金として交付されることになってい
る。
　(i)　個人住民税
　　(ア)　均　等　割
　個人住民税の均等割は負担分任原則に基づいて，地域社会への会費としての
意義があると説明されている。ただし，生活扶助を受けている者や一定所得以
下の低所得者は非課税である。均等割の納付義務者は，道府県や市町村に住所
がある者となっている。しかし，住所のある市町村以外の市町村に，事務所や
事業所あるいは家屋敷を所有していれば，それらが存在する市町村ごとに，道
府県民税と市町村民税の均等割の納税義務者となる。
　均等割の標準税率は道府県民税が1000円，市町村民税が3000円である。か
つての市町村民税では均等割は，人口規模によって3000円，2500円，2000円
の3段階となっていたけれども，2004（平成16）年の税制改正で3000円に統
一されている。さらに，東日本大震災における復興財源を調達するために，
2014（平成26）年度から10年間，道府県民税が1500円，市町村民税が3500
円とされた。
　　(イ)　所　得　割
　所得割は所得を租税客体とする人税であり，国税の所得税に対して事実上，
付加税だといってよい。実際，個人住民税の所得割の課税所得は，所得税のそ
れと同じである。しかし，所得税が「現年」の所得に課税するのに対して，住
民税の所得割は「前年」の所得に課税する。しかも，基礎控除などの控除額は，
個人住民税の所得割では，所得税よりも低く，したがって課税最低限も低く
なっている。
　所得割の納税義務者の対象は，均等割のそれよりも小さい。所得割の納税義
務者は都道府県や市町村に住所のある者だけである。諸控除を差し引いた課税

最低限に達しなければ，納税義務はない。さらに所得割には非課税規定が設けられている。この非課税規定による非課税限度額は，一般に課税最低限よりも高くなっている。

　非課税規定は均等割にも設けられていて，その水準は生活保護の基準に応じて決められるため，都市部ほど高く設定される。非課税限度額は所得割に比べて，均等割の方が一般的に低くなっている。さらに非課税限度額は給与所得者と公的年金受給者とでは相違し，65歳以上では公的年金受給者の方が高くなってしまう。

　所得割の標準税率は，所得税が累進税であるのに対して，2007（平成19）年度より三位一体改革によって，それまでの累進税率から比例税率に改められた。都道府県民税が4％，市町村民税が6％で，合計で10％の税率となっている。その結果として国税は応能原則で，地方税は応益原則でという公平の原則と整合的に租税体系が整備されたといってよい。個人住民税の均等割と所得割の概要を表4-4で示している。

　　㋒　利子割・配当割・株式等譲渡所得割

　道府県民税の利子割は，1987（昭和62）年の税制改革で創設されている。この利子割は利子所得への分離課税と考えてよい。利子を支払う金融機関が所在する道府県が，住所地が他の道府県でも，利子を受け取る者に対して課税する。住民税の住所地課税の例外であり，前年課税ではなく現年課税となっている点でも，住民税としては例外的である。

　利子割の税率は5％である。所得税が15％で課税されるため，この利子割の5％を合計して，利子所得には20％の税率が課税される（東日本大震災からの復興財源となる復興特別所得税をあわせると所得税率は15.315％）。利子割は徴収取扱費（および1％の事務費相当額）を控除した額の5分の3が利子割交付金として市町村に交付される。

　道府県民税の配当割と株式等譲渡所得割は，2003（平成15）年の税制改正による金融・証券税制の見直しにともなって導入されている。配当割は配当を支払う企業が特別徴収義務者として，納税義務者の住所のある道府県に納税する。税率は5％で，所得税の15％と合計すると，配当所得に20％の税率で課税される。配当所得を申告した場合には，所得割によって課税され，配当割の相当額が控除される。この配当割も，その5分の3が市町村に交付される。

表 4-4　個人住民税の概要

均等割および所得割

区　分	個 人 住 民 税	（参考）所 得 税
課税主体	賦課期日（1月1日）現在の住所地の市（区）町村および都道府県	国
納税義務者	①市区町村・都道府県内に住所を有する個人（均等割・所得割） ②市区町村・都道府県内に事務所，事業所または家屋敷を有する個人（①に該当する者を除く）（均等割）	日本国内に住所または居所を有する個人等
課税方式	賦課課税方式（市町村が税額を計算，確定）	申告納税方式（納税者または源泉徴収義務者の申告，年末調整により，税額を確定）
課税標準	（所得割）前年中の所得金額	所得金額（現年）

税　率		

個人住民税 税率

〈総合課税分〉

	標準税率		
	（都道府県）	（市町村）	（合　計）
一　　律	4%	6%	10%

※指定都市に住所を有する者については，道府県民税2%・市町村民税8%。

〈分離課税分〉
（例）課税長期譲渡所得金額

	（都道府県）	（市町村）	（合　計）
一　　律	2%	3%	5%

所得税 税率

課税総所得金額等	税　率
195万円以下	5%
330万円以下	10%
695万円以下	20%
900万円以下	23%
1,800万円以下	33%
4,000万円以下	40%
4,000万円超	45%

課税長期譲渡所得金額

一律	15%

均等割 標準税率（年額）

	標準税率（年額）
都道府県	1,500円
市町村	3,500円

区分	個人住民税	（参考）所得税
所得控除	・基礎控除　　　　33万円 ・配偶者控除　　　33万円 ・扶養控除　　　　33万円　等	・同左　　．　38万円 ・〃　　　　38万円 ・〃　　　　38万円　等
課税最低限	夫婦子2人の給与所得者（子のうち1人が一般扶養控除，1人が特定扶養控除の対象） 271万円	355万円
税額控除	（二重負担を調整する主旨のもの） ・配当控除 ・外国税額控除 ・配当割額控除 ・株式等譲渡所得割額控除 （税源移譲に伴う調整） ・調整控除 ・住宅借入金等特別控除 （その他） ・住宅借入金等特別控除 ・寄附金税額控除	・配当控除 ・外国税額控除 ・住宅借入金等特別控除 ・試験研究を行った場合の特別控除 　　　　　　　　　　　　　　　等
税　収 〔平成29年度決算額〕	128,466億円 （均等割3,381億円，所得割120,914億円， 利子割593億円，配当割1,757億円， 株式等譲渡所得割1,821億円）	179,480億円
納税義務者数	均等割　6,305万人 所得割　5,828万人	5,406万人

注）　復興財源確保のため，2014（平成26）年度から2023（令和5）年度までの各年度分の均等割の標準税率について，年1000円（都道府県分500円，市町村分500円）引き上げている。納税義務者数は，「平成30年度市町村税課税状況等の調」による。
出所）　総務省資料。

道府県民税の株式等譲渡所得割は，国税の所得税で譲渡所得について源泉徴収を選択すると，課税されることになる。国税の所得税と同様に，譲渡所得を支払う証券業者が，特別徴収義務者として，納税義務者の住所のある道府県に納税することになる。税率は5％で所得税の15％と合計すれば20％で課税され，申告納税を選択した場合には，所得割で課税され，株式等譲渡所得割の相当額が控除される。株式等譲渡所得割の5分の3が市町村に交付されることも，配当割と同様である。

(ii) 法人住民税

(ア) 均 等 割

　法人住民税の均等割の課税の根拠は，個人住民税の均等割と同様に，地域社会に参加する「会費」的性格をもつので，赤字法人であっても納税義務がある。均等割の納税義務者は道府県や市町村に事務所や事業所のある法人である。さらに均等割では事務所や事業所がなくとも，その道府県や市町村に寮などがあれば納税義務がある。

　均等割の標準税率は資本金などの額や従業員数によって，道府県民税では5段階に，市町村民税では9段階に区分されている。道府県民税の標準税率では，年額で最高が80万円，最低が2万円となっている。市町村民税では最高が300万円，最低が5万円である。市町村民税に限って，制限税率が標準税率の1.2倍に設定されている。

(イ) 法 人 税 割

　法人住民税の法人税割は，国税の法人税額を課税標準としている。国税の法人税を本税とする付加税の性格をもっている。納税義務者は道府県や市町村に事務所や事業所のある法人である。事務所や事業所が複数の地方自治体に存在する場合には，課税標準を従業員数によって分割することになる。このように課税税率を分割する法人を，分割法人と呼んでいる。法人税割の標準税率は，道府県民税が5％，市町村民税が12.3％である。制限税率が道府県民税で6％，市町村民税で14.7％と設定されている。

② 事 業 税

(i) 事業税の歴史

　事業税は物税である。道府県民税では法人住民税の法人税割とともに，事業

税は地方法人 2 税と呼ばれるが，法人住民税の法人割が人税であるのに対して，事業税は物税である。

物税の母国はフランスであり，物税としての所得課税である収益税は，フランス革命によって誕生する。物税は租税客体が先に決まり，租税主体が租税客体に従属して決まる。フランス革命ではアンシャン・レジーム（旧制度）への反発から，免税特権を生み出しかねない「人税」に敵愾心が燃やされた。そのため誰が納税者であるかを問わず，租税客体に着目して課税する物税たる収益税が創り出されたという経緯がある。

収益税では収益を生み出す土地，家屋，営業，資本などの物件に着目して課税する。事業税も収益税であり，営業つまり「事業」という物件に課税される。営業あるいは事業とは，資本と労働との共同作業であって，「継続反復して行われる営利活動」として観念されている。

事業税の前身は，地租とともに収益税の両輪であった営業税である。1878（明治 11）年に府県営業税として誕生するが，1896（明治 29）年に国税として営業税が設けられる。収益税は形成されていく過程では，収益を生み出す物件について，収益を推定させる外形に対して課税されてきた。土地の面積，家屋の容積，店舗の間口や面積などとしてである。営業税も，売上高や従業員数などの外形を課税標準として課税されていた。この国税としての営業税を本税として，府県と市町村が付加税を課税していた。さらに零細な事業に対しては府県営業税が存在し，この府県営業税に市町村が付加税を課税していたのである。

大正デモクラシーとして地租税と営業税という 2 つの収益税を，国税から地方税に委譲せよという激しい両税委譲運動が生じる。この両税委譲運動を背景に，1926（大正 15）年の税制改革で，外形標準課税の営業税が，純益を基準とする営業収益税に改められる。さらに 1940（昭和 15）年の税制改革で，営業税が還付税となることによって，両税委譲運動に結着がつく。還付税となった営業税は，国税ではあるけれども，全額が府県に還付される間接課税の地方税となった。

第 2 次大戦の終戦とともに，1947（昭和 22）年には還付税としての営業税が，道府県の独立税となる。この道府県の独立税となった営業税が，1948（昭和 23）年に事業税と名称を改め，第 1 種の通常の営業に加えて，第 2 種で農林水産業が課税の対象となる。さらに医師や弁護士という自由業に，特別所得税が

課税されることになったのである。

　この事業税を，シャウプ勧告は，地方税の独立税として性格が曖昧だと批判し，課税標準を附加価値に改めるように勧告する。第1次シャウプ勧告では，売上高から仕入高を控除する控除方式を勧告しているが，第2次勧告では賃金に利潤と利子や地代を加算する加算方式と控除方式との選択を認めている。シャウプ勧告に基づく附加価値税は，法律としては成立するけれども，実施は延期され，ついには廃止されてしまう。

　シャウプ勧告の附加価値税の実施が延期されている間は，農林水産業を除外した事業税と特別所得税が併課されている。実施されないまま附加価値税が廃止された1954（昭和29）年の税制改正で，特別所得税を吸収した事業税が実施されることになった。

　さらに2003（平成15）年の税制改正で事業税に外形標準課税が導入された。外形標準課税は資本金または出資金が1億円を超える法人に適用される。法人に対する事業税は，所得割に加え，付加価値割と資本割が課税される。付加価値割と資本割が外形標準課税であり，外形標準課税の割合は4分の1になっている。シャウプ勧告が指摘した事業税の独立税としての曖昧さは，外形標準課税の導入によって，相当程度まで払拭されたといえる。また，事業税の外形標準課税化がさらに進んでいけば，実施されなかった府県税としての付加価値税が，かたちを変えて実現することを意味する。

　ところが，2008（平成20）年の税制改革で法人事業税の一部が，暫定的措置とはいえ，国税に移管され，地方法人特別税となった。その全額を，人口分で2分の1，従業員数分で2分の1を基準として，地方法人特別譲与税として都道府県に譲与することにした。これは東京都などの大都市圏への税収の集中是正を謳いながらも，国税ではなく地方税による「狭義の水平的財政調整」を実施したものといえる。それに対して，イギリスのサッチャー政府による新自由主義的政策に倣ったという見方もある。サッチャー（M. Thatcher）は労働党政権が多い都市自治体から税収とともに税率の決定権限を奪うため，事業用固定資産税を国税化し，人口基準で地方自治体に譲与した。

　地方法人特別税と地方法人特別譲与税は，地方自治体の課税自主権を奪い，自主性の原則に背反する。地方譲与税は，便宜上，国税として徴収するが，本来の課税地である地方自治体に帰属させることが本来の機能であり，財政調整

的な機能をもたせることは例外的な取り扱いである。地方法人特別税・同譲与税は，消費税率10%段階で特別法人事業税・同譲与税に衣替えされた。

　(ii)　事業税の課税標準と税率

　事業税の租税客体は「事業」である。法人については非課税事業を除いて，すべての事業が租税客体になるのに対して，個人については第1種（物品販売業，金銭貸付業，製造業，請負業などの商工業関係事業），第2種（畜産業，水産業などの第1次産業関係だが農業は除外），第3種（医業，弁護士業などの自由業関係事業）からなる。林業や鉱物の掘採事業などは非課税となっている。法人に課税される法人事業税と，個人に課税される個人事業税からなる。個人事業税の課税標準は，前年の事業所得である。事業所得には事業専従者控除と事業主控除などが適用される。

　法人事業税の課税標準は，多くの事業では事業所得であることから，事業税は国税の所得税と法人税の課税標準と重複し，実質的に付加税という見方もできる。ただし，法人事業税では電気供給事業，ガス供給業，生命保険業，損害保険業の4業種については，課税標準に所得ではなく収入金額が用いられる。これを収入割と呼んでいる。この収入割は事業税が収益税，つまり物税であるという本来の性格を反映している。2003（平成15）年の税制改正で導入された外形標準課税である付加価値額割や資本割も，同様に物税の性格を示している。地方税法では，事業の状況に応じ，条例によって資本金額，売上額などによる外形標準課税を実施する道を開いている。2020（令和2）年度の税制改正で電気供給業については，送配電部門の法的分離をうけて，従来の収入割の一部について，資本金1億円超の法人については付加価値割と資本割に，資本金1億円以下の法人については所得割に，それぞれ置き換えることとされた。

　事業税でも2つ以上の都道府県に事務所や事業所を設けている場合には，課税標準が分割される。分割基準は2005（平成17）年の税制改正で，銀行業，証券業，保険業，それに運輸通信業，卸小売業，サービス業などの非製造業については，事務所や事業所の数と，従業者数をそれぞれ2分の1ずつとしている。これに対して製造業は従業者数が分割基準である。ただし，資本金1億円以上の法人では，工場の従業員数は1.5倍にされる。鉄道・軌道事業では軌道延長，電気供給業では有形固定資産税価額と発電に使用するものの価額，ガス供給業，倉庫業では有形固定資産価額で分割される。法人税割と相違して，業種ごとに

分割基準を設けているのは，法人事業税が物税であるため，租税客体の存在を的確に反映させるためである。

　事業税の標準税率は，個人事業税の第1種事業が5%，第2種事業が4%，第3種事業が5%である。法人事業税では収入割で課税されるガス供給業，生命保険業，損害保険事業が1.3%である。電気供給業については，資本金1億円超の法人では収入割1.05%，付加価値割0.37%，資本割0.15%である。また資本金1億円以下の法人では収入割1.05%，所得割1.85%である。それ以外の法人に対しては資本金1億円超の外形標準課税が適用される法人には，付加価値割が1.42%，資本割が0.5%，所得割のうち年額400万円以下に0.4%，年額400万円超800万円以下に0.7%，年額800万円超に1.0%の税率で課税される。資本金が1億円以下の法人には，所得割のうち年額400万円以下に3.5%，年額400万円超800万円以下に5.3%，年額800万円超に7.0%で課税されることになっている。

2）消費課税

　消費課税は，消費財を生産物市場で取引したときに課税されるものであり，一般に間接消費税と呼ばれてきた。間接消費税は，特定の消費財に対する個別消費税と，消費財一般に対する一般消費税とに分類される。現行の租税体系では，個別消費税としての国税では，揮発油税，酒税，たばこ税などがある。地方税では道府県たばこ税，軽油引取税，市町村たばこ税などが該当する。一般消費税では，消費型付加価値税である消費税と，地方税としての地方消費税が導入されている。

　間接消費税は，使い尽くすという意味での消費行為そのものに課税される消費行為税でもある。間接消費税の税源配分の基本原則は，製造から卸売さらに小売という取引段階の上流で課税する間接消費税は国税として，小売段階のように下流段階で課税する間接消費税は地方税に配分することである。最も下流の小売よりも，さらに下流の消費行為そのものに課税する消費行為税は，地方税に適している。しかし，地方税の消費行為税は，ゴルフ場利用税，入湯税などが存在するにとどまっている。

　すべての取引段階で課税される付加価値税は，国税としても地方税としても課税できる。前述のように日本では，シャウプ勧告が企業課税としての附加価

値税の導入を勧告した（実現されないまま廃止）。日本で消費課税としての付加価値税が導入されたのは，1988（昭和63）年の税制改正においてである。消費税は国税として導入され，その税収の一部が消費譲与税として地方自治体に配分された。しかし，消費譲与税の導入にともなって，消費行為税である電気税・ガス税などの地方消費税が廃止されてしまい，同じく消費行為税である料理飲食等消費税が特別地方消費税に，娯楽施設利用税がゴルフ場利用税に改められてしまったのである。

　その後，福祉財源を強化する要請が高まり，地域福祉の重要性が強まっていくと，消費税を増税するとともに，消費税を地方税に移譲する動きが大きなうねりとなっていった。1994（平成6）年の税制改正で，消費税の税率を引き上げるとともに，消費譲与税を廃止して，地方消費税を創設することにした。3％であった消費税率が引き上げられた際に，国税としての消費税の税率が4％，地方税としての地方消費税の税率が1％と決定された。地方消費税は道府県税であるが，税収の2分の1を交付金として市町村に配分する。地方消費税は，税法のうえでは国税の消費税を課税対象としていることから，消費税率が国・地方分をあわせて5％の段階では，地方消費税の税率は国分に対する25％であった（4％×25％＝1％）。地方消費税の概要は，表4-5に示した。

　2012（平成24）年の社会保障・税一体改革によって，消費税と地方消費税の税率を合計した税率は，現在の5％から14（平成26）年4月に8％へ，19（令和元）年10月に10％へと，2段階で引き上げられることになった。10％に引き上げられた段階で，地方消費税は1％から2.2％に引き上げられた。

　社会保障・税一体改革によって，地方財源は相対的に強化されるようにみえる。国・地方あわせて5％の税率段階で，国税の消費税で4％，地方消費税で1％であるが，税率引き上げ分の5％については，国税の3.8％に対して，地方消費税は1.2％になっているからである。

　しかし，国税の消費税には地方交付税の財源に繰り入れられている部分がある。国税の消費税は，税率5％の段階で，国税の消費税4％分に対して，29.5％の法定率で地方交付税財源となっていた。税率換算すると1.18％になる。したがって，5％の税率の段階で，地方財源に税率換算で2.18％（地方消費税1％＋地方交付税財源1.18％），中央政府に2.82％が配分されていた。

　ところが，引き上げ分の5％に対する，地方交付税への配分は税率で0.34％

表4-5 地方消費税の概要

項　目	内　容		
1.　課税主体	都道府県		
2.　納税義務者	（譲渡割）課税資産の譲渡等（特定資産の譲渡等を除く）および特定課税仕入れを行った事業者 （貨物割）課税貨物を保税地域（外国貨物を輸入申告前に蔵置する場所）から引き取る者		
3.　課税方式	（譲渡割）当分の間，国（税務署）に消費税とあわせて申告納付（本来都道府県に申告納付） （貨物割）国（税関）に消費税とあわせて申告納付		
4.　課税標準	消費税額		
5.　税　　率	～2019〔令和元〕年9月 ：63分の17（消費税率換算1.7%）		国の消費税とあわせて8%
	2019〔令和元〕年10月～ ：78分の22（消費税率換算2.2%）		10%
	〈軽減税率対象〉78分の22（消費税率換算1.76%）		軽減税率8%
6.　税　　収	47,353億円（2017〔平成29〕年度決算額）※令和元年度地方財政計画額：48,624億円（うち引き上げ分885億円）		
7.　使　途 （2014〔平成26〕年4月～）	制度として確立された年金，医療および介護の社会保障給付ならびに少子化に対処するための施策に要する経費その他社会保障施策（社会福祉，社会保険および保健衛生に関する施策）に要する経費（税率引き上げ分のみ）		
8.　清　　算	国から払い込まれた地方消費税額を最終消費地に帰属させるため，消費に関連した基準によって都道府県間で清算		
	指　標		ウェイト
	①「小売年間販売額（商業統計）」と ②「サービス業対個人事業収入額（経済センサス活動調査）」の合算額		50%（1/2）
	③「人口（国勢調査）」		50%（1/2）
9.　交付金	税収（清算後）の2分の1を市町村に交付		
交付基準	人口（国勢調査）と従業者数（経済センサス基礎調査）1：1で按分 （2014〔平成26〕年4月以降，税率引き上げ分については，人口のみで按分）		
10.　沿　革	1997〔平成9〕年4月創設 2014〔平成26〕年4月税率100分の25（消費税率換算1%）から63分の17（消費税率換算1.7%）に引き上げ 2019〔令和元〕年10月税率63分の17（消費税率換算1.7%）から78分の22（消費税率換算2.2%）に引き上げ		

出所）　総務省資料。

分にとどまる。つまり，地方への配分は1.54%（地方消費税1.2%＋地方交付税財源0.34%）であるのに対して，中央政府は3.46%となる。引き上げ分5%に対する，地方への配分は相対的に小さくなっている。

　消費税，つまり消費型付加価値税の課税方式には，原産地原則と仕向地原則がある。原産地原則とは消費税の担税者を売手と想定し，仕向地原則とは消費

税の担税者を買手と想定していると考えてよい。仕向地原則に立脚すると，輸出の場合には買手，つまり担税者は海外にいることになる。したがって，輸出するまでに輸出品に課税していた消費税を，輸出業者にすべて還付することになる。

　日本では輸出政策は，仕向地原則を採用している。そのため担税者である消費者の所在する地方自治体に，地方消費税の税収を配分するという手続きをとっている。つまり，それぞれの道府県が収納した地方消費税と，消費の規模を表す指標を用いて，道府県間で清算する。清算のための指標には，小売年間販売額と小売年間販売以外の消費に相当する額（道府県のサービス業対個人事業収入額）との合算額と人口（国勢調査）を用いている。

3） 財産課税

① 固定資産税

　地方税としての財産課税には，市町村税の基幹税である固定資産税がある。国税の財産課税には，相続税・贈与税がある。相続税・贈与税は人税であるけれども，資産移転税である。それに対して固定資産税は，物税であり，資本保有税である。

　固定資産税は第2次大戦後，シャウプ勧告に基づいて創設された。租税客体は土地に家屋，それに償却資産である。シャウプ勧告は土地を租税客体とする地租と，家屋を租税客体とする家屋税とを統合し，償却資産を加えて固定資産税の創設を勧告した。償却資産を一般的に課税する租税は，日本では固定資産税をもって始まる。それ以前は電柱税，軌道税，船舶税などという府県雑種税として，個別的に課税されていたにすぎない。

　固定資産税に統合された地租は，1873（明治6）年の日本における近代租税制度の誕生となる地租改正で，国税として導入される。1878（明治11）年には国税としての地租税に，府県で地租付加税が課税されるようになる。さらに1888（明治21）年には市町村でも，地租付加税が課税されるようになる。

　しかも，大正期に入ると国税としての地租という本税よりも，付加税の方が高くなるという事態が生じ，営業税とともに両税委譲運動の対象となる。地租の課税標準は，1931（昭和6）年に地価から賃貸価格へと改められる。これによって収益税としての性格を強めたと評価されている。国税としての地租税は，

1940（昭和15）年の税制改革で営業税や家屋税とともに還付税となり，第2次大戦後の47（昭和22）年には，府県の独立税となった。

　一方，家屋税は府県税であった。家屋の坪数などを課税標準にして，府県の区部（都市部）や郡部（農村部）で課税されていた戸数割に代わるものと考えられていた。1926（大正15）年に家屋税の課税標準が家屋の賃貸価格に改められ，市町村が府県税を本税とする付加税を課税することになった。家屋税は1940（昭和15）年の税制改革で還付税となり，第2次大戦後の47（昭和22）年に府県の独立税となった。

　府県の独立税となっていた地税と家屋税に償却資産を租税客体に加えて，固定資産税に鋳直すにあたって，シャウプ勧告は，道府県税ではなく，市町村の基幹的な独立税とすることを勧告した。固定資産税は，土地・家屋・償却資産という固定資産と，市町村の提供する公共サービスとの間に明確な関連性があると認めて，応益原則を体現する税と位置づけられている。この固定資産税については，収益税か財産税かをめぐって議論がある。地租や家屋税はフランス革命が導入した収益税に源流がある。とはいえ，収益税は収益そのものに課税するというよりも，収益を生み出す物件に外形標準で課税される。地租でいえば，土地が生み出す収益に直接課税するのではなく，土地の面積や価格に課税していて，収益税だといってよい。したがって，収益税か財産税かを検討してもあまり生産的ではない。一般的には固定資産税は「財産税的な要素を加味した収益税」と定義されている。本書では固定資産税を便宜上，財産課税と整理している。

　固定資産税の概要は表4-6に示した。固定資産税の課税標準は固定資産の価格である。この価格は「適正な時価」とされ，「固定資産の評価」で決められる。土地および家屋の評価については，3年ごとに評価替えが行われる。土地の評価は売買実例価額を基本とするものの，実際の売買価格に反映されている個々の事情による影響分を除いた適正な取引価額に基づくとされている。かつては地価公示価格に対して固定資産税の土地の評価額が相当低かったことから，1994（平成6）年度の評価替えでは，宅地の評価について地価公示価格の7割程度をめざすとともに，負担の急増を避けるために，負担調整措置を講じることとした。地価の持続的な高騰を抑制するために，固定資産税等の保有課税の引き上げが有効と考えられたことが改正の背景にある。

表 4-6　固定資産税の概要

1.　課 税 客 体	土地，家屋および償却資産 （土地：1 億 8014 万筆，家屋：5879 万棟）
2.　課 税 主 体	全市町村（東京都 23 区内は東京都が課税）
3.　納 税 義 務 者	土地，家屋または償却資産の所有者 （土地，家屋は登記簿上の所有者等を，償却資産は申告の あった所有者等を固定資産課税台帳に登録し課税） （土地：4091 万人，家屋：4148 万人，償却資産：450 万 人）
4.　課 税 標 準	価格（適正な時価） ※土地及び家屋は 3 年ごとに評価替え（次回は 2021〔令和 3〕年度が評価替え年度） ※償却資産は，取得価額を基礎として，経過年数に応じ，定 率法（旧定率法）により償却
5.　税 　 率	標準税率 1.4%
6.　免 税 点	土地：30 万円，家屋：20 万円，償却資産：150 万円
7.　賦 課 期 日	当該年度の初日の属する年の 1 月 1 日
8.　税 　 収	8 兆 9373 億円 （土地 3 兆 3872 億円，家屋 3 兆 8,825 億円，償却資産 1 兆 6676 億円）

注）　1　税収以外のデータは，2018（平成 30）年度実績。
　　　2　固定資産税の制限税率（2.1%）は，2004 年度の改正により廃止。
　　　3　税収は 2017（平成 29）年度決算額。
出所）　総務省資料。

　ところが，バブル崩壊後，地価はむしろ低下傾向に転じ，地価が下落するな
かで固定資産税の負担が増えるという現象が起きたことから，1997（平成 9）
年の評価替えでは，負担調整機能を強化して負担の均衡を図った。2000（平成
12）年の評価替え以降は，地価の下落傾向を反映して，全体的に負担水準を抑
制する方向での調整に転じている。

②　財産課税の諸税
　財産課税には資本移転税と資産保有税がある。固定資産税は固定資産という
個別財産に課税される資産保有税である。固定資産税とともに，土地や家屋の
個別財産に課税される資産保有税に該当するものとして，都市計画税がある。
都市計画税は 1919（大正 8）年の都市計画特別税を起源とし，都市計画事業や
土地区画整理事業の財源のための目的税である。シャウプ勧告によって廃止さ
れたものの，1956（昭和 31）年に市町村税として復活している。租税客体は市
街化区域内の土地および家屋であり，固定資産税の評価額を課税標準とする。

不動産という個別財産の資産移転税として，不動産取得税がある。不動産取得税は 1940（昭和 15）年の税制改革で，道府県税として導入されている。シャウプ勧告によって一度は廃止されたものの，1954（昭和 29）年に道府県税として復活した資本移転税，つまり流通税である。

　自動車などの車両に関する地方税は，明治以来，雑種税として課税されていたが，シャウプ税制によって自動車税は道府県税，自転車税および荷車税は市町村税とされた。1958（昭和 33）年に自転車と荷車に対する課税を廃止し，自動車税のうち二輪小型自動車と軽自動車を切り離し，原動機付自転車への課税をあわせて，市町村税である軽自動車税とした。

　自動車税は二輪の小型自動車や軽自動車などを除く，自動車の保有に対する課税であり，自動車の所有者が納税義務者となる。財産課税であると同時に，自動車の利用にともなう道路損傷負担金としての性格をもつと考えられている。2001（平成 13）年からはグリーン化による特例措置が設けられ，排出ガス性能や燃費性能に優れた環境負荷の小さい自動車への税率を軽減するとともに，環境負荷の大きい自動車を重課するグリーン化が進められている。自動車への車体課税は，自動車の財産価値への課税の観点から，自動車の環境への負荷軽減を促進するための環境税へと，次第に性格を変えてきている。

　自動車の車体課税には，自動車という個別財産への資産移転税，つまり流通税としての自動車取得税があった。自動車取得税は道府県税であるが，消費税率が 10％に引き上げられた段階で廃止された。ただし，自動車取得税のもつ環境税制としての性格は保持する必要があることから，自動車税においてその機能を確保するように見直しが進められ，自動車の取得に対して自動車税と軽自動車税で，それぞれ環境性能割が設けられることとなった。その税率は自動車等の通常の取得価額に対する 0 ～ 3％（環境性能等に応じて税率が決定）となっている。従来の自動車税・軽自動車税は，それぞれ種別割として残されている。

第5章

地方交付税の考え方と総額決定

1. 地方交付税制度の成立の過程

1) 地方財政制度の中心となる財政調整制度

　地方自治体の収入は，原則として，地方税が中心でなければならない。しかし，地域社会間には経済力格差が存在し，地域社会から税収を調達する課税力には格差が生じる。しかも，地方自治体に行政任務が配分されると，財政需要が生じ，課税力と財政需要から構成される財政力に格差が存在する。こうした地方自治体間の財政力格差を調整する仕組みが財政調整制度である。

　地方自治体間の財政力格差を調整しなければ，居住する地域によって国民としての権利が充足される程度が変わるので，国家を分断する方向に国民感情が働く。ところが，財政力格差を強力に調整することは，豊かな地域の税収をそうでない地域に再配分することであるから，豊かな地域の地方自治が尊重されていないとして，住民感情を刺激する。財政調整制度の運営においては，国民としての権利意識を充足させつつ，地域ごとの自治を保障することのバランスに常に目配りが必要となる。

　1つの国のなかの地方自治体は，企業とは異なり，相互に国家として統合する連帯意識をもっている。「自治体間競争」という言葉はあるが，企業間の競争とは決定的に異なっているのは，生活様式を同じくする住民が地域社会ごとに共存して棲み分けていることである。したがって，公共サービスや租税負担の水準の違いによって生じる住民移動は，一定の範囲では起きるとしても，そ

の範囲にはおのずと限度がある。産業のなかで農業のウェイトの高い国の場合には，とくにその傾向がある。

　地方自治体は共同体を基盤にし，そうした地方自治体の共同体として，国家を形成されているとすれば，財政調整制度は地方自治体の共有の財源を分かち合う仕組みである。その際に，地方自治体間が相互に合意したうえで，財源を調整する仕組みもありうるが，それによって財源を大規模で恒常的に移転すると，財源を拠出する側になる豊かな地方自治体の住民感情を刺激する。そこで中央政府が，地方自治体の共有の財源を中央政府の制度において配分するという仕組みを採用した方が，国民の合意が得られやすい。地方自治体間の連携意識の程度や，中央政府と地方自治体間の信頼感の程度は，それぞれの国や時代によって大きく異なり，その結果，財政調整制度の手法や機能する範囲が変わっていくことになる。

2)　地方交付税の前史

　中央政府は地方自治体への事務配分に対応した財源を保障する必要がある。日本では明治期に近代国家を形成するにあたって，教育制度を整備することを重視した。しかも，義務教育を市町村の責務としたため，市町村の義務教育の経費を保障していく地方財政制度を築くことが，明治政府の重要な政策課題となった。

　明治政府は義務教育の授業料の徴収を止めて無償としたけれども，市町村の財政負担としたことから，市町村財政が悪化していく。そこで第1次大戦後の1918（大正7）年，市町村財政の窮乏を救済すべく，「市町村義務教育費国庫負担法」が制定された。義務教育費国庫負担は，財政調整機能，つまり地方自治体間の財政力格差是正機能を備えていた。しかし，この義務教育費国庫負担は，市町村教育費のわずか1割を賄うにすぎなかったため，三重県度会郡七保村（現在の大紀町）の大瀬東作村長が，「小学校教員俸給国庫支弁請願運動」を展開した。こうした運動を推進する全国組織を結成すべく，1919（大正8）年に，三重県度会郡七保村役場に，全国町村長会創立事務所が設けられ，21（大正10）年に，全国町村長会が創立された。この全国町村長会は郡長廃止運動，さらには両税委譲運動を展開し，大正デモクラシー運動を担っていくことになる。

　義務教育費国庫負担には財政調整機能があったとはいえ，あくまでも使途が

限定されている個別補助金である。第1次大戦後には先進諸国で地方財政の危機が深刻化したため，ドイツやイギリスで一般財源による地方自治体間の財政力格差と財源保障を目的とした財政調整制度が導入された。日本では1930（昭和5）年に昭和恐慌に見舞われると，一般財源による財政調整制度が構想されるようになった。

　1932（昭和7）年には内務省から「地方財政調整交付金制度要綱案」が発表される。こうした財政調整制度の導入を推進した内務官僚の三好重夫が1933（昭和8）年に『地方財政改革論』を，永安百治も同年に『地方財政調整論』を著している。

　1936（昭和11）年に臨時町村財政補給金が導入される。同補給金は対象が町村に限定されていたけれども，1937（昭和12）年には府県にまで拡大して，臨時地方財政補給金となった。しかし，いずれも臨時的な制度であるうえに，財政需要は考慮せず，課税力のみを調整する制度にすぎなかったのである。

　1940（昭和15）年の国税と地方税を通じる抜本的税制改革の一環として，それまでの臨時地方財政補給金に代わって，地方分与税制度が誕生した。地方分与税は，還付税と配付税からなり，還付税は三収益税（地租・家屋税・営業税）を徴収地に還元交付し，配付税は所得税・法人税・遊興飲食税・入場税の一部を財政調整的に分与する方式をとっている。つまり，配付税は2分の1を課税力に反比例し，2分の1を財政需要に正比例して配分することになっていた。それまでの課税力だけではなく，財政需要を考慮した日本における本格的な財政調整制度ということができる。

　還付税と配付税から成り立っていた地方分与税は，1948（昭和23）年に還付税が地方税になったために，途中から地方配付税と呼ばれるようになった。1949（昭和24）年には第2次大戦後のインフレを抑えるために，ドッジラインの超均衡予算が実施され，地方財政も緊縮基調に厳しく抑制された。そのため地方配付税の税率が半減されるという打撃を受けることとなった。

　地方財源として所要額を算出する目的でつくられている地方財政計画は，1946（昭和21）年にはその原型になるものがあり，48年度から作成された。その地方財政計画も，ドッジラインによって1949（昭和24）年度に地方財源の無理な圧縮が実施され，その後の地方財政平衡交付金から地方交付税にいたる経路に，暗い影を落とすこととなったのである。

3) 地方財政平衡交付金から地方交付税へ

1949（昭和24）年に連合国軍総司令部の招きで来日したシャウプ使節団の勧告は，国税と地方税を含む抜本的税制改革と，地方自治の充実のための地方財政平衡交付金の導入を2つの柱としている。地方財政平衡交付金は地方自治体の財政需要を計測して，地方自治体の財政需要と，地方税収等の財政収入との差額を埋め，地方財政の財政力格差を是正するとともに，財源保障を行うという驚くべき発想を持ち込んだ。シャウプ勧告が地方配付税の欠点として指摘したことは，地方配付税では国税収入の一定割合とされているため，総額が変動し，1949（昭和24）年度のように国家財政の都合で，一方的に総額が変更されて，地方財政の安定性を損なうという点と，地方配付税の地方自治体への配分方法は，財源の均衡化が図られるものの，財政需要を的確に反映しないという点である。

地方財政の財政需要を見込んで所要額を確保するという発想は，地方自治の基盤を確立するという意味で優れていた反面で，大蔵省と地方自治庁（1952〔昭和27〕年8月からは自治庁）との間で毎年度，地方財政平衡交付金の所要額をめぐって，厳しい予算折衝を繰り返すことを余儀なくした。そのため地方財政平衡交付金は，1950（昭和25）年度から4年間続いたものの，総額決定を地方配付税のように，国税収入にリンクさせる方式に回帰することで大蔵省と自治庁は合意し，1954（昭和29）年度から地方交付税に改組された。地方交付税は配分方式において地方財政平衡交付金の方式を受け継ぐと同時に，総額決定において国税収入にリンクさせるという地方配付税方式を継承しているので，両者のハイブリッドのかたちといえる。

2. 総額決定の仕組み

1) 地方固有の財源

地方交付税は国税収入の一定割合を財源に，それを地方自治体間に配分するものである。地方交付税財源が地方固有の財源であるという点を強調する際には，それが「国が地方に代わって徴収する地方税である」という考え方をとる。すなわち，国税のうちの地方交付税分は，本来，地方の税収入とすべきであるが，団体間の財源の不均衡を調整し，すべての地方団体が一定の水準を維持し

うるよう財源を保障する見地から，国税として国が代わって徴収し，一定の合理的な基準によって，再配分するものと整理されている。1940（昭和15）年に地方分与税を導入する際にも，「間接課徴形態の地方税」と説明されている。歴代の総理大臣も国会答弁のなかで，地方交付税は国税の一定割合が地方自治体に，「法律上当然帰属するという意味において，地方の固有財源である」という見解を示してきた。国の制度に基づくという意味では，狭義の水平的財政調整ではないが，地方固有の財源をシェアするという意味で，広義の水平的財政調整である。

2) 総額決定に関する2つの局面

　ハイブリッドであるということは，相矛盾するものの整合性をとることにもなる。地方交付税の場合にはマクロの総額決定において，それが決定的に表れる。すなわち総額決定には，①国税収入にリンクするという地方配付税の性格と，②地方財政計画から所要額を算定するという地方財政平衡交付金の性格との2つがある。

　地方交付税法は第6条の3第2項で，総額が不足する場合においては，「地方財政若しくは地方行政に係る制度の改正(a)又は第6条第1項に定める率の変更(b)を行うものとする」としている。下線(a)は，地方にかかる財政需要の見直しのみならず，地方財政不足に対応する臨時的な財政措置が含まれると解釈されている。さらに下線(b)の第6条第1項に定める率とは，地方交付税率あるいは法定率と呼ばれるものであって，国税収入の一定割合（所得税・法人税の33.1%，酒税の50%，消費税20.8%および地方法人税の全額）である。すなわち，財源不足が生じる場合には，最終的には，法定率の見直しで対応することが法の規定では想定されている。

　地方交付税は制度運営の実態として，1954（昭和29）年度の創設以来，

　　財源不足の局面：「地方財政計画に基づく財源所要額」
　　　　　　　　　＞「国税収入の法定率分である地方交付税財源」
　　財源余剰の局面：「地方財政計画に基づく財源所要額」
　　　　　　　　　＜「国税収入の法定率分である地方交付税財源」

の2つに区分される。実際には財源不足の局面が圧倒的に長いが，それでも財源余剰の局面がまったくなかったわけではない。

財源不足の局面では，地方財政計画の歳出規模の妥当性が，国の財政当局から厳しく問われることで，地方財政平衡交付金時代に似た構図に陥る。財源不足は本来，下線(b)の法定率の引き上げでカバーすることが望ましいが，地方交付税の財源が不足しているときには，経験的に国家財政の財源不足がそれよりもさらに著しく，法定率の引き上げではなく，下線(a)に基づいて財源不足額の対応策が講じられる。

そのほとんどが中央政府の一般会計または交付税特別会計（交付税及び譲与税配付金特別会計）の借入に基づく財源手当，あるいは地方自治体自身の借入で賄うなどの弥縫策にとどまっている。

その反面で，財源余剰の局面は，バブル経済などごく限られた時期にしかみられない。そうした局面は，地方財政計画の歳出を通常以上に積み増すことになるので，地方自治体にとっては，望ましいように思えるかもしれない。しかし，後年度になってから，不必要に歳出を拡大したなどの批判を受けることも多い。財源余剰が財政需要を押し上げる局面では，不要不急な歳出を生み出される傾向が強いことは，経験則として重要である。

地方交付税は地方財政平衡交付金と異なって，国税収入の法定率分を地方固有の財源と位置づけている。とはいえ，地方財政計画に基づく地方交付税の所要額によって，計画上想定されている財政需要と結びついている。つまり，財政需要を計画上想定しているからこそ，地方交付税の財源不足が生じている局面で，補填措置を講じることが認められるのであって，財政需要を計画上想定しないで，地方交付税の財源枠を確保することはできない。

過疎地の地方自治体が自然を守ることで，洪水防止などの防災面や，環境整備などで広域的に貢献していることを勘案して，地方交付税の増額を行うべきという主張がされることはある。その趣旨は理解できるとしても，政策の貢献度に応じた財源配当は，制度の趣旨に反する。防災や環境対策に要する財政需要を客観的に計測し，その経費相当額として，地方交付税を配分することが，制度の趣旨に適うものである。

3) 総額決定の考え方

　地方交付税の総額は，地方財政計画の歳入と歳出の関係から決定される。こうした総額決定のメカニズムを表しているのが，地方財政計画と国の予算との関係を示す図5-1である。左の2欄は国の一般会計，中央の2欄は国の特別会計の1つである交付税特別会計，右の2欄は地方財政計画である。

　図5-1で示したように，2020（令和2）年度においては，交付税特別会計の歳入には，一般会計から，地方交付税の財源として，交付税財源4税の法定率分（①）と，過去の制度運営等にともなう加算額である既往法定加算（②）が繰り入れられる。そのほかに，地方特例交付金（国の制度変更にともない生じた財政需要の追加や財源不足に対応した一般財源補填分）が繰り入れられる。また，国税収納金整理資金から交付税特別会計に直入される地方法人税（③）も交付税財源であり，交付税特別会計剰余金（④）も交付税財源に活用される。

　交付税特別会計の歳出では，①～④の交付税財源から，特別会計の借入金等に対する利子負担と借入金償還を差し引いた額が，出口ベースの地方交付税となる。この額は，地方財政計画の歳入に計上される額に一致する。一方，一般会計から地方特例交付金相当額として繰り入れられた額は，そのまま地方特例交付金として歳出項目となって，地方財政計画に同額が計上される。

　なお，国の予算書では，一般会計でも交付税特別会計でも，歳出には「地方交付税交付金」（地方交付税として交付される額）として計上される。一方，地方財政計画の歳入項目では，「地方交付税」として計上される。地方自治体の歳入予算でも，地方交付税として計上される。地方交付税は，国税の一定割合が地方自治体に法律上，当然，帰属するという意味で地方の固有財源と考えられている。

　図5-1では，交付税特別会計から地方財政計画に繰り出されているようにみえるが，地方財政計画は会計ではなく，地方財政計画に繰り入れられているわけではない。地方財政計画は当該年度の地方交付税の所要額の根拠を示すものである。地方交付税は，交付税特別会計から全国の地方自治体に交付される。地方財政計画では歳入と歳出が一致する。地方交付税は地方財政計画の収支を一致させる調整項目の役割を果している。もっとも近年では，地方交付税の財源不足が著しいことから，その不足分の一部を臨時財政対策債で埋めている。2020（令和2）年度の臨時財政対策債は，3.1兆円である。

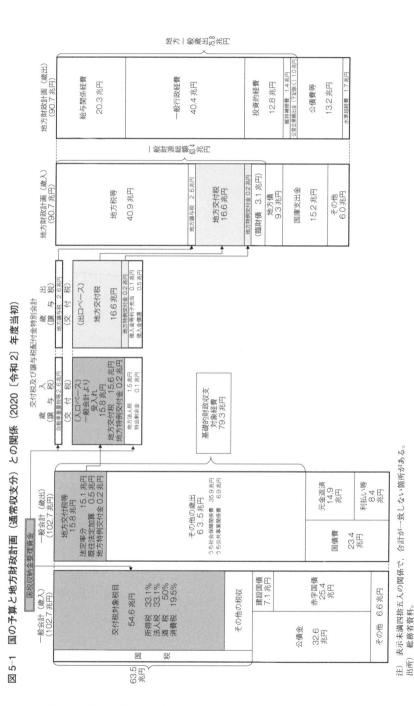

図 5-1 国の予算と地方財政計画（通常収支分）との関係（2020〔令和 2〕年度当初）

注）表示未満四捨五入の関係で、合計が一致しない箇所がある。
出所）総務省資料。

地方財政計画の歳入と歳出には，特定の関係があることを指摘しなければならない。地方財政計画の歳出には，一般行政経費と投資的経費の一部として，国からの財源の補助を受けて実施する補助事業が計上されている。一方で歳入には，国庫支出金が計上されている。国庫支出金には補助メニューごとに，補助率が決まっている。補助メニューごとの一般行政経費と投資的経費に，補助率を乗じた額の合計額が，歳入における国庫支出金に一致する。

　さらに地方財政計画の歳出には，投資的経費が計上されているが，その財源の一部には，地方債が充当される。地方債の充当率は，地方債計画に反映される上限として定められている。したがって，投資的経費のうち国庫支出金が充当される部分を除いた一般財源充当分に対して，充当率を乗じたものが，地方債の要発行額であり，それが地方財政計画の地方債収入に一致し，さらに同額が地方債計画にも計上される。こうした特定関係が存在することを理解すると，地方財政計画の歳入と歳出を一致させることによって，補助金を充当する部分を除いた残りの財源である一般財源所要額（いわゆる裏負担）や，投資的経費に充当される一般財源所要額を確保していることが理解できるはずである。

3. 地方財政計画の歳入と歳出の内容

1) 地方財政計画の歳出の積算の考え方

　地方財政計画の歳入と歳出を一致させるように，地方交付税の総額が決まるので，地方財政計画のうち，とくに歳出の総額をどのように積算するかが重要となる。そこで以下では，地方財政計画における歳出の各項目の積算の考え方について，概要を述べることにする。

　補助事業費に関してはまず，国の予算編成の過程で，地方自治体向けの国庫支出金の支出額が決定される。補助率は通常，あらかじめ定められている。したがって，補助事業費は国庫支出金に補助率を乗じて積算される。ただし，地方財政計画は地方自治体の一般会計等である普通会計を想定しているので，たとえば下水道事業や国民健康保険事業などの地方自治体の特別会計で処理される国庫支出金は，地方財政計画の歳出の補助事業にも，歳入の国庫支出金にも含まれていない。

　公債費に関しては，過去に歳入の地方債として計上されたもののうち，実際

に起債されたものにかかる元利償還金（金利や償還期間を一定の想定に基づいて算定する理論償還ベースのものが多い）として，計上されることが原則である。臨時財政対策債等については例外的に，償還可能額をすべて発行したものとして，理論償還ベースで公債費を算定する。臨時財政対策債は地方交付税の財源不足に対応して，地方交付税に代わって，起債枠が認められる。起債実績と無関係に発行可能額にかかる公債費を，地方財政計画に計上することで，地方自治体は発行額にかかわらず，満額起債の公債費相当額が財源保障されるので，臨時財政対策債を満額起債しなくても，不利にはならない。

　公営企業繰出金は地方公営企業に対して，法定あるいはルールとして決まっている繰出基準に従って，積算される。このうち地方自治体の地方公営企業関係の会計で起債した企業債の償還に対して，地方自治体の一般会計からの繰出金で賄うとされる部分については，準公債費と呼ばれることがある。

　経常的経費の場合には，義務付けの強い事業についていえば，法令等に基づいて事務を執行することを前提に，財政需要をある程度，客観的に積み上げることができる。しかし，投資的経費の場合には，事業の進捗度について法令の義務付けがあるわけではない。そこで中央政府の予算編成におけるマクロ経済政策上の判断や，各決定の対象になるなどの公共投資の諸計画に基づいて定められる投資的経費の進捗状況に関する判断を，地方財政計画の計画額に反映させることで決定する。その点は補助事業も単独事業も，基本的に変わることがない。

　一般行政経費の単独事業についてみると，義務付けの強い経費も一定程度含まれているので，事業費に積算根拠のあるものも多い。とはいえ，一般行政経費は地方自治体が地域ニーズに応じた多様な政策を執行するうえでの財源枠として，その総額が確保される。具体的にいえば，対前年度の伸び率については，国の予算の同種の歳出項目のシーリング枠を参照して決まるなどと説明されることが多い。

　最後に給与関係経費については，基本的に退職手当分とそれ以外に分類することができる。後者は地方公務員の定員に給与単価を乗じて，手当等を加味することなどによって積算される。前者の退職手当分は，とくに退職手当債が充当される部分として計上されている。地方公務員の定員は，実定員ではなく，地方財政計画上の定員を用いている。地方公務員の計画上の定員は，経験的に

実定員よりも少ないことから，一種のワークシェアリングの構造になってしまっている。給与単価については，かつては人事院勧告に基づいていたけれども，最近では地方の人事委員会勧告に基づいて算定されている。

　地方財政計画の歳入と歳出を一致させるように，地方交付税と臨時財政対策債が決まる。地方財政計画の歳出は，自然体で積算されるということになりそうだが，実際にはそうではない。歴史的にみると，地方交付税の発足当初は，積算根拠が実績に比べて不当に小さく抑えられてきたことで，地方財源が不足し，地方自治体の財政運営を圧迫した。近年にいたっても，中央政府が財政再建を強化する政策に傾くと，地方財政計画の歳出を圧縮して，地方交付税の所要額を抑制する圧力は，常に生じている。投資的経費をみても，1997（平成9）年度をピークに，2013（平成25）年度にはその3分の1程度まで圧縮されたり，地方財政計画上の職員定員が，1998（平成10）年度から2013（平成25）年度までの間に，7%程度も減少されたりしている。

2）　地方財政計画の歳入の積算の考え方

　地方財政計画の歳入のうち地方税は，租税制度と景気動向によって決まる。地方財政計画の仕組みから，好況で地方税収入が伸びると，それ以上に地方財政計画の歳出が伸びない限り，地方交付税は圧縮される。逆に不況で地方税収入が落ち込むと，地方交付税は増える傾向となる。地方財政計画における地方税収入は，いわゆる法定外税収入や超過課税にともなう増収分は含まれない。つまり，それは税率を含めて，標準的な税制のもとでの地方税収入の積算額となる。

　地方財政計画は中央政府の当初予算と同じ時期に策定されるけれども，予算と相違して基本的に年度途中で改訂されることがない。したがって，中央政府が補正予算を編成して収入見込みを改訂したところで，地方財政計画の地方税収入は修正されない。もっとも，地方税の税収見込みの積算については，中央政府の予算の税収見込みの積算の考え方に準じている。

　経済変動によって地方税収は，当初の見込み額と変わってくるので，その結果として財源不足や財源余剰が生まれる場合があるけれども，そうした場合には過不足額の一部について，減収を補填するための地方債の発行や，次年度での精算措置などの措置が，講じられるのが通例である。

3） 財源不足への対応方法

　地方交付税制度の運営において最も深刻な問題は，地方交付税所要額に対して，国税5税の法定率分である財源が不足していることにある。不足分の大半は，法定率の引き上げによるという法が定める原則によらず，結局のところ中央政府または地方自治体の借入金等で埋めてしまっている。こうした現象は，国家財政の運営において歳出額に対して，国税収入が極端に不足し，大量の赤字国債に頼って予算編成をしのいでいる構図の反映でもある。

　こうした財源不足への対応は，折半ルールと呼ばれる考え方に沿って行われている。具体的な方式は年度によって異なるけれども，中央政府が赤字国債の発行を始めた初期の段階である 1978（昭和 53）年度に，本格的に始まっている。

　中央政府は法定率を引き上げる代わりに，赤字国債で財源を調達して，地方交付税財源を法定率分とは別に加算し，地方自治体は何らかの借入で当座の財源を調達する。地方自治体が借入で調達した財源の償還は，将来の地方交付税財源で措置するとした。このように，財源不足額を中央政府と地方自治体で折半して引き受けることをルール化して，地方交付税法の附則に書き込んで対応している。

　地方自治体が財源不足を解消する方法には，投資的経費に対して地方債の充当率を通常よりも引き上げて，一般財源所要額を少なくするための地方債である財源対策債を発行することがある。近年では通常分に財源対策債分を含めた地方債の充当率は，おおむね9割かそれ以上の水準になっている。

　さらにそれでも財源が不足する場合には，折半ルールが適用されるが，かつては国の特別会計である交付税特別会計の借入でしのいでいたけれども，2001（平成 13）年度からは，地方債における建設公債主義の例外である臨時財政対策債で充当されている。こうした交付税財源不足への対応の仕組みは，図 5-2 のように示される。

　財源対策債も臨時財政対策債も，地方自治体の借入金には違いないけれども，後年度の償還の際の償還財源は，地方交付税の基準財政需要額に算入される。さらに，過去に発行した臨時財政対策債にかかる元利償還金相当額の財源不足額は，折半対象に含めずに，臨時財政対策債で対応することとされている。それを折半対象分に含めると，累積ベースでみて「折半」にならないというのが，その理由である。臨時財政対策債が解消されるためには，地方交付税の財源が

図 5-2　交付税財源の不足に対応するための折半ルールの考え方

（地方財政の逼迫や小規模団体への配慮等から，地方財源を加算し，相応する歳出を地方財政計画に計上）

（国の制度改正にともなう財政需要の増額等に対応して，交付税財源を国税5税収入とは別に加算するもの。地方交付税法の附則に財源手当の所要額等が書き込まれている）

（一般会計加算は，法定加算・臨財加算のどちらであっても，現在の国税収入の状況では結果的には国が赤字国債で財源手当されることとなる）

別枠加算

財源不足額

一般会計加算
（既往法定分等法定加算と呼ばれる）

国負担分（2分の1）

一般会計加算
（臨時財政対策分臨財加算と呼ばれる）

いわゆる折半対象分

財源対策債

（投資的経費を充当する地方債の割合を高めるために発行され，その元利償還金は50％分が，後年度の基準財政需要額に発行実績に応じて算入され，残りの50％分も，基準財政需要額の単位費用に追加される）

地方負担分（2分の1）

臨時財政対策債

臨時財政対策債

臨時財政対策債合計

（過去に発行した臨時財政対策債にかかる元利償還金相当額の財源不足額は臨時財政対策債で対応することとされている。それを折半対象分に含めると，累積ベースでみると「折半」にならないという理由から。そのほか，いわゆる決算乖離是正に対応する一般財源分の一定割合については臨時財政対策債で対応することとされている）

充実され，最低でも財源対策債分で対応できる範囲にまで，財源不足額が圧縮されなければならないのである。

第6章

地方交付税の算定

1. 地方交付税の算定方法

1) 普通交付税の仕組み

　地方交付税制度の仕組みは，地方財政計画の策定と財源不足の解消ルールを中心とする総額決定と，個別の地方自治体への配分方法に二分される。前者をマクロ，後者をミクロと呼ぶことがある。前章のマクロの総額決定に引き続き，本章ではミクロの個々の地方自治体への配分を取り上げる。

　地方交付税は総額の94％が普通交付税，6％が特別交付税として配分される。地方交付税の大宗である普通交付税の仕組みの概要は，図6-1のように示される。普通交付税は，基準財政需要額と基準財政収入額との差額として算定される。たとえば，ある地方自治体の基準財政需要額が100億円で，その地方自治体の標準的な税制のもとで収入が見込まれる標準税収入が80億円であるとする。そうすると，基準財政収入額は標準税収入の75％と算定されるので，60億円となる。そこで普通交付税は40億円となる。

　標準税収入のうち基準財政収入額に含まれない部分は，法律用語ではないが，留保財源と呼ばれている。したがって，その地方自治体の一般財源の総額は，

　　　　普通交付税＋標準税収入＝基準財政需要額＋留保財源

となり，この一般財源総額は標準財政規模とも呼ばれている。

図6-1　普通交付税の概要

普通交付税の額の決定方法

各団体ごとの普通交付税額＝（基準財政需要額－基準財政収入額）＝財源不足額

基準財政需要額＝単位費用（法定）×測定単位（国勢調査人口等）
　　　　　　　　×補正係数（寒冷補正等）

基準財政収入額＝標準的税収入見込額×基準税率（75%）

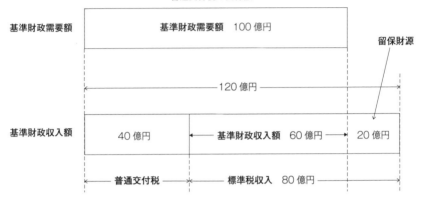

出所）　総務省資料から一部加筆。

　図6-1では臨時財政対策債は捨象しているが，標準財政規模には臨時財政対策債発行可能額が含まれる。普通交付税の算定にあたっても，臨時財政対策債分も含めて普通交付税が確保されるとして，基準財政需要額の算定を行い，その後に臨時財政対策債分だけを割り落とす方法がとられる。

　それぞれの地方自治体に臨時財政対策債の発行可能額を配分する際にも，財源不足額を算定し，臨時財政対策債に振り替える前の時点で，基準財政収入額が基準財政需要額を上回る不交付団体には，発行可能額は割り当てられない。臨時財政対策債は償還時の基準財政需要額に，元利償還金相当額が理論償還ベースで算入されるけれども，不交付団体には普通交付税の増額にならないので，臨時財政対策債を発行すると，単に負担を先送りする赤字債となってしまう。制度の発足当初は，不交付団体にも臨時財政対策債の発行可能額が配分されていた。しかし，2012（平成24）年度から配分されないように改められたのである。

　基準財政需要額の算定は，地方交付税法で定められている単位費用に，国勢調査人口などの客観性のある指標などから選ばれる測定単位と，それを補正す

る補正係数を乗じて計算される。基準財政需要額は地方自治体の財政需要を合理的に測定するものであり，地方自治体の予算のように個別の事情や判断に基づくものではなく，自然的・地理的・社会的諸条件に対応する合理的で妥当な水準における財政需要として算定されることになっている。

　基準財政需要額の総額と内容は，地方財政計画に基づいており，基準財政需要額の規模の根拠は，地方財政計画の歳出だけでなく，第2節以降で述べるように歳入の項目にもよっている。しかも，地方財政計画は中央政府の予算との整合性が保たれるため，基準財政需要額は国家財政との関連において，地方財政の基本的な指針と標準的な姿を示しているといえる。

　基準財政需要額は一般財源ベースで算定されている。つまり，地方自治体の財源としては，国庫支出金，地方債，使用料手数料などの特定財源は除いている。それは基準財政需要額として算定する財政需要が，普通税収入で賄うべき性格をもつ財政需要を意味する。というのも，地方交付税の目的は地方交付税法の第1条で示された「地方行政の計画的な運営を保障することによつて，地方自治の本旨の実現に資するとともに，地方団体の独立性を強化する」ことを達成しつつ，第3条の規定にあるように，「国は，交付税の交付に当つては，地方自治の本旨を尊重し，条件をつけ，又はその使途を制限してはならない」という要件を達成することにあるからである。

2) 単位費用と補正係数

　基準財政需要額の算定では，都道府県と市町村の行政内容を費目ごとに区分する。都道府県にあっては警察費，道路橋りょう費，河川費，港湾費，小学校費，中学校費，高等学校費，生活保護費，社会福祉費，農業行政費，商工行政費などの個別算定経費24項目と包括算定経費に区分している。市町村にあっては消防費，道路橋りょう費，都市計画費，小学校費，中学校費，社会福祉費，農業行政費などの個別算定経費24項目と包括算定経費に分類している。

　このように配分した項目ごとに，前述のように測定単位と単位費用を設定して，それぞれを乗じる。測定単位は項目ごとの財政需要を的確に把握するための尺度であり，単位費用とは測定単位ごとの単価である。これに地方自治体ごとの自然的・社会的・制度的条件の差異を勘案するために，測定単位に補正係数を乗じることになる。つまり，基準財政需要額は，

$$基準財政需要額 = 単位費用 \times 測定単位 \times 補正係数$$

という算式で算定されることになる。

　図6-2は，具体例として，小学校の運営に経費の普通交付税における基準財政需要額への算定のイメージを示したものである。義務教育にかかる教職員は都道府県の公務員であり，その人件費は都道府県の基準財政需要額として算定される。2014（平成26）年度における単位費用を算定するにあたって，人口170万人とする都道府県の標準における学校数を414校と見込み，義務教育の教職員定数を定める「公立義務教育諸学校の学級編制及び教職員定数の標準に関する法律」（いわゆる標準法）に基づけば，教職員数は6464人となる。さらに指導主事や休職・産休者も含めて，教職員数を6536人と想定している。そのうえで単位費用は，次のように算定される。まず，教職員6536人の給料等や手当，外部人材活用事業やスクールカウンセラー活用事業にかかる報酬等，旅費を合計し，そこから義務教育費国庫負担金とスクールカウンセラー活用事業と補習等のための指導員等派遣事業にかかる補助金を除いた一般財源を求める。次いで，それを標準法に基づく教職員数6464人で除したものとして，単位費用を算定する。

　人件費にかかわる補正係数には，地域手当の地域差を反映させるための普通態容補正，教職員の年齢構成差等に基づく給与水準の差を反映させるための経常態容補正，寒冷地手当の有無や程度を反映させる寒冷補正がある。こうした補正を係数のうち，普通態容補正係数と寒冷補正係数は乗じるが，経常態容補正は補正係数の扱いとしては，例外的に加算する。

　小学校教職員の人件費が，都道府県の基準財政需要となるのに対して，小学校費の運営経費は，市町村の基準財政需要となる。この市町村の小学校運営費は児童数，学級数，学校数のそれぞれを測定単位とする経費に区分している。児童経費は給食従事員人件費・給食委託料・印刷製本費・光熱水料・要保護および準要保護児童関係経費等からなり，遠距離通学児童の通学対策の実施の調整，要保護および準要保護児童の多寡の調整，地域手当の地域区分に応じた調整，寒冷地手当の有無や程度への調整のための補正を行っている。学級経費は事務職員人件費・建物等維持修繕費・教材用図書および備品・学校図書館図書・教育用コンピュータ等からなり，地域手当の地域区分に応じた調整，寒冷

図6-2　小学校の運営に関する財政需要

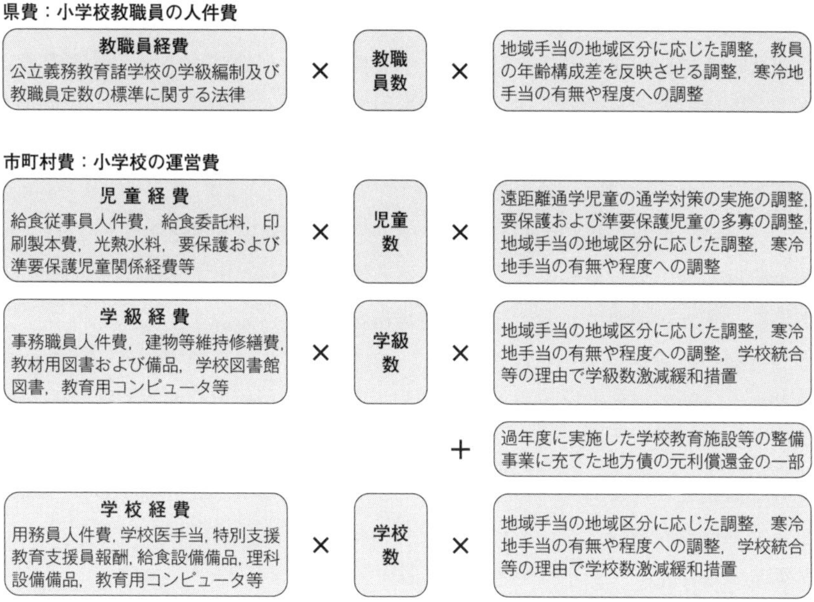

県費：小学校教職員の人件費

教職員経費 公立義務教育諸学校の学級編制及び教職員定数の標準に関する法律	×	教職員数	×	地域手当の地域区分に応じた調整，教員の年齢構成差を反映させる調整，寒冷地手当の有無や程度への調整

市町村費：小学校の運営費

児童経費 給食従事員人件費，給食委託料，印刷製本費，光熱水料，要保護および準要保護児童関係経費等	×	児童数	×	遠距離通学児童の通学対策の実施の調整，要保護および準要保護児童の多寡の調整，地域手当の地域区分に応じた調整，寒冷地手当の有無や程度への調整
学級経費 事務職員人件費，建物等維持修繕費，教材用図書および備品，学校図書館図書，教育用コンピュータ等	×	学級数	×	地域手当の地域区分に応じた調整，寒冷地手当の有無や程度への調整，学校統合等の理由で学級数激減緩和措置

＋　| 過年度に実施した学校教育施設等の整備事業に充てた地方債の元利償還金の一部 |

学校経費 用務員人件費，学校医手当，特別支援教育支援員報酬，給食設備備品，理科設備備品，教育用コンピュータ等	×	学校数	×	地域手当の地域区分に応じた調整，寒冷地手当の有無や程度への調整，学校統合等の理由で学校数激減緩和措置

地手当の有無や程度への調整，学校統合等の理由で学級数激減緩和措置のための補正と，過年度に実施した学校教育施設等の整備事業に充てた，地方債の元利償還金の一部を反映させるための補正を行っている。さらに，学校経費は用務員人件費・学校医手当・特別支援教育支援員報酬・給食設備備品・理科設備備品・教育用コンピュータ等からなり，地域手当の地域区分に応じた調整，寒冷地手当の有無や程度への調整，学校統合等の理由で学校数激減緩和措置の補正を行っている。以上のように基準財政需要の具体的な算定方法をみてくると，標準的行政運営を執行するための財源を，可能な限り客観的に算定しようとする方式であることが理解できる。

　小学校の人件費は，義務教育費国庫負担金の対象となる補助事業であり，教職員配置も標準法で規定されている。そこで，標準法に基づいて教職員配置をしたものとして，休職や産休が一定程度生じることを見込み，単価，つまり単位費用を計算したうえで，測定単位で標準法に基づく職員数を算定することによって，財政需要を客観的に確定しようとしている。

市町村費の小学校の運営経費も，標準的な学校運営経費を想定して財政需要が算定されている。前述のように教職員の人件費は，義務教育費国庫負担金の対象となる補助事業であるのに対し，小学校の運営経費は大半が，単独事業である。とはいえ，小学校の運営は市町村が当然行うべき事業として，義務付けがきわめて強い事業である。単独事業であっても，財源を中央政府が丁寧に保障する必要のある好例であるといえる。

　学級経費の積算根拠のなかに，学校図書の図書購入費が含まれているが，ある市町村について，基準財政需要額の図書費の算定額よりも実績が下回っている場合，それが問題であるように指摘されることがある。しかし，そのような批判は制度の趣旨に適うものではない。学級経費として見込まれている教材等の財源を，図書費以外に支弁する裁量権は，教育の現場の判断として認められているからである。すなわち，基準財政需要額の算定では，標準的な経費として財政需要を算定する反面で，あくまでも地方交付税は一般財源である。だからこそ地方交付税法で，「条件をつけ，又はその使途を制限してはならない」と規定することで，裁量権を認めているのである。

　表6-1には算定項目ごとの測定単位を示してある。測定単位は財政需要を客観的に測定するために，最もふさわしいと考えられる客観的な指標が選択されなければならない。さらに，表6-2には主要な補正係数をあげている。補正係数を設ける趣旨は，地方自治体ごとの行政経費に，自然的・地理的・社会的諸条件の違いによって大きな差異が生じるため，それを反映させることにある。具体的には人口の規模や人口の密度，都市化の程度，気象条件の違いなどのほか，地方自治体の規模等に応じて法令によって義務付けられている事務が異なることを反映させる必要がある。補正係数は多いほど，的確に地方自治体ごとの個別事情を反映させて，より確実に財政需要を捕捉できる。その一方で，算定式が複雑になるので，適用される補正係数の種類には限度がある。しかも，補正係数を適用する際には，その影響が顕著であって，特定の団体だけに生じるのではなく，普遍的なものであって，その影響を客観的な資料で係数化できるものに限られる。

　図6-3は段階補正の例を示している。段階補正は人口規模が大きくなるほど測定単位当たりの費用等が下がるという意味で，一種の規模の経済性を表す補正係数である。補正係数は標準団体では定義上，1に設定されるのが普通であ

表 6-1　算定項目と測定単位（2014〔平成 26〕年度）

道府県分

1. 個別算定経費

項　目		測定単位
警察費		警察職員数
土木費	道路橋りょう費	道路の面積 道路の延長
	河川費	河川の延長
	港湾費	係留施設の延長（港湾） 外郭施設の延長（港湾） 係留施設の延長（漁港） 外郭施設の延長（漁港）
	その他の土木費	人　口
教育費	小学校費	教職員数
	中学校費	教職員数
	高等学校費	教職員数 生徒数
	特別支援学校費	教職員数 学級数
	その他の教育費	人　口 公立大学校学生数 私立学校等生徒数
厚生労働費	生活保護費	町村部人口
	社会福祉費	人　口
	衛生費	人　口
	高齢者保健福祉費	65 歳以上人口 75 歳以上人口
	労働費	人　口
産業経済費	農業行政費	農家数
	林野行政費	公有以外の林野の面積 公有林野の面積
	水産行政費	水産業者数
	商工行政費	人　口
総務費	徴税費	世帯数
	恩給費	恩給受給権者数
	地域振興費	人　口
地域経済・雇用対策費		人　口
地域の元気づくり推進費		人　口
地域の元気創造事業費		人　口

2. 包括算定経費

測定単位	人　口 面　積

市町村分

1. 個別算定経費

項　目		測定単位
消防費		人　口
土木費	道路橋りょう費	道路の面積 道路の延長
	港湾費	係留施設の延長（港湾） 外郭施設の延長（港湾） 係留施設の延長（漁港） 外郭施設の延長（漁港）
	都市計画費	都市計画区域の人口
	公園費	人　口 都市公園の面積
	下水道費	人　口
	その他の土木費	
教育費	小学校費	児童数 学級数 学校数
	中学校費	生徒数 学級数 学校数
	高等学校費	教職員数 生徒数
	その他の教育費	人　口 幼稚園の幼児数
厚生費	生活保護費	市部人口
	社会福祉費	人　口
	保健衛生費	人　口
	高齢者保健福祉費	65 歳以上人口 75 歳以上人口
	清掃費	
産業経済費	農業行政費	農家数
	林野水産行政費	林業および水産業の従業者数
	商工行政費	人　口
総務費	徴税費	世帯数
	戸籍住民基本台帳費	戸籍数 世帯数
	地域振興費	人　口 面　積
地域経済・雇用対策費		人　口
地域の元気づくり推進費		人　口
地域の元気創造事業費		人　口

2. 包括算定経費

測定単位	人　口 面　積

出所）　総務省資料から一部省略して引用。

表6-2　主な補正係数

種　別	内　容	例
種別補正	測定単位に種別があり，種別ごとの単位当たり費用に差があるものについて，その種別ごとの単位当たり費用の差に応じ当該測定単位の数値を補正するもの。 　例　港湾費（係留施設の延長）にあっては，港湾の種別（特定重要港湾，重要港湾，地方港湾）によって，係留施設１m当たりの維持管理経費等による経費が異なる。	港湾費 （港湾の種別による経費の差）
段階補正	人口なり面積なり，地方団体の測定単位が増加（減少）するに従い，行政経費が増加（減少）するが，人口（測定単位）が２倍になったからといって，経費が２倍になるとは限らない。 　地方団体は，その規模の大小にかかわらず，一定の組織をもつ必要があり，また，行政事務は一般的に「規模の経済」，いわゆるスケールメリットが働き，規模が大きくなるほど，測定単位当たりの経費が割安になる傾向がある。 　この経費の差を反映させているのが，段階補正である。	包括算定経費 （人口規模による段階ごとの経費の差）
密度補正	人口密度の大小に応じて，行政経費が割高，割安になる状況を反映させるための補正。 　人口規模が同じであっても，人口密度が希薄になるに従い（面積が大きくなるに従い），交通などの関係で行政経費が割高になる。また，人口密度以外にも道路の面積当たりの自動車交通量の多少（これが密度）で，道路維持補修費が多く必要となる。 　このような「密度」のほかに，特定の経費を実態に応じて基準財政需要額に算入するために，その経費の多少を示す指標を「密度」として，補正を行っているものもある。	①消防費 （人口密度〔面積〕に応じた経費の差） ②社会福祉費 （保育所入所運営経費の差）
態容補正	地方団体の都市化の程度，法令上の行政権能，公共施設の整備状況等，地方団体の「態容」に応じて，財政需要が異なる状況を算定に反映しようとする補正である。 ①普通態様補正 ア　行政質量差によるもの 　「都市化の度合いによるもの」にあっては，全市町村を都市的形態の程度（人口集中地区人口，昼間流入・流出人口等の多寡等）に応じて20段階に区分し，大都市ほど行政需要が増加する経費（道路の維持管理費，ごみ処理経費等）について，割増しまたは割落としを行うものである。（「隔遠の度合いによるもの」と「農林業地域の度合いによるもの」については略） イ　給与差によるもの（略） ウ　行政権能差によるもの 　保健所は，普通，都道府県が設置しているが，政令で指定された都市においては，都道府県に代わって市が保健所を設置している。 　このような法令に基づく行政権能の差による経費の差を算定している。 ②経常態様補正 　①の普通態様補正のような級地区分等とは関係のない態様に基づく経常経費の差を算定するもの。 ③投資態様補正 ア　投資補正 　客観的な統計数値等を指標として地方団体ごとの投資的経費の必要度を測定し，これを財政需要額に反映しようとするものである。〈以下，説明略〉 イ　事業費補正（当該年度の事業量によるもの，元利償還金によるもの）からなる。 　地方団体の公共事業費の地方負担額等，実際の投資的経費の財政需要を反映するもの。	普通態様補正・行政質量差によるもの：消防費（消防力の水準の差） 普通態様補正・行政権能差によるもの：保健所設置市とその他の市との差） 経常態様補正：林野水産行政費（産業別所要一般財源の差） 投資態様補正・投資補正：道路橋りょう費（未整備延長比率，交通事故件数等による改築経費の必要度の差） 投資態様補正・事業費補正：道路橋りょう費（臨時地方道整備事業債元利償還金）

そのほか，「寒冷補正」「数値急増補正・数値急減補正」「合併補正」「財政力補正」がある。

出所）　総務省資料から一部省略して引用。

図6-3 補正係数のイメージ（段階補正の場合）

行政経費には一般的に規模の利益が働くので，人口規模が大きいほど
財政需要の伸びは逓減するものがある。それを段階補正で反映させる。

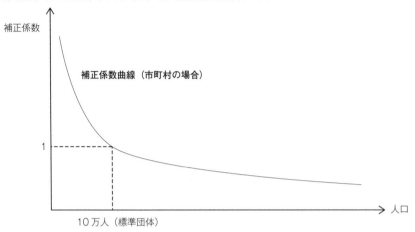

る。

単位費用とは，地方交付税法第2条の定義によると，「道府県又は市町村ご<u>とに，標準的条件を備えた地方団体が合理的，かつ，妥当な水準において地方行政を行う場合又は標準的な施設を維持する場合に要する経費を基準とし</u>(a)，<u>補助金，負担金，手数料，使用料，分担金その他これらに類する収入</u>(b)及び地<u>方税の収入のうち基準財政収入額に相当するもの以外のものを財源とすべき部分</u>(c)を除いて算定した各測定単位の単位当りの費用で，普通交付税の算定に用いる地方行政の種類ごとの経費の額を決定するために，測定単位の数値に乗ずべきものをいう」（一部省略，下線は筆者）とされている。

(a)はいわゆる標準的な行政サービスを提供するための経費を意味する。それを一般財源ベースに置き換えるために，(b)が示す特定財源を控除する必要があることになる。さらに，(c)の部分が差し引かれている。(c)で指摘する地方税収入のうち基準財政収入額に含まれないものとは，いわゆる不交付団体水準超経費見合いの地方税と地方税収の25％分にあたる留保財源（両者には重複があることに注意），あるいは都市計画税等の特定財源を指している。そのなかで最も重視すべきは留保財源である。

こうした定義によれば，単位費用とは，一般財源ベースに換算した標準的経

費のうち，留保財源等で対応すべき部分を除いた経費における測定単位当たりの単価であることを意味する。したがって，基準財政需要額とは，標準的な行政サービスを提供するために必要とされる財源を，配分するのに設けられた普通交付税の配分基準ではあるけれども，基準財政需要額そのものが標準的経費であると，理解することは適当ではない。一般財源総額がおおむね「基準財政需要額＋留保財源」であるという算式を想起しても，一般財源ベースでみた標準的経費とは，基準財政需要額に加え，そこに含まれなかった留保財源対応分の財政需要を指しているということが理解できる。この点はとくに誤解されやすいところであり，十分な注意を要する。

3) 基準財政収入額の考え方

　基準財政需要額と同様に，基準財政収入額についても，地方自治体の収入を客観的かつ合理的に見積もる必要がある。一般財源ベースであることから，目的税は含まない。標準的な租税制度に基づくという原則から，実際には標準税率以外の税率を採用していたとしても，標準税率を適用していると想定する（超過課税分は実績から除かれ，独自減税分は実績分に加算される）。法定外税を課税していたとしても，その税収は考慮されない。つまり，超過課税や法定外税の導入による税収増分は，地方交付税の減額で相殺されることはなく，税収拡大の課税努力が損なわれることはない。さらに，徴収率についても，理論的な捕捉徴収率をもとに算定されるので，税収の徴収努力を削ぐことがないように配慮されている。

　逆にいえば，法定普通税はすべてが算定対象となる。さらに，地方譲与税等も目的財源となっているものを含め，原則としてすべてが対象となる。市町村税では，都市整備のための目的財源である事業所税が算定対象となっている。目的財源とはいえ，使途が包括的だという性格からである。

　基準財政収入額の算定にも，基準財政需要額と同様の意味で，客観性が求められる。そこで，基準財政収入額の算定に使用する租税（課税）客体さらには課税標準については，国税統計や各省庁の調査・統計など信用性の高いものを用いる。さらには課税実績や，交付または譲与実績に基づいて算定する場合もある。こうした基準財政収入額を客観的に算定するための考え方は，表6-3のように整理することができる。

表6-3 基準財政収入額の算定の基礎

区　　分	類　型　例
	税目（算定の基礎）〈一部のみ〉
関係官庁等が調査した課税客体の数量等を用いるもの 　客観的に課税客体の数量等が把握できるものについては，当該数量に標準的な単位当たりの税額を乗じることにより，あるべき税収入を算定できる。	均等割・所得割・配当割・株式等譲渡所得割・個人事業税（前年度の納税義務者数等） 固定資産税〈土地・家屋〉（土地の地目ごとの1㎡当たりの平均価格およびその地積・家屋の1㎡当たりの平均価格および床面積） 自動車税種別割・軽自動車税種別割（当該団体の区域内にて定置場を有する自動車の台数）
課税実績を用いるもの 　税目の性質上，地方団体の課税努力に左右されないもの等については，課税実績を基礎にして算定することとしている。	所得割のうち分離譲渡所得分・固定資産税〈償却資産〉（当該年度の当初調定額） 法人税割・利子割・法人事業税・地方消費税・不動産取得税・鉱産税・事業所税（前年度課税標準等の額） たばこ税（前年度の課税標準等の額）
交付または譲与の実績を用いるもの 　国税等が一定水準であって，地方団体の徴収努力に無関係なものについては，前年度または当該年度に交付または譲与された額を基礎に算定できる。	特別法人事業譲与税・地方揮発油譲与税・石油ガス譲与税・特別とん譲与税・自動車重量譲与税・航空機燃料譲与税（前年度の譲与額） 利子割交付金・地方消費税交付金・配当割交付金・株式等譲与所得割交付金・自動車環境性能割交付金・軽自動車環境性能割交付金・軽油引取税交付金・交通安全対策特別交付金（前年度の交付額）

　表6-3では，住民税（法人税割や所得割のうち分離譲渡所得分を除く）や固定資産税（土地・家屋），自動車関係税等は，「関係官庁等が設置した課税客体の数量等を用いるもの」とされている。つまり，それによって客観的に課税客体の数量等が把握できるので，その数量に標準的な単位当たりの税額を乗じれば，あるべき税収入を算定することができるからである。これに対して住民税の法人税割や，所得割のうちの分離譲渡所得分，法人事業税，地方消費税等については，課税実績を基礎にして算定される。というのも，こうした租税はいずれも，地方自治体の課税努力によって，税収が左右されないからである。さらに，特別法人事業譲与税や地方揮発油譲与税等の地方譲与税関係と，各種交付金については，前年度または当該年度に，交付または譲与された額を基礎に算定される。これらの収入も，地方自治体の徴収努力とは無関係だからである。

　標準税率に基づく地方税収入額に対して，基準税率（75％）を乗じて基準財政収入額が算定される。基準財政収入額に算入されない地方税収入額等が，留保財源である。

　留保財源を設けるには，2つの意味がある。第1は，地方自治体の財政運営の自主性を尊重するためである。第2は，財政需要のなかで，客観的に計測で

きる部分とできない部分があり，できるものについては基準財政需要額の算定で捕捉し，残りを地方税収の一定割合で対応すべきものとして割り切ることにしたためである。この留保財源の考え方は，シャウプ勧告にはなく，地方財政平衡交付金の制度設計の際に，日本側が連合国軍総司令部に対して提案し，認められて法制度化され，地方交付税でも引き継いだという経緯がある。

　基準税率は地方財政平衡交付金の時代には都道府県，市町村とともに70％となり，1953（昭和28）年度には義務教育費国庫負担金の復活にともない，財源保障の範囲を高めるために，都道府県のみ80％とした。1954（昭和29）年度に地方交付税への転換時に，同じ基準税率を引き継いでいる。その後，1964（昭和39）年度に税源の偏在化傾向の是正と，清掃費や都市計画費等の都市的経費の算定の充実のために，市町村分を75％とした。2003（平成15）年度には税収確保のインセンティブの強化や財源保障範囲の縮小により，自らの責任と財源で対応すべき部分を拡大させる意図で道府県分を75％にしたことで，道府県も市町村も75％となっている。

　標準的な経費に要する財源が，基準財政需要額と留保財源との合計として算定されることに表れているように，留保財源の存在意義は，地方自治体の税源格差を完全には是正しないことである。留保財源率が大きくなれば，地方自治体間の財源格差は大きくなる。三位一体改革では，国税から地方税への3兆円の税源移譲が行われた。留保財源率を変えなければ，留保財源が基準財政需要額の総額の2％に近い7500億円増えることになる。その結果，格差拡大効果は無視できないほどの規模になるという判断から，税源移譲分は基準税率を100％として全額を基準財政収入額に算入することで対応した。そうしなければ，税収に恵まれない団体にとって，財源総額の確保が難しくなり，財政力格差が広がる懸念があるからである。三位一体改革は財源面での地方分権推進のために自主財源の拡大をめざしたもので，格差拡大を意図していないことから妥当な措置である。同様に，地方消費税率の税率を5％から8％を経て10％に引き上げる際にも，引き上げ分は全額を基準財政収入額に算入している。消費税収の増収分が留保財源に回らず，着実に基準財政需要額の伸長につながることで，社会保障給付の増額に対する財源保障ができるようにするためである。

2. 地方交付税における財源配分の考え方

1) マクロとミクロの関係から導かれる標準的経費

　図5-1では地方交付税のマクロの総額決定の仕組みを，図6-1では個別自治体へのミクロの普通交付税の配分の仕組みをそれぞれ示した。マクロとミクロとの間には当然，整合性がなければならない。そこで2つの図を統合したものが図6-4である。

　図6-4は左から右に流れていて，地方財政計画の歳入が，基準財政収入額と普通交付税の額を決定し，その結果として基準財政需要額が決まっていくことを示している。直観的には地方財政計画の歳出が基準財政需要額を決めると理解しがちだが，基準財政需要額は地方財政計画の歳入の規模と内訳によって決まることに，とくに注意をしておく必要がある。ただし，地方財政計画の歳入と歳出は同額であるので，基準財政需要額が地方財政計画の歳入に依存するとしても，地方財政計画の歳出とは無関係ではない。

　基準財政需要額が標準的な経費を表すという解釈は，ミスリーディングであ

図6-4　地方財政計画と基準財政需要額の関係

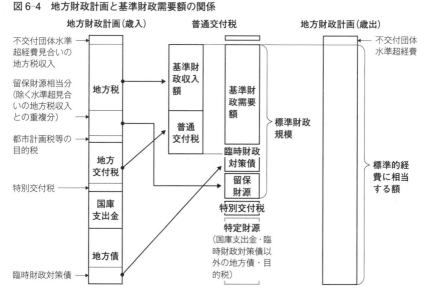

図6-5　地方財政計画（通常収支分）の歳出の分析

地方財政計画（2020〔令和2〕年度）【90兆7,397億円】

（単位：億円）

区分	内訳	費目	金額	備考
給与関係経費 202,876	補助 56,017	国費	15,461	小中学校教職員等
		地方費	40,556	
	地方単独 146,859	地方費	50,535	地方警察官 21,521／消防職員 12,514／高校教職員 16,500
		地方費	96,324	児童福祉司，ケースワーカー，公立保育所保育士等の福祉関係職員 等
一般行政経費 403,717	補助 227,126	国費	100,974	生活保護，介護保険（老人ホーム、ホームヘルパー等），後期高齢者医療，障害者自立支援 等
		地方費	126,152	
	地方単独 147,510	国の事業団等への出資金等	1,541	警察・消防の運営費，ごみ処理，道路・河川・公園等の維持管理費，予防接種，乳幼児健診，義務教育諸学校運営費，私学助成，戸籍・住民基本台帳 など
		地方費	145,969	
	国保・後期高齢者 14,881	地方費		都道府県繰入金，保険基盤安定制度（保険料軽減分），国保財政安定化支援事業等
	まち・ひと・しごと創生事業費 10,000	地方費		
	地域社会再生事業費 4,200	地方費		
投資的経費 127,614	直轄・補助（公共事業等）66,477	直轄事業負担金	6,425	清掃，農林水産業，道路橋りょう，河川海岸，都市計画，公立高校 など
		国費	31,087	（注）小・中学校，ごみ処理施設，社会福祉施設，道路等の事業で，いわゆる国庫補助事業の継ぎ足し単独や補助事業を補完する事業等，国庫補助と密接に関係する事業も含まれる。
		地方費	28,965	
	地方単独 61,137	地方費		
公債費 116,979		地方費		
公営企業繰出金 24,942		企業債の元利償還に係るもの	15,138	上下水道，病院（高度医療等）等
		上記以外	9,804	
その他 31,269		地方費		

出所）　総務省資料。

る。地方財政計画の歳入に依存して決まることからも明らかである。標準的な経費は，地方財政計画の歳出のうち不交付団体水準超経費（不交付団体は基準財政収入額が基準財政需要額を超えるが，その財源超過額にかかる地方税収入が充当される経費を意味する）を除いた部分と考えるべきである。その際の標準という意味は，ナショナル・ミニマムといった意味ではない。法令等で義務付けられている行政事務や，国が計画した投資的経費を執行すると同時に，地方自治体としてふさわしい規模の単独事業を実施し，それらの執行を可能にする職員等の人件費の支弁などに必要とされる財源の総額という意味である。

図6-5は地方財政計画の歳出に含まれる主な経費を示している。網掛け部分で示した法令による義務付け等がある部分が相当大きく，金額でみると8割以上ある。不交付団体水準超経費を除く地方財政計画の歳出のうち，臨時財政対策債振替前における基準財政需要額は，特定財源，特別交付税，留保財源で賄う財政需要を除いたものということになる。特別交付税で賄う財政需要は，多くの地方自治体で，普遍的に生じない財政需要と整理することができる。この特別交付税で賄う財政需要も，標準的な経費以外に区分すれば，一般財源ベースでみた標準的経費は，基準財政需要額（臨時財政対策債振替前）ではなく，それに留保財源を加えたものということになる。こうした標準的経費は，実質公債費比率の算定などで用いられる財政指標である標準財政規模に一致することになる。

地方交付税の機能は，標準的な行政運営ができるように財源保障をされることであると説明される。しかし，それは基準財政需要額が標準的な行政運営に必要となる一般財源に一致することを意味しない。

たとえば，基準財政需要額が同額でたとえば1000である2つの団体があるとして，団体Aの財政力指数（基準財政収入額を基準財政需要額で除したもの，実際にはその3カ年平均値）が0.9，団体Bの財政力指数が0.1であるとすると，地方譲与税等を無視すると，団体Aの普通交付税は100，基準財政収入額は900であるので，標準税収入は1200（＝900/0.75）となり，標準財政規模は1300となる，一方，団体Bの標準財政規模は1033.3（＝900＋100/0.75）にとどまるので，団体Aは団体Bに比べて1.26倍（＝1300/1033.3）の財源をもつことになる。

このように普通交付税による財源保障は，留保財源を設けたことで，地方税

収の格差に由来する格差を完全に是正するのではなく，一定の幅で許容する。すなわち，地方税収が豊かどうかで，標準的な行政水準に一定の違いがあってよいとみなしている。基準財政需要額に義務づけの強い経費を優先的に算入することで，最低限のサービスは地方税収に乏しくてもできるようにされている。なお，災害復旧費などの基準財政需要額の対象外である特別な財政需要について，特別交付税によって，少なくとも一部の財源が確保されることも，地方交付税が標準的な行政運営を可能にすると説明される理由である。

2) 衡平な配分の対象

　地方交付税を通じることで，地方自治体ごとの事務配分や人口規模，あるいは税収格差の違いを反映しながら，地方自治体間でバランスよく財源が配分されなければならない。地方交付税法第3条は，運営の基本として「総務大臣は，常に各地方団体の財政状況の的確な把握に努め，地方交付税の総額を，この法律の定めるところにより，財政需要額が財政収入額をこえる地方団体に対し，衡平にその超過額を補てんすることを目途として交付しなければならない」（一部省略）としている。

　しかし，地方交付税の衡平な配分を考えるうえで，配分すべき財源は，基準財政需要額のみを対象としているのではなく，留保財源を含めていることに注意しなければならない。基準財政需要に算入される額と，留保財源対応となる部分は，経費の性格によって区分されているとは限らず，想定されている事業費のなかの一部を留保財源対応として割り落としたうえで，基準財政需要額の単位費用を算定することが通常であることも重要なポイントである。

3) 地方財政計画の歳出項目別にみた財源充当のイメージ

　地方財政計画における歳入と歳出との充当関係を示したのが，図6-6である。1段目に地方財政計画の歳入を，3段目に地方財政計画の歳出が示してある。中間の2段目は，地方財政計画の歳入と歳出の充当関係を明らかにするために，1段目の地方財政計画の歳入を再構成してある。

　2段目では，地方特定財源として国庫支出金，地方債（臨時財政対策債を除く），一般財源として基準財政需要額，留保財源，不交付団体の財源超過額の計5つの歳入項目に区分している。3段目の地方財政計画の歳出の各項目に対して，

図 6-6　地方財政計画の歳出への財源充当

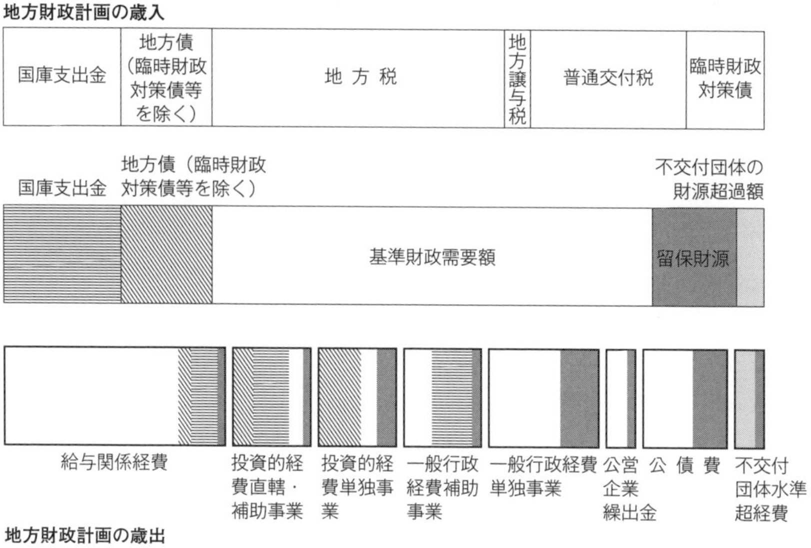

地方財政計画の歳入

国庫支出金	地方債（臨時財政対策債等を除く）	地　方　税	地方譲与税	普通交付税	臨時財政対策債

		基準財政需要額	留保財源	

国庫支出金　地方債（臨時財政対策債等を除く）　　基準財政需要額　留保財源　不交付団体の財源超過額

給与関係経費　投資的経費直轄・補助事業　投資的経費単独事業　一般行政経費補助事業　一般行政経費単独事業　公営企業繰出金　公債費　不交付団体水準超経費

地方財政計画の歳出

2 段目の 5 つの歳入項目を充当している。図 6-6 では，特別交付税は捨象しているが，特別交付税は歳出のほとんどの項目に充当されうる。不交付団体の財源超過額とは，不交付団体において，基準財政収入額が基準財政需要額を上回る部分を指している。留保財源と不交付団体の財源超過額は，地方税の内数である。さらに，不交付団体水準超経費見合いの財源とは，不交付団体の財源超過額に，それにかかる留保財源分を，加算したものである。

　地方自治法は第 232 条第 2 項（経費の支弁等）で，「法律又はこれに基づく政令により普通地方公共団体に対し事務の処理を義務付ける場合においては，国は，そのために要する経費の財源につき必要な措置を講じなければならない」としている。さらに地方財政法第 13 条（新たな事務にともなう財源措置）は，「地方公共団体又はその経費を地方公共団体が負担する国の機関が法律又は政令に基づいて新たな事務を行う義務を負う場合においては，国は，そのために要する財源について必要な措置を講じなければならない」としている。こうした規定は，マクロの意味で地方財政計画の歳出において，所要額を見積もって積み上げることを求めているといってよい。

　図 6-5 にみられるように，義務付けのある経費は，地方財政計画の歳出に積

算されている。とはいえ，逆は真ならずであって，義務付けがあるものだけで，地方財政計画の歳出が構成されているわけではない。地方自治体が担うことを，国民が期待しているものについては，自治権の充実という意味においても，一定の範囲で財源枠として確保される必要がある。ただし，ミクロの基準財政需要額の算定において，義務付けのある経費は，その全額が算入されているという意味では財源保障されているとは限らない。義務付けについては有無だけではなく，程度にも相違があり，住民生活に与える影響も，ミクロの算定にあたっては配慮すべき要因となる。すなわち義務付けの強い事業は，基準財政需要額に優先的に算入される。

　ミクロで可能な限り厳密な財源保障を求めているのは，国庫負担金の対象となる経費のうち地方自治体負担分，つまり補助金に対するいわゆる裏負担分として地方自治体が一般財源で充当すべき部分についてである。地方財政法第11条の2（地方公共団体が負担すべき経費の財政需要額への算入）は，国庫負担金の裏負担分について，「地方交付税法の定めるところにより地方公共団体に交付すべき地方交付税の額の算定に用いる財政需要額に算入するものとする」と定めている。同じ補助事業であっても，国庫補助金の裏負担についてはそこまでは求めていない。投資的経費については，一部に地方債が充当されるが，国庫負担金事業の場合には，地方財政法第11条の2の規定は，裏負担分だけでなく，それにかかる地方債の元利償還金についても，基準財政需要額に少なくとも一部は，何らかのかたちで算入することを求めている。

　歳出項目別にみると，給与関係経費には，退職手当分の地方債である退職手当債が充てられ，義務教育の教職員の給与には，義務教育費国庫負担金が充当される。ただし，給与関係経費は地方交付税の算定では，単独の算定項目となることはなく，事業費の一部を構成することが多い。図6-6では，給与関係経費の一部に留保財源が充てられている。

　投資的経費には直轄事業か補助事業か単独事業かにかかわらず，地方債を充当することができる。補助事業には国庫支出金が充てられる。一方，普通交付税の算定の考え方として，単独事業には留保財源が比較的多く充てられる。一般行政経費については，地方債が充てられないほかは，投資的経費と同じ考え方で，財源充当される。

　公債費は原則的に基準財政需要額に算入しない。ただし，とくに理由がある

場合には算入されることがあり，最近ではその割合は，趨勢として上昇してきている。公債費の基準財政需要額への算入の割合は，総務大臣告示によって明示されている。

　公営企業繰出金は地方自治体の一般会計から，財源を地方公営企業に繰り出して，その費用負担の一部を負担する。そのため地方財政計画の歳出における公営企業繰出金は，それぞれの地方公営企業ごとに定めている，繰出基準等に基づいて積算されている。図6-6では，公営企業繰出金にも，留保財源が充てられることになっている。それは基準財政需要額で，公営企業繰出金相当分として算定されている額が，繰出基準の一部にすぎないことを意味している。公営企業繰出金は，下水道事業を例にとると，下水道にかかる建設改良事業に対して，発行された公営企業債の元利償還金のうち，汚水のように原因者が特定できない雨水の処理にかかる部分等を対象としている。そのため公債費そのものではないが，公債費に準じるものとして，準公債費と呼ばれている。地方交付税の算定では，公債費の全額を基準財政需要額に算入しないのに準じて，準公債費についても全額算入とはならない。

　ところで，地方財政計画の歳出項目は，おおむね性質別分類に沿っている。一方で，基準財政需要額の算定項目は，表6-1に示したように，おおむね目的別分類によっている。地方財政計画では，地方財政の構造や経費の動向をみるうえで，性質別分類が合理的とされているのに対して，基準財政需要額の算定では，地方自治体の予算や決算と参照するうえで，予算形式における款項の区分に沿う目的別分類の方が，適当だと考えられているからである。

3. 地方交付税の算定に関する技術的課題

1) 地方税収の変動と単位費用の動き

　図6-7は図6-6を簡略化して再編成したものである。地方財政計画の一般財源ベースの歳出は，基準財政需要額と留保財源が充当される部分からなる，標準的行政サービスへの経費と，それを超える不交付団体水準超経費とから構成される。不交付団体水準超経費を除く，標準的行政サービスへの経費水準が一定だとした場合，地方税収入が変動すると，留保財源が変動することにともない，その影響を受けて，留保財源充当需要額も増大することと裏腹に，基準財

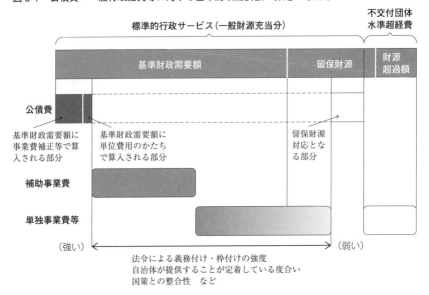

図6-7 公債費・一般行政経費等に対する基準財政需要額の算定の考え方

標準的行政サービス（一般財源充当分）

不交付団体
水準超経費

基準財政需要額 　　　留保財源 　　財源超過額

公債費

基準財政需要額に
事業費補正等で算
入される部分

基準財政需要額に
単位費用のかたち
で算入される部分

留保財源
対応とな
る部分

補助事業費

単独事業費等

（強い） 　　　　　　　　　　　　　　　　　　　　　　　　　　（弱い）

法令による義務付け・枠付けの強度
自治体が提供することが定着している度合い
国策との整合性　など

政需要額が圧縮されてしまう。

　その場合，地方財政計画の歳出項目で，留保財源が一部に充当される需要に
かかる単位費用も圧縮される。図6-7では簡略化して，補助事業には留保財源
が充当されずに，単独事業と公債費の一部にのみ充当されると想定してある。
留保財源が増加して，基準財政需要額との境界が変化すると，単独事業のうち
基準財政需要額に算入されていた部分を縮小することで，その影響が吸収され
ることになる。

　単独事業といえども，たとえば戸籍事務のように義務付けの強い事業もあれ
ば，反対に弱い事業もある。さらには私学助成のように，義務付けがなくとも
地方自治体として提供することが定着している事業もある。こうした義務付け
が強い単独事業，定着している単独事業，政策に優先度の高い単独事業などは，
図6-7では左側に位置するとしており，単独事業であっても，留保財源の増減
にともなう基準財政需要額への算入への影響は小さいといえる。

2)　単位費用の変化にともなう補正係数の調整

　留保財源が増加して，基準財政需要額が圧縮される場合に，単位費用の引き

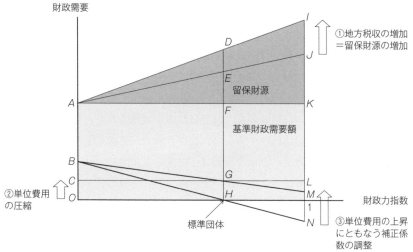

図6-8 留保財源が増加した場合の単位費用と補正係数の調整の考え方

下げだけで対応すると，すべての地方自治体の算定項目にかかる基準財政需要額を，比例的に減少させる効果がある。基準財政需要額に対する留保財源分の割合は，地方税収入に恵まれた地方自治体ほど大きく，恵まれない地方自治体ほど小さい。したがって，基準財政需要額の圧縮率が，すべての地方自治体で同じであれば，ミクロの個別団体でみると，基準財政需要額の減少を留保財源の増加で相殺できないことを意味する。

　地方交付税における衡平な財源配分は，基準財政需要額に留保財源充当分を加えた，標準的な経費に見合う財源である標準財政規模ベースでなければならないので，理想をいえば，個別団体ベースで，留保財源分の増加を基準財政需要額の減少で相殺して，標準財政規模が変動しないようにしなければならない。そこで，基準財政需要額の圧縮率を，税収が比較的豊かな地方自治体ほど大きくなるように，補正係数を使って調整する必要がある。

　そのイメージを示したのが，図6-8である。図6-8には，横軸に財政力指数を示してある。したがって，右方向ほど税収が豊かな地方自治体と考えてよい。縦軸には特定の財政需要を示している。財政需要のうち，一部は基準財政需要額に算入され，一部は留保財源対応とされ，留保財源の増減によって，基準財政需要額への算入割合が変わることを想定している。

普通交付税の算定における標準団体（市町村の場合には人口10万人の市を想定）は，図6-8のほぼ半ばに位置している。標準団体の財政需要にも，一部，留保財源が充てられている。ある年度の標準団体における財政需要は，EH であり，そのうち単位費用は FH，留保財源は EF としている。財政力指数が1の自治体の留保財源は，JK であり，財政力指数が0の団体の留保財源はない。

　図6-8では，簡略化のために，すべての地方自治体で測定単位は1であるとしている。それぞれの財政需要は，たとえば市街地整備のための経費のように，都市化が進んでいる自治体ほど測定単位当たり多くの財源を要するものを想定している。都市化の進展と財政力指数は，必ずしも相関しないが，一定の相関があるとした場合，財政力指数が高い自治体ほど，財政需要を割り増しする必要があるので，BN のように補正係数を適用している。標準団体には定義上，補正係数はかからないが，それより右方向は割り増し，左方向は割り落としをかけている。財政力指数1の自治体と，財政力指数0の自治体の財政需要は，それぞれ JN と AB である。

　次の年度に税収が増えて，留保財源が多く充当されることになったとして，当該財政需要の額が留保財源込みで，不変であるとする場合には，単位費用と補正係数は，次の考え方で調整されることになる。留保財源は AJ のように分布していたが，AI のように増加している。その場合，標準団体の留保財源は，DE だけ増加している。その場合，留保財源込みの財政需要が，従前と変化しないようにするためには，単位費用は GH だけ減少して，FG とならなければならない。財政力指数1の地方自治体では，留保財源が IJ だけ増える一方で，新しい単位費用のもとで留保財源込みの財政需要が不変であるためには，補正係数は先の BHN から BGM に変化しなければならない。

　こうして，補正係数の傾きは従前に比べて小さくなり，税収が大きい団体に対する割り増しの割合は小さくなっている。それは，留保財源の増加を相殺するように補正係数を調整した結果，税収の大きな団体の基準財政需要額を，相対的に大きく圧縮したことを意味する。

　実際の算定作業では，補正係数は財政力指数に応じてではなく，人口規模や面積などの測定単位に対して，設定されている。そのため補正係数の調整を通じて，図6-8のように留保財源の増減を，完全に吸収することはできない。とくに，基準財政需要額が時系列でみて，相対的に縮小している状況では，図

6-8のような算定は，方向性としてめざされるものの，算定の自由度が小さくなることで，個別団体ベースで標準財政規模に与える影響を生じないようにする算定の自由度は，現実的には制限されている。

3) 特別交付税の算定の考え方

特別交付税は，普通交付税の算定に反映できなかった特別な事情を考慮して交付される。とはいえ，特別交付税はあくまでも普通交付税を補完し，地方交付税制度の一部を形成している。そのため特別交付税の算定においても，客観性や合理性が求められると同時に，留保財源の大きさが勘案されなければならない。

特別交付税の額は，①基準財政需要額に捕捉されなかった特別の財政需要があること，②基準財政収入額に過大に算入された財政収入があること，③災害のための特別の財政需要があること，を考慮して決定される。普通交付税が，普遍的で，客観的かつ合理的に捕捉される財政需要を優先するのに対して，特別交付税はそれ以外の財政需要のうち，とくに捕捉すべきものとして算定される。

ところで，普通交付税の算定において，2007（平成19）年度から包括算定が導入された。算定方法の抜本的な簡素化を図り，地方交付税の予見可能性を高める観点から導入された，人口と面積を基本とした簡素な算定方法である。導入にあたっては，地方自治体の財政運営に支障が生じないように，変動額を最小限にとどめるよう制度が設計され，①「国の基準付けがない，あるいは弱い行政分野」（基準財政需要額の1割程度）の算定について導入，②人口規模や宅地，田畑等土地の利用形態による行政コスト差を反映，③算定項目の統合により「個別算定経費（従来型）」の項目数を3割削減，④離島，過疎など真に配慮が必要な地方団体に対応する仕組みを確保（「地域振興費」の創設）すること，とされた。

すなわち，算定の簡素化の視点から導入された包括算定は，いわばさまざまな地方自治体に共通する包括的な財政需要であり，従来の算定方式のなかで，包括算定に含められなかった個別算定分や，包括算定の創設の際にとくに配慮する必要があるという理由で切り離された地域振興費，そして特別交付税，あるいは留保財源には，おおむね一定の関係があるといえる。普遍的な財政需要

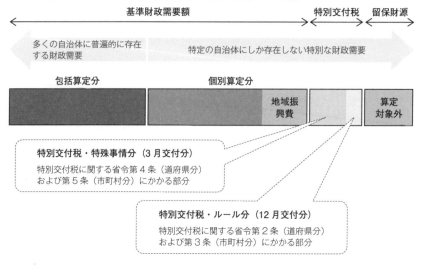

図6-9　普通交付税の包括算定・個別算定と特別交付税などの関係

を左に，特別な財政需要を右に示すとすれば，図6-9のような連続的に分布した関係であると整理できる。

　図6-9では，普通交付税の算定に用いられる基準財政需要額が左に，特別交付税が右に位置し，基準財政需要額のなかでも包括算定分が左，個別算定分を右に示している。個別算定分のなかで，地域振興費を最も右に置いているのは，地域振興費は特別交付税との境目にあるからである。2011（平成23）年度に特別交付税の割合を6％から4％に引き下げようとした際に，特別交付税からの振替分を，基準財政需要額の個別算定である地域振興費に含めるとした（結局，引き下げは見送られた）。特別交付税には，特殊事情分と呼ばれる3月交付分と，ルール分と呼ばれる12月交付分があり，普遍的な財政需要に近いのは，その性質上，3月交付分である。基準財政需要額でも特別交付税でも捕捉されない財政需要は，不交付団体水準超経費に含まれない限り，算定の対象外である留保財源対応となる。

　なお，普通交付税は基準財政需要額と基準財政収入額の差額であるが，特別交付税の場合には，財政需要と財政収入との差額というかたちこそとらないものの，同じ財政需要であれば，税収に恵まれた団体では，留保財源が大きいことから，算定上，割り落とし部分を大きくすることが妥当である。すなわち，

特別交付税で対応すべき財政需要であっても，留保財源が大きい団体は，一部分を留保財源で対応するとみなして，特別交付税が圧縮されることによって，普通交付税との整合性が図られる。

　なお，特別交付税の割合は，地方財政平衡交付金時代の 1950（昭和 25）年度と 51（昭和 26）年度には，総額の 10％とされていたが，52（昭和 27）年度に 8％にした。1954（昭和 29 年）の地方交付税への移行時に 1 年間だけ，普通交付税の総額が財源不足額の合計額に満たない場合には，8％分から 2％分を限度に減額できることとしたが，55（昭和 30）年度にはその規定を廃止している。1958（昭和 33）年度に 6％に引き下げた後は，長く変化がなかったが，2015（平成 27）年度に 5％，翌年度からは 4％にすることとされたが，災害対策など特別交付税で対応すべき財政需要が多いことから，引き下げは見送られた。長い目でみれば，財政需要として客観的に算定できる範囲が広がることへの対応や，算定の透明化を進める要請に応える趣旨で，特別交付税の割合は，次第に引き下げられてきたのである。

▎4.　地方交付税法の規定と制度運営の歴史的経緯との関係

　地方交付税法は地方財政平衡交付金法の一部改正であって，総額決定を国税収入にリンクさせること以外は，制度の骨格部分を地方財政平衡交付金から引き継いでいる。その一方で，地方財政計画によって総額が決定される側面もある。地方交付税は，総額決定に関して一種のハイブリッドになっているが，それは地方交付税の法律の条文に基づくものに，それ以外の政策的判断を加味した結果としてである。したがって，条文から受ける印象と，実際の運営は必ずしも一致しない。それは法律の趣旨に反する運営という意味ではなく，それ以外の要素を加えた結果である。

　図 6-10 は，地方交付税の交付額の決定に関する地方交付税法の条文を示している。第 6 条で国税収入にリンクして交付税の総額が規定され，第 6 条の 2 で普通交付税と特別交付税の区分を示している。そのうえで第 6 条の 3 第 1 項で，第 10 条の規定に従う算定の結果として，地方交付税の財源に剰余が生じた場合には特別交付税に加算し，続く第 2 項では反対に財源不足が著しい場合には，地方行財政制度の見直し，または法定率の引き上げを行うと規定する。

図6-10　地方交付税法の交付額の決定に関する条文構成（2018〔平成30〕年3月改正分による）

交付税の総額	第6条　所得税及び法人税の収入額のそれぞれ100分の33.1，酒税の収入額の100分の50，消費税の収入額の100分の20.8並びに地方法人税の収入額をもつて交付税とする。 2　（略）	地方財政平衡交付金法では，総額はミクロの積み上げだが，地方交付税法では国税にリンクする。一方，地方財政計画は，地方財政平衡交付金法では，総額決定の根拠とされる。
交付税の種類	第6条の2　交付税の種類は，普通交付税及び特別交付税とする。 2　毎年度分として交付すべき普通交付税の総額は，前条第2項の額の100分の96に相当する額とする。 3　毎年度分として交付すべき特別交付税の総額は，前条第2項の額の100分の4に相当する額とする。	特別交付金は地方財政平衡交付金法でもあったが，地方交付税では，総額の一定割合とし，年度間調整の手段とされた。算定の結果，交付税財源が余ると特別交付税に加算，不足すると，制度の改正または法定率を変更する（制度発足時は，特別交付税の一部減額で対応する規定）。
特別交付税の額の変更等	第6条の3　毎年度分として交付すべき普通交付税の総額が第10条第2項本文の規定によつて各地方団体について算定した額の合算額をこえる場合においては，当該超過額は，当該年度の特別交付税の総額に加算するものとする。 2　毎年度分として交付すべき普通交付税の総額が引き続き第10条第2項本文の規定によつて各地方団体について算定した額の合算額と著しく異なることとなつた場合においては，地方財政若しくは地方行政に係る制度の改正又は第6条第1項に定める率の変更を行うものとする。	
歳入歳出総額の見込額の提出および公表の義務	第7条　内閣は，毎年度左に掲げる事項を記載した翌年度の地方団体の歳入歳出総額の見込額に関する書類を作成し，これを国会に提出するとともに，一般に公表しなければならない。 （以下，略）	地方財政計画の規定は，地方財政平衡交付金法と基本的に同じ。
普通交付税の額の算定	第10条　普通交付税は，毎年度，基準財政需要額が基準財政収入額をこえる地方団体に対して，次項に定めるところにより交付する。 2　各地方団体に対して交付すべき普通交付税の額は，当該地方団体の基準財政需要額が基準財政収入額をこえる額（以下本項中「財源不足額」という。）とする。ただし，各地方団体について算定した財源不足額の合算額が普通交付税の総額をこえる場合においては，次の式により算定した額とする。 当該地方団体の財源不足額−当該地方団体の基準財政需要額×（（財源不足額の合算額−普通交付税の総額）÷基準財政需要額が基準財政収入額をこえる地方団体の基準財政需要額の合算額） 3　（以下，略）	第2項で，普通交付税を基準財政需要額と基準財政収入額の差額とすると同時に，算定の結果，不足額が出た場合には調整率を乗じて減額する規定。

第7条は，地方財政計画の根拠法令であるが，そこでは「歳入歳出総額の見込額」とされているだけであって，総額決定との関係については言及されていない。第10条は，基準財政需要額と基準財政収入額の差額として算定する方法を示しており，第2項で財源が不足する場合においては，すべての地方自治体の基準財政需要額を共通の比率（いわゆる調整率）を乗じて圧縮することで，財源不足を吸収する規定がされている。

　それらの規定に沿えば，現在のように巨額の財源不足が生じている場合には，相当大きな調整率を乗じることになるが，実際の調整率は，1％にも満たないごく小さな水準であり，年度によれば，算定した結果として，財源不足が生じずに，余剰が出ていることもある。条文から受ける印象と，実際の運営は，次の2つの点で異なっている。

　シャウプ勧告では，地方財政平衡交付金法の総額については，算定の結果として決まるというイメージがされていた。しかし，実際に勧告の内容を法律にする際に，手続きとして国の予算編成までに，次年度の基準財政需要額と基準財政収入額を算定して，それを積み上げて総額を決定するのは不可能というのが，当時の地方自治庁の判断であり，それは連合国軍総司令部に伝えられていた。地方財政平衡交付金の当時から，実際には地方財政計画で総額を決定していたが，条文のうえでは，算定の積み上げのかたちをとっていた。ただし，地方財政平衡交付金においては，マクロで総額を決定しミクロで配分しても，ミクロの算定の積み上げで，マクロの総額を決定しても，最終的には同じになる。

　地方財政平衡交付金法の一部改正として，地方交付税法が成立した際にも，その点は継承している。地方交付税法では，国税収入の一定割合で総額が決まるとしているので，地方財政計画の歳入と歳出が一致していることは，自明ではなく，歳出が歳入を上回ることがありうることを前提としている。そこで，マクロで財源不足が生じた場合には，条文のうえでは算定の結果，財源不足が生じたものと読み替えて，第10条の2の規定に沿って，調整率を乗じて減額することを前提として法律ができている。事実，地方交付税法が発足する時点では，地方財政計画の歳入と歳出が一致しないことはありうるが，第6条の3第2項の規定に基づいて，財源不足が1割を超えて，それが2年間続いて3年目も継続する見込みとなったときには，法定率を引き上げる運営を想定していた。

ところが，地方交付税法が発足後の最初の地方財政計画の策定となる昭和30年度計画において，歳出が歳入を上回る計画は，政府として認めがたいとした経緯があり，その後も運用として定着することとなった。地方財政計画が国の予算と整合性をもつことを重視すれば，地方財政計画の歳出が歳入を上回っている状態は，国の補助事業に対する裏負担を地方財政計画のなかで用意できないことを認めたことになるので，国の予算に瑕疵があるという論理が成り立つ。したがって，地方財政計画の収支が均衡していなければならない。

　地方交付税法の規定とは別の政策的な判断に基づいて，地方財政計画の歳入と歳出を一致させることが，運用として定着した結果として，マクロでは財源不足が解消された状態を出発点に地方交付税の算定がなされることとなった（実際には，地方財政計画の歳出を，国の財政当局が合理的な水準未満に値切ることで，事実上の財源不足が発生していた時代はあったが）。したがって，第10条の2に基づく調整率の適用は，配分のための算定作業の結果として生じた端数を調整するために用いられるので，財源不足が生じた年度の基準財政需要額の圧縮率は，ごく小さな範囲に収まっている。

　地方財政計画は原則として，当初予算ベースであって，年度内での国の補正予算に対する修正は行わずに，補正予算にともなう事業を地方が執行する場合の追加財源は，特例的な交付金や地方債メニューなどを通じて行われる。もっとも，地方交付税法第6条の法定率の規定は，当初予算の国税収入に対するだけではなく，補正予算で国税収入の増があった場合にも年度途中で交付税財源が追加され，減があった場合には，通常の場合，次の年度以降で精算される。

　ただし，国税の増額補正によって交付税財源が追加された場合には，第10条の2に基づく減額要因がなくなるので，調整率を乗じて圧縮された額は復活交付される（調整戻しと呼ばれる）。それでもなお，地方交付税財源に余剰が生じた場合には，第6条の3第1項の規定では，特別交付税に加算されることになるが，地方交付税財源が不足している状況では，特例法に基づいて次年度の交付税財源に繰り越すことが通例である。ただし，東日本大震災の復興財源の確保のために特別交付税の追加が必要であった2011（平成23）年度の第2次補正予算では，同規定に基づいて特別交付税を年度内で増額している。そのような運用は2018（平成30）年度にも行われた。

　以上のように，地方財政平衡交付金法が成立した経緯や，地方交付税法が成

立した 1954（昭和 29）年度と，その次の年度の地方財政計画の策定において定着した制度運営の結果として，地方交付税法の条文から受ける印象と実際の運営は微妙に異なっている。歴史的経緯によって，制度運営が大きく影響を受けることに注目することが重要である，1つの具体例であるといえる。

第7章

地方交付税の制度運営と
地方自治体の予算編成

1. 地方交付税の運営に関する課題

1) 投資的経費の算定

　第5章と第6章では，地方財政計画を通じた地方交付税の総額決定のマクロの観点と，基準財政需要額と基準財政収入額の算定を通じた，個々の地方自治体への財源配分である，ミクロの観点を取り上げた。財政力格差の是正と，同時に財源保障を実現する地方交付税の制度運営には，いくつかの技術的課題がある。

　その最大のものは，財政需要をどのように把握するかについてである。地方交付税は一般財源とはいいながら，実際には中央政府の政策誘導的に使われているという批判がある。とりわけ，中央政府が地方自治体に景気対策として公共事業の実施を促す手段として，地方交付税が使われることに対するものである。それでは，地方交付税において，投資的経費はどのように算定されるべきであろうか。

　経常的経費とは異なり投資的経費は，特定の年度でまとまった支出が発生する。そのため普通交付税の財政需要として把握するには，投資的経費について，事業が施行される年度だけではなく，何らかのかたちで長期にわたる経年ベースの財政需要に置き換えることが合理的である。

　そこで，地方交付税制度が始まって間もない昭和30年代には，投資的経費に対する減価償却費算入方式を多用していた。つまり，標準的施設の存在を想

定して，その減価償却費相当額を基準財政需要額に算入したのである。

　しかし，本来，投資的経費の基準財政需要額は，公共施設の不足度合いと既存の施設の維持費で算定することが合理的である。減価償却費相当額を算定する方式では，公共施設の整備が遅れている地域が，過少に評価されてしまう。そこで減価償却費算入方式は，1969（昭和44）年度から，計画的事業費算入方式，つまり公共施設の目標整備水準を計画的に達成する標準事業費で算定する方式に改められた。

　さらに，1962（昭和37）年度には投資的経費に事業費補正が設けられている。その理由は，公共事業費の地方負担額を客観的指標に基づいて標準的経費として算定したのでは，事業が特定の時期に，特定の地域で集中的に実施される公共事業について，基準財政需要額と現実の財政負担との乖離が大きくなるので，それを改める必要があることと説明されている。事業費補正方式には，公共事業費などへの地方負担額の一定割合をその年度に算入する方式のほか，公共事業のために起債された地方債の元利償還金の一定割合を後年度に算入する方式がある。

　事業費補正には，中央政府が策定した公共事業の長期計画に基づく政策を執行する地方自治体に対して，国庫支出金の裏負担に当たる一般財源充当分について財源保障をする意味がある。投資的経費を捕捉して算定することから「動態的算定」などと呼ばれている。ただし，投資的経費の執行をすることで基準財政需要額が拡大するので，あたかも特定補助金のように特定の支出を促す効果があり，一般財源としての地方交付税の性格に反するという批判は強い。

　昭和の終わりから平成にかけて，日米構造協議で内需拡大のために，公共投資を拡大する計画が定められ，地方自治体もそれに協力するために，単独事業での投資的経費の拡大が求められた時期には，事業費補正方式等が多用された。それが後に，不必要な公共事業を拡大したと批判されると，事業費補正方式等は一転して，大幅に縮小されている。

　投資的経費には，国庫支出金充当分を除くと，その多くに地方債が充当される。公債費の一部が基準財政需要額に算入される事業費補正方式等が適用されないと，公債費は基本的に留保財源を充当すべき歳出となる。そのため税収に恵まれる地方自治体とそうでない地方自治体とで，公共施設などの整備水準に差がつくことになる。そこで事業費補正方式等によって留保財源充当部分を圧

縮すると同時に，補助事業の場合には，税収に恵まれない団体ほど補助率を引き上げる，いわゆる後進地特例を適用することが有効となる。過疎地域自立促進特別措置法に基づく過疎対策事業債が，過疎指定された地方自治体に70％という高い割合で，元利償還金が基準財政需要額に算入される。

　事業費補正方式等の原型は，災害復旧のための起債に適用される方式にある。阪神・淡路大震災ではそのための特別な財政援助法が設けられ，補助率の引き上げと事業費補正方式等の拡充がされている。東日本大震災でもさらに同方式が拡充され，投資的経費に対しても起債をせずに，高率の補助金が充当されるほか，裏負担として一般財源を充当する部分に，従来の地方債と事業費補正という組み合わせに代わって，特別交付税を充当することで，財源措置を充実させている。

2）　人件費の算定

　地方交付税の制度運営において，かつては最も大きな課題は給与関係経費の確保であった。それは地方交付税の算定ではなく，地方財政計画の歳出規模の適正化に関する課題である。地方財政平衡交付金時代に始まり，昭和30年代の半ば頃まで，中央政府の財源不足によって財政調整財源が十分に確保できない状況が続いた時期には，地方財政計画の歳出規模が実態と乖離して過少に算定されていた。その際に，中央政府と地方の財政当局の意見が厳しく対立したのは，地方公務員の適正数についてである。事業費に比べて，公務員の適正数を判断する客観的な指標はさらに設定しにくく，人件費の合理的な水準について意見の一致をみることは難しい。

　時代が下がって，小泉政権が構造改革を唱えた頃から，集中改革プランなどを通じて地方財政計画上の地方公務員の定員は大きく圧縮された。計画上の定員削減に実態が追いついていったのは，多くの地方自治体が減量的な行政改革によって職員定員の圧縮に努めたことと同時に，平成の合併による市町村職員の減少が大きい。

　東日本大震災からの復興財源の捻出という名目もあって，国家公務員の給与水準が2012（平成24）年度から大幅に引き下げられ，それまでの地方公務員の定員削減に追加して，さらに給与水準の引き下げが，閣議決定に基づき要請された。2013（平成25）年度の1年限りではあったが，地方財政計画の給与関係

経費は，地方公務員の給与水準を引き下げた国に準拠してほしいという要請に基づいて算定された。地方交付税の人件費の算定を，中央政府の一方的な引き下げ要請に基づいて実施することには慎重でなければならない。

3）　団体間格差の是正

　地方交付税の運営では，交付団体間の格差もさることながら，交付団体と不交付団体との格差が常に問われてきた。図7-1は不交付団体水準超経費と，それを除く地方財政計画（交付団体ベースの地方財源とみてよい）の推移を示している。1993（平成5）年度以降のバブルのピークを過ぎた頃から，不交付団体水準超経費は大幅に圧縮され，2005（平成17）年度あたりまで低迷が続いていた。その後，回復するものの，リーマン・ショックの影響で2009（平成21）年度に急落している。これらはすべて景気状況の反映である。不交付団体である東京都の財政状況が近年で最も悪化したのは，平成10年代の前半である。

　交付団体ベースの地方財源は，2000（平成12）年度までは右肩上がりが続いている。交付団体と不交付団体の格差が縮まった時期である。ところが，2002（平成14）年度から06（平成18）年度までの小泉内閣による構造改革の結果，地方財政計画は給与関係経費と投資的経費の圧縮等を通じて，交付団体ベースの地方財源は大きく減少する一方，経済回復で不交付団体の財源は拡大し，格差が大きく開いたのである。

　そこで2009（平成21）年度予算あたりから，地方交付税の充実を通じて，交付団体ベースの地方財源が拡大基調に転じる。それは2つの要因からなる。まずは，税収に恵まれない地方自治体の財源を押し上げるために地方交付税が増額された。麻生太郎内閣では，地方交付税の財源を別枠で1兆円程度追加し，それと対応して地方財政計画の歳出のうち，一般行政経費の単独分に相当する歳出特別枠を同程度の水準で設けている。

　一般行政経費の単独分は，地方交付税の算定では留保財源が充当需要額とされることが多いけれども，歳出特別枠の場合は，性格は一般行政経費の単独分であるとともに，地方交付税の財源を別枠で加算していることから，全額が基準財政需要額に算入されることになる。しかも，税収が少ない地方自治体に傾斜的に配分するようにした。一般行政経費の単独分は，地方自治体の裁量的な財源枠であるので，税収が少ない地方自治体の財政運営に余力が生じ，地方自

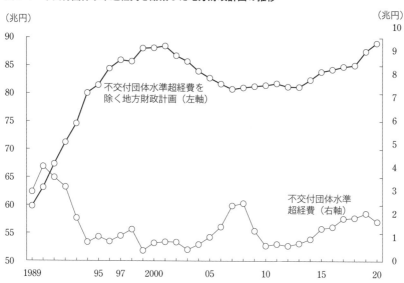

図7-1　不交付団体水準超経費を勘案した地方財政計画の推移

（兆円）　　　　　　　　　　　　　　　　　　　　　　　　　　　（兆円）

出所）　地方財政計画（各年度）に基づいて作成。

　治体間の格差是正に一定の効果を発揮することとなった。地方自治体間の財政力格差は，留保財源が比較的厚く充てられる一般行政経費の単独分に起因することが多く，税収に恵まれない地方自治体に充当される一般行政経費・単独分の財源を充実すれば，地方自治体間の格差が拡大しているという実感は緩和される。

　もっとも，歳出特別枠は，2014（平成26）年度から段階的に縮小されていく。その代わりに，消費税率の引き上げにともなう社会保障・税一体改革によって，一般行政経費の補助事業費が増えていく。そのため，交付団体ベースの地方財源が拡大している。

4）　地方交付税への誤解とそれがもたらす問題

　地方交付税の運営の実態を考察するには，留保財源の意義を理解することが重要である。地方交付税については，財源保障の程度が大きすぎて，地方自治体の非効率な財政支出を促しているという過剰な批判が繰り返されている。しかし，標準的経費には留保財源が充当される財源需要も含まれることを理解す

れば，それらの見方が妥当でないことは明らかである。基準財政需要額が標準的経費を保障し，留保財源は独自政策の経費に充当されるという見方は，まったく間違いとまではいえないが，そうした理解がもたらすイメージと実態は大きく異なり，不当な地方交付税批判を生み出しているといえる。

そのような制度理解は，地方自治体関係者のなかにも根強く，それが地方自治体の財政運営を誤らせる原因ともなっている。公債費はとくに基準財政需要額に算入するとしている部分以外は，留保財源が充当されるとして算定されており，非算入公債費が留保財源を超えないことが，健全な財政運営の1つの尺度となる。とくに税収に恵まれない団体にとっては，その点は重要なポイントであるが，十分に自覚されていない。

過疎対策事業債は基準財政需要額に算入する割合が70％と高い。そのため基準財政需要額にまったく算入されない一般単独事業債に比べると，実質的な公債費負担を同額にする場合，事業費ベースで3倍程度まで消化することができる。ただし，過疎団体でも非算入公債費の割合はゼロではない。過疎団体の場合には，税収に恵まれない団体が多いので，非算入公債費は小さくても，過疎対策事業債を限度額まで借り入れると，留保財源を充当できる限度を超える非算入公債費となることがある。そうなると，人件費を圧縮するなどの手段で，過剰な公債費負担を吸収するしかないのである。

地方自治体の関係者は地方交付税の運用に対して，程度の差こそあれ，一種の不信感をもっている。その典型が，何か新しい政策に対する財源措置を講じた，と政府が説明する場合に，必ずしも基準財政需要額がそれに応じて伸びないことへの不信である。財源措置を講じるとしたときに，それが地方財政計画に計上されるだけならば，基準財政需要額にそのまま加算される保証はない。というのも，地方財政計画の歳出が，新しい政策分だけ純増となっているとは限らないし，地方交付税の算定において，留保財源が充当される場合があって，基準財政需要額には一部しか算入されないことも多いからである。

地方自治体の現場では，基準財政需要額の積み上げで，地方交付税の総額が決まるという誤った理解が一般的である。つまり，地方財政計画の総額決定と基準財政需要額の関係が理解されていないことが，地方交付税への不信感を掻き立てる重要な要因となっている。

基準財政需要額の算定結果が，7月頃に地方自治体に通知されると，前年度

との比較で単位費用や補正係数がどのように変わったかが検証されることが多い。ところが，基準財政需要額が標準的経費であると理解してしまうと，単位費用や補正係数の改訂結果に対して，間違った解釈をしてしまう。留保財源や臨時財政対策債の変動が，一部の算定項目の単位費用を大きく左右し，それにともなって補正係数が調整されていることは，ほとんど理解されていない。

　公営企業繰出金の繰出基準に対して，基準財政需要額の算定額が小さいのが通常であることの意味も誤解されがちである。地方自治体の財政当局は，基準財政需要額に算定された額を繰り出せば十分であると考えがちであるが，地方公営企業の担当者は当然，繰出基準の全額の繰出しを求める。繰出基準の一部に留保財源が充当されているのは，地方自治体が自らの政策判断で，地方公営企業を設立した以上，留保財源分をも含めて繰り出す覚悟をしたはずというのが，地方交付税の算定上の趣旨である。したがって，税収に恵まれない地方自治体が，公立病院を運営し，下水道整備を進め，それ以外にインフラや施設整備を精力的に進めると，非算入の公債費と準公債費が累積し，留保財源が少ないなかで留保財源対応の財政需要が拡大するので，財政運営が逼迫してしまう。留保財源の大きさによって標準的経費の範囲が変わることは，地方自治体の現場に十分浸透していないため，そのことが地方自治体の財政運営を誤らせる原因となりうる。

2. 国の財政運営の地方への影響

1) 国の財政状況の影響

　地方自治を重視する観点からすれば，地方財政においては，事務配分に対して十分な財源が制度的に保障され，財源の種類についても，特定財源よりも一般財源，依存財源よりも自主財源が望ましい。自主財源の中心である地方税は，偏在性の低い税目で構成されるべきであり，それでもなお生じる偏在性には，地方交付税を中心とする財政調整制度で対処することが基本となる。

　中央政府との政府間財政関係のもとで，地方財政は運営されていくことになる。1954（昭和29）年の改革によって地方財政平衡交付金が地方交付税に切り換えられてから現在にいたるまでの，中央政府と地方自治体との政府間財政関係は，おおよそ7つの時期に分けることができる。

2) 地方交付税発足と法定率32%の達成まで：1954～66年度

地方財政平衡交付金から地方交付税への切り換えは，総額決定方式の転換を意味する。総額決算をめぐって争いが絶えなかった地方財政平衡交付金を，国税の一定割合で原資を決定する地方交付税制度に切り換え，国税の一定割合である法定率は，制度発足の2年目の22％から，1966（昭和41）年度に32％にいたるまで小刻みに引き上げられている。

法定率の引き上げは，国税収入が好調であって中央政府の財政状況が緩和されることで可能になった。1949（昭和24）年度のいわゆるドッジラインによる緊縮予算のもとで，極端に圧縮された地方財政計画をもとに，その後の地方財政平衡交付金の総額が決定され，地方交付税に転換後も，その規模をベースに新規の財政需要を加えるにとどまっていた。ようやく1956（昭和31）年度には法定率が25％に引き上げられ，地方財政計画における歳出見積りの適正化が図られた。とりわけ，給与費は，給与実態調査に基づき，実績ベースに近づける合理化をほぼ達成している。この当時には財政再建団体が続出し，昭和20年代に地方債に依存せざるをえなかったことにともなう公債費負担増に対応して，公債依存度を引き下げる必要に迫られていたからである。

1965（昭和40）年度は景気後退の年度となり，中央政府は66（昭和41）年度にはそれまでの均衡財政方針を転換し，建設国債の発行に踏み切っている。仮に中央政府が建設国債を発行せずに，国税収入で歳出を賄ったとすれば，交付税財源は相当大きくなることが見込まれることから，地方自治体側は法定率の大幅な引き上げを求めた。そこで福田赳夫大蔵大臣は，2.5％と過去に例のないほど大きな規模で法定率を引き上げ，32％を実現させたのである。

法定率が国税のおおよそ3分の1になったことで，その後の地方財源の充実は，地方交付税ではなく，地方税によるべきであるという見方が次第に広がった。実際に，その後の法定率の見直しは，いずれも国税の制度改正の影響を吸収する調整にとどまっている。地方財源の実質的な確保という意味で法定率が変化するのは，1966（昭和41）年度からおおよそ50年近く経過した，2014（平成26）年度からの消費税率引き上げにともなう法定率の見直しを待たなければならないのである。

3) 年度間調整をめぐる駆け引き：1967〜75 年度

　地方交付税は法人税や所得税のように，景気による税収変動の大きな税目を財源としている。そのため地方税収が伸張する好況期に，地方交付税財源が大きく伸張する。逆に地方税収が低迷する不況期には，地方交付税の所要額が大きくなるにもかかわらず，地方交付税財源が減少してしまう。そこで地方交付税の発足にあたっては，交付税特別会計での借入金や積立金を用いた年度間調整の制度を導入することが検討された。しかし，大蔵省は特別会計といえども借入を行うことは，赤字国債に依存しない財政法の建前に反すると反対した。そのため発足当初は，地方交付税の年度間調整は，ミクロの地方自治体レベルの調整にとどめられた。つまり，地方財政法第 4 条の 3 に年度間の財源の調整の規定を設けることに限定したのである。

　ところが，大蔵省は 1966（昭和 41）年度の法定率の引き上げ以降，引き上げ率が過大であったという見方に立って，昭和 40 年代を通じて，地方交付税財源を中央政府の財政に事実上，融通することでマクロの年度間調整の実施を求めた。1969（昭和 44）年度予算の編成過程では，大蔵省が地方交付税の法定率の引き下げを主張したのに対し，自治省は交付税財源を交付税特別会計に直入することを主張して対抗した。両省が互いの主張を譲らず，法定率を当分の間，引き上げないことで妥協が成立し，合意文書が交わされている。しかし同時に，伸長した交付税財源を当該年度で地方自治体に配分しきることなく，後年度に繰り越す年度間調整を実施することになった。それは事実上，地方が中央政府に財源を貸し出す運用を意味している。このように昭和 40 年代には地方交付税財源が相対的に豊かであることを背景に，地方交付税におけるさまざまな年度間調整が展開されたのである。

4) 赤字国債と折半ルールの定着：1976〜83 年度

　1966（昭和 41）年から建設国債の発行を常態化した時期には，国債発行で振り替わった国税の基幹税の減収分に対応した交付税財源を回復させるために，法定率を 32％に引き上げている。ところが，1973（昭和 48）年に第 1 次オイルショックが生じ，赤字国債の発行が常態化していく 76（昭和 51）年度の当初予算では，法定率の引き上げは実施されていない。中央政府の財政悪化が深刻化しているため，地方財政の健全化を優先できないことがその理由である。その

結果として巨額の地方交付税の財源不足が生じた。そこで財源対策債などの建設地方債の増発とともに，交付税特別会計での借入金で交付税財源を確保せざるをえなくなる。そのうえで財源対策債には後年度の元利償還金に対する交付税措置が，また借入金の償還については中央政府と地方自治体が折半で責任を分担することにした。地方交付税の借入措置を解消する道が閉ざされ，いわゆる「折半ルール」が定着することとなった背景には，国家財政が「増税なき財政再建」に転じたことがある。

1979（昭和54）年には一般消費税の導入による基幹税の増収が試みられている。しかし，この試みは成功せず，増税による中央政府の財政再建による地方財政の借入措置の解消も挫折する。さらに，1982（昭和57）年度の予算編成過程では，国民健康保険給付費，児童扶養手当，特別児童扶養手当の一部に都道府県負担を導入する動きが生じる。そこでは，中央政府の財政再建を，地方への負担転嫁によって進める動きが顕著になった。1982年度補正予算では，国税収入の減額補正を計上しているが，通常であれば後年度で精算すべきところ，中央政府の厳しい財政事情を理由に，交付決定された普通交付税の減額という異例の措置がとられている。こうした状況のもとで，地方交付税財源の不足を借入でしのいだため，この時期には交付税特別会計の借入金が累積したのである。

5） バブル経済を背景とする高率補助の見直し：1984～93年度

1984（昭和59）年度の予算編成過程では，交付税特別会計で新たな借入を行わないという合意が，大蔵省との間で成立した。この合意では交付税特別会計の借入金のうち，国負担分を一般会計の借入金に振替整理し，地方分についての償還を1991（昭和66）年度以降としている。当時は特例国債からの脱却年度を，1990（昭和65）年度まで延長して再設定され（実際に，バブル景気によって，その目標は達成された）。そのため交付税特別会計の借入金の償還が始まるときには，地方財政の健全化にも一定の目途がつくと見込まれていたのである。

その時期には，大蔵省は高率補助率の引き下げを提起している。地方財政が厳しい時代に，大蔵省が地方への配慮の観点で補助率の引き上げに応じたことに鑑みると，国家財政が厳しく，赤字国債依存から脱却しようとしている時期には，地方自治体が補助率の引き下げに応じることで，国の財政再建に協力す

べきというのがその理由である。地方自治体からすれば，単なる負担転嫁にすぎない。地方分権という観点からすれば，補助率の引き下げではなく，補助金そのものの件数を削減すべきだという主張になる。そこで地方自治体の事務として同化・定着している補助金の廃止が，自治省から対案として提起された。しかし，それは実現せずに，結局のところ，高率補助率引き下げにともなう地方財源の増加分を，中央政府と地方とで折半するルールを導入することで決着したのである。

　この時期には好調な税収を背景に，地方財源の不足がほとんど生じていなかったため，高率補助率の引き下げが実施されなければ，順調な地方財政運営が可能となっていたはずである。長年の懸案事項であった国庫支出金の超過負担問題がおおむね解消し，国民健康保険財政の改善のために，公費の追加投入による財政安定化支援事業が始まった。日米構造協議によって，地方財政で投資的経費の拡大が求められ，いわゆる地方単独事業が伸張してしまう。しかも，次の時期の経済対策では，それがいっそう加速され，後に無駄な公共事業やハコモノ建設を促したという強い批判を浴びる原因をつくる結果となってしまったのである。

6)　財源不足状態への転落と財政構造改革：1994〜2000 年度

　バブル崩壊によって税収がふたたび低迷すると，地方交付税の財源不足が顕著となる。1994（平成 6）年度には地方交付税の財源を補うための交付税特別会計の借入が復活する。さらにバブル崩壊後は経済対策として所得税の減税が実施されていくと，減収となる地方交付税の財源の補填措置が講じられている。

　中央政府の財政状況の悪化に対応して，橋本龍太郎内閣は財政構造改革を掲げ，財政再建に取り組もうとする。ところが，1997（平成 9）年 11 月に財政構造改革法が成立した時点では，金融危機の影響で経済対策を重視する声に押され，財政再建への動きは掻き消されていく。翌年に発足した小渕恵三内閣は財政構造改革法を凍結し，経済対策を強力に進める方向に転換してしまうからである。

　この時期には財政再建の流れとともに，地方分権の潮流が形成されていく。1993（平成 5）年には衆参両院で地方分権の推進に関する決議がされる。これに基づいて地方分権推進法が制定され，1995（平成 7）年には地方分権推進委

員会が発足する。この地方分権推進員会の成果として，1999（平成 11）年に機関委任事務の廃止を盛り込んだ地方分権一括法が成立する。もっとも，地方財政に関していえば，税源移譲は盛り込まれず，地方債の発行を原則禁止から原則自由に転換する協議制への移行などにとどまったのである。

7) 構造改革とその反動：2001〜09 年度

税源移譲は「三位一体改革」で実現する。2001（平成 13）年に発足した小泉内閣は，「構造改革なくして経済の再生なし」というフレーズのもとに，構造改革を進めた。この小泉内閣のもとで，「国から地方への税源移譲」「国庫補助金の整理」「地方交付税の見直し」をセットとする「三位一体改革」が実施されていく。

小泉内閣の経済財政諮問会議では，地方交付税の財源保障の仕組みが，地方自治体の歳入確保努力や行政改革意欲を損なっているのではないかという問題提起が盛んにされている。しかも，給与関係経費や投資的経費などを圧縮して，地方財政計画の歳出縮小が推進される。

こうした地方財政の圧縮とともに三位一体改革では，2004（平成 16）年度から 06（平成 18）年度の 3 年間で，4 兆円の国庫補助負担金の縮減と，3 兆円の税源移譲を実現させる。しかし，地方交付税は地方歳出の抑制のもとで，3 年間に 5 兆円を超える削減が実施された。その結果，「三位一体改革」では税源移譲の実現と，国庫補助負担金が減額されたという歳入の自治の拡大の成果をあげながら，それはほとんどかすんでしまって，地方自治体の財政難の契機となったという負の側面だけが強調されることになったのである。

その後，福田康夫政権と麻生政権は，小泉政権と安倍晋三政権（第 1 次）の構造改革路線を緩和する方向に転じている。つまり，地方歳出の圧縮だけでなく，税源の恵まれない地方自治体に財源を重点配分するなどの配慮を行うとともに，経済対策と社会保障財源充実のための増税を志向し始めたのである。

8) 政権交代と再交代：2010 年度〜

自公政権から民主党政権へと政権交代が実現したことにともない，さまざまな新しい政策が打ち出された。地方財政にかかわる政策でいえば，子ども手当，高校の授業料の無償化，農家の個別補償，一括交付金（地域自主戦略交付金）や

直轄事業負担金の維持管理分の廃止などが実現した。もっとも，2012（平成24）年12月の総選挙で，政権が自公政権に再交代したことで，直轄事業負担金を除いて，いずれの政策も廃止または見直し，あるいはその予定とされている。

　財政再建への動きでは，2010（平成22）年6月に中期的な財政健全化方策である財政運営戦略を閣議決定し，地方財政の一般財源の総額を10年度の水準で実質的に維持する内容を定めている。さらに，2012（平成24）年度には，税制抜本改革による消費税率を5%から2段階で10%に引き上げる法案が成立した。消費税は導入時も，3%から5%への税率引き上げ時も，所得税減税とのセットで増減税同額であったが，この税制改革は10兆円を優に超える規模の大型の純増税である。地方消費税の税率も引き上げられ，それにともない地方交付税の法定率も見直された。地方法人税，自動車車体課税などへの減税圧力にも応えながら，社会保障・税一体改革として社会保障を支えるための改革が進められた。

3.　地方財政計画の決定と地方自治体の予算編成

1)　地方自治体の予算編成過程

　予算は，政府の経済活動である財政を，社会の構成員がコントロールする仕組みである。地方財政も予算によって運営される。ところが，中央政府の予算は，その構成員である国民の意思のもとに決定され，執行されていく仕組みとしてデザインされればよいのに対して，地方自治体の予算はそうはいかない。地方自治体の予算では，その構成員である住民の意思だけではなく，中央政府の政策判断が一部で介在するからである。

　予算編成過程は次の3つの段階を踏んで実施される。第1段階は住民によって選出された首長が，その政策を予算化する方針を示す段階である。つまり，予算編成方針を策定し，提示する段階である。中央政府の予算編成過程では，予算編成作業の冒頭に示されるはずの予算編成方針が，想定どおりに提示されないことが常態化している。しかし，地方自治体の予算編成過程では，予算編成方針が実質的な意味をもって，予算編成作業に先立って提示されている。

　第2段階では予算編成方針を受けて，2つの事務過程が続く。1つは事業担

当部署が見積書を作成して，財政担当部署に提出する予算要求の過程である。もう1つは事業担当部署から受け取った見積書を査定する，予算調製，あるいは内査定と呼ばれる過程である。

事業担当部署が予算編成方針に基づいて，予算要求を提出するのは11月中旬頃である。実際には，既定経費である1次経費と，政策的経費である2次経費とに区分し，1次経費を2次経費よりも，1カ月ほど先行させて，予算要求をさせ，予算査定を実施している。

第3段階は首長査定を経て，予算が確定する段階である。財政担当部署が内査定を終えると，首長査定が1月下旬頃から2月上旬にかけ，1週間程度行われる。首長査定が終了すると，事業担当部署に内示される。内示されると，復活要求があり，首長査定を受けて予算が確定することになる。

こうして編成された予算は，都道府県と政令指定都市については会計年度開始30日前，それ以外の市町村については20日前に議会に提出しなければならない。議会に提出された予算は，常任委員会に付託され，審査意見が決定されると，本会議で議決されれば，予算は成立する。

2) 中央政府との調整

地方自治体の予算編成・決定の過程は，中央政府のそれとそれほど大きく相違するわけではない。しかし，地方予算の編成・決定過程の特色は，自主的に予算を編成・決定するという側面よりも，中央政府と調整のうえ，編成・決定するという側面にある。とくに中央政府が財源を媒介にして，地方自治体の予算を制御しようとするために，地方自治体の予算の編成・決定が，中央政府の介入によって，大きく拘束されることになる。

こうした中央政府との調整関係は，予算要求の段階からすでに始まっている。事業担当部署の予算要求戦略は，中央政府ないしは都道府県から，国庫支出金・都道府県支出金を獲得することに絞られているといってもいいすぎではない。補助金さえ獲得すれば，予算査定で優先的に考慮されることは間違いない。そこで事業担当部署は所管の府省の概算要求に，補助金を盛り込むべく運動を展開する。

逆に財政担当部署からすれば，補助事業や法定受託事務などの義務的経費については，自主的に査定する余地は制限される。事業担当部署が獲得してきた

補助金に，どれだけ地元負担分を付け加えるかを査定するにすぎなくなってしまう。

　しかも，補助金以外の財源についても，地方税にしろ，地方交付税や地方譲与税，あるいは地方債にしろ，基本的な決定権は中央政府が握っている。地方税の改正が実施されるのか，地方交付税に繰り入れられる国税の収入はどの程度になるのか，あるいは地方交付税そのものがどのように改正されるのか，地方債の許可はどのように行われるのか，こうした中央政府が予算編成にともなって決定していく事項によって，地方自治体の歳入予算が大きく左右されてしまう。したがって，中央政府の予算編成，それにともなう地方債計画や地方財政計画が定まってこないと，地方自治体の予算も編成しえないことになる。

　こうして地方自治体の予算編成は，中央政府の予算編成と同時進行的に錯綜した関係として実施されていく。表7-1には2009（平成21）年度における，地方財政制度の運営に関するスケジュールを示した。中央政府の予算編成が進み，地方財政計画の歳入と歳出の骨格である地方財政対策が固まるのは12月下旬であり，それに沿って地方財政計画が確定して，閣議決定されるのが通常，1月になる。1月に入って全国財政課長・市町村担当課長合同会議が開催され，総務省が予算編成の参考資料として「地方財政の見通し・予算編成上の留意事項等」（かつては財政課長内かんと呼ばれていた）を提示することになる。

　しかし，1月ともなれば，地方自治体の予算編成からいえば，予算を確定し，議会に提出する直前である。それは，地方自治体の予算が議会を通して住民の共同意思決定によって決定されるという財政民主主義の原則に照らして望ましいことではない。そのため中央政府の予算の会計年度を暦年にし，地方自治体の会計年度とずらせた方がよいとの意見もある。

　国の予算編成の段階では，それぞれの地方自治体に対する国庫支出金，地方交付税交付金，あるいは地方債の起債額が確定しているわけではない。というよりも，国庫支出金や地方交付税の交付額，あるいは地方債の起債枠は，地方自治体の予算が執行されていく過程やそれが終わって次の年度に入った段階で，逐次，決定・実施されていく。

　2月に地方財政計画が決まり，地方交付税法の改正で単位費用が決まったとしても，個別団体の基準財政需要額が確定し，普通交付税大綱として普通交付税の交付額が公表される7月まで待たなければならない。補正係数が確定する

表 7-1　地方財政の 1 年（2018〔平成 30〕年度）

	都道府県・市町村財政事務		総務省財政課・交付税課
		交付税作業	
4 月		・普交 4 月概算交付 [4/4] ・基礎数値報告（4 ～ 5 月）	・普通交付税算定作業 ・意見申出の処理（4 ～ 8 月） ・交付税検査（4 月） ・総務大臣・地方六団体会合 [4/23] ・全国都道府県財政課長・市町村担当課長合同会議 [4/25]
5 月			・国と地方の協議の場（30 年度第 1 回）[5/29]
6 月	・6 月議会 （補正予算）	・普交 6 月概算交付 [6/4] ・普交繰上げ交付 〈9 月分・地震対応〉[6/27]	
7 月		・普通交付税，地方特例交付金，臨財債発行可能額算定 ・普交繰上げ交付 〈9 月分・大雨対応〉[7/17] [7/23] [7/26]	・普通交付税，地方特例交付金交付額決定 [7/24]
8 月		・普交繰上げ交付 〈9 月分・大雨対応〉[8/1] [8/7]	・交付税検査（8 ～ 10 月）
9 月	・9 月議会 （補正予算）	・普交 9 月交付 [9/4] ・普交繰上げ交付 〈11 月分・大雨対応〉[9/10] ・普交繰上げ交付 〈11 月分・地震対応〉[9/18] ・震災復興特交 9 月交付 [9/18] ・特交財政需要ヒアリング	・震災復興特交 9 月交付額決定
10 月			・意見申出の処理（10 ～ 4 月） ・国と地方の協議の場（30 年度第 2 回）[10/15]
11 月		・普交 11 月交付 [11/2] ・基礎数値報告（10 ～ 11 月）	
12 月	・12 月議会 （補正予算）	・特交 12 月交付 [12/12]	・特交 12 月交付額決定 ・単位費用改正作業（12 ～ 1 月） ・総務大臣・地方六団体会合 [12/17] ・国と地方の協議の場（30 年度第 3 回）[12/17] ・30 年度補正予算（第 2 号）案閣議決定 [12/21] ・31 年度予算案閣議決定 [12/21]
1 月	・2 月議会 〈都道府県〉 （当初予算等）		・全国都道府県財政課長・市町村担当課長合同会議 [1/25]
2 月		・普交 2 月追加交付 〈調整復活〉[2/15]	・平成 30 年度分として交付すべき地方交付税の総額の特例に関する法律公布 〈30 年度補正予算（第 2 号）対応〉 [2/7 成立，2/14 施行]
3 月	・3 月議会 〈市町村〉 （当初予算等）	・特交 3 月交付 [3/25] ・震災復興特交 3 月交付 [3/25]	・地方交付税法等一部改正法公布 〈31 年度当初対応〉[3/27 成立，4/1 施行] ・特交 3 月交付額決定 ・震災復興特交 3 月交付額決定

出所）　総務省資料，一部加筆。

のも算定作業を受けての省令改正後であって，普通交付税大綱の決定と同時期である。

　地方自治体の予算編成作業において，地方交付税等の地方財源の枠組みを知るのは早い方がよいとすると，総務省が財務省に対して次年度予算の概算要求をする際に，その時点で総務省が想定している次年度の地方財政計画の骨格を資料にした「仮試算」が手掛りとなる。この「仮試算」を公表するようにしたのは，2004（平成16）年度の地方財政ショックで，予期できない地方財源の減少があったという批判に応えて，予見可能なようにするという意図があった。総務省の要求ベースの数値なので，最終的な結果とは一致しないが，その時点で想定されていることを念頭に置いて，地方自治体でも予算編成の骨格を想定し，その後，断続的に入ってくる情報をもとに修正しながら，最終的に，地方財政対策が決定される時期を迎えることが望ましい。

3)　地方交付税の算定における意見の表明

　地方交付税の算定については，地方交付税法第17条の4に基づいて，地方自治体から総務大臣に意見を申し出ることができる。その内容は地方財政審議会に報告され，検討されたうえでその結果が公表される。毎年度，単位費用や補正係数のそれぞれについて100程度の提出項目があり，そのうち平均すると3割程度は採用されている。

　地方交付税制度は，財源を衡平に配分する立場に自らを置いてみなければ，制度の趣旨について納得が得られがたいところがある。ミクロの積み上げがマクロではなく，基準財政需要額だけで標準的な経費が賄えるわけでもないのである。地方交付税への地方自治体関係者の不信感は，多くは制度理解の不足から来ていることに十分注意したい。

第8章

国庫支出金とその運用

1. 国庫支出金の概要

1) 国庫支出金の種類

　中央政府から地方自治体に移転される財源を，補助金と呼んでいる。補助金には特定の支出と結びつけて，使途を限定して交付される特定補助金と，特定の支出と結びつけず，使途を限定しない一般補助金がある。財政調整制度として中央政府から地方自治体に交付される地方交付税は，一般補助金である。それに対して，使途を限定した補助金でも，同じ分野でグループ化して交付する補助金を，包括補助金（block grant）と呼んでいる。

　日本では特定補助金を，一定の目的と条件のもとに，地方自治体の特定の支出に充当するために，国庫から地方自治体に支出される財源であるとして国庫支出金と呼んでいる。中央政府の予算には，補助金，負担金，利子補給金，損失補償金，委託費，助成金，などの名称で計上されている。

　地方財政法では地方自治体の支出する経費は，地方自治体の財源で全額を賄うことが原則となっている。しかし，地方財政法は全額負担を原則としながら，但し書きというかたちで，地方財政という視点からみて，「国庫負担金」「国庫委託金」「国庫補助金」という3種類の国庫支出金を認めている。

　第1の国庫負担金とは，中央政府と地方自治体との経費負担区分という考えに基づいて，中央政府にも地方自治体にも利害の関係がある事務について，中央政府がいわば「割り勘」として負担する国庫支出金である。第2の国庫委託

表8-1 国庫支出金の状況

(単位：百万円、%)

区分	平成29年度 都道府県 金額	構成比	平成29年度 市町村 金額	構成比	純計 額	構成比	平成28年度純計額	構成比	比較 増減額	増減率	前年度増減率
義務教育費負担金	1,263,075	20.8	—	—	1,263,075	8.1	1,526,626	9.7	△263,551	△17.3	0.0
生活保護費負担金	140,408	2.3	2,666,669	28.2	2,807,077	18.1	2,817,074	18.0	△9,997	△0.4	0.1
児童保護費等負担金	105,257	1.7	916,521	9.7	1,021,778	6.6	884,384	5.6	137,394	15.5	13.3
障害者自立支援給付費等負担金	77,497	1.3	1,187,480	12.6	1,264,977	8.2	1,195,894	7.6	69,083	5.8	5.8
私立高等学校等経常費助成費補助金	105,577	1.7	—	—	105,577	0.7	98,417	0.6	7,160	7.3	△8.4
児童手当等交付金	—	—	1,360,477	14.4	1,360,477	8.8	1,376,011	8.8	△15,534	△1.1	△1.5
公立高等学校授業料不徴収交付金	12	0.0	9	0.0	21	0.0	494	0.0	△473	△95.7	△99.4
高等学校等就学支援金交付金	328,549	5.4	—	—	328,549	2.1	329,256	2.1	△707	△0.2	22.0
普通建設事業費支出金	1,126,487	18.5	632,481	6.7	1,758,968	11.3	1,564,612	10.0	194,356	12.4	△0.7
災害復旧事業費支出金	417,136	6.9	108,694	1.2	525,829	3.4	499,789	3.2	26,040	5.2	5.3
失業対策事業費支出金	—	—	3	0.0	17	0.0	17	0.0	△14	△82.4	240.0
委託金	124,453	2.0	94,993	1.0	219,447	1.4	225,492	1.4	△6,045	△2.7	△2.6
普通建設事業	4,316	0.1	7,265	0.1	11,581	0.1	11,857	0.1	△276	△2.3	10.0
災害復旧事業	32	0.0	1,161	0.0	1,193	0.0	2,027	0.0	△834	△41.1	△22.8
その他	120,105	1.9	86,567	0.9	206,673	1.3	211,608	1.3	△4,935	△2.3	△3.0
財政補給金	3,851	0.1	3,691	0.0	7,542	0.0	7,031	0.0	511	7.3	0.2
国有提供施設等所在市町村助成交付金	30	0.0	35,510	0.4	35,540	0.2	35,540	0.2	—	—	2.9
交通安全対策特別交付金	31,962	0.5	23,382	0.3	55,344	0.4	58,011	0.4	△2,667	△4.6	△4.8
電源立地地域対策交付金	94,421	1.6	30,887	0.3	125,308	0.8	124,574	0.8	734	0.6	△8.9
特定防衛施設周辺整備調整交付金	—	—	20,742	0.2	20,742	0.1	20,708	0.1	34	0.2	1.7
石油貯蔵施設立地対策等交付金	5,318	0.1	—	—	5,318	0.0	5,306	0.0	12	0.2	2.5
社会資本整備総合交付金	952,189	15.7	751,400	8.0	1,703,589	11.0	1,680,589	10.7	23,000	1.4	6.1
地方創生関係交付金	45,000	0.7	63,116	0.7	108,117	0.7	111,544	0.7	△3,427	△3.1	—
東日本大震災復興等交付金	13,658	0.2	95,234	1.0	108,892	0.7	163,656	1.0	△54,764	△33.5	△46.4
その他	1,240,930	20.5	1,453,258	15.4	2,694,187	17.4	2,962,124	19.1	△267,937	△9.0	21.5
合計	6,075,810	100.0	9,444,547	100.0	15,520,357	100.0	15,687,149	100.0	△166,792	△1.1	2.7

（出所）総務省『地方財政白書（平成31年度版）』。

金とは，地方自治体の支出経費のうち，もっぱら国の利害に関係のある事務（国政選挙の費用や国の統計調査費，外国人登録事務費など）に対する支出に交付される国庫支出金である。最後の国庫補助金とは，中央政府の行政上の必要から，法律に基づかないで任意で，地方自治体に交付する国庫支出金である。国庫補助金のうち政策の実施を奨励するための国庫補助金を，奨励的補助金と呼び，特定の経費について財政負担の軽減を図る国庫補助金を，財政援助的補助金と呼んでいる。

　表8-1で示したように，2017（平成29）年度の国庫支出金の決算額をみると，国庫支出金の総額は15兆5204億円となり，前年度と比べると，1.1％減となっている。

　国庫支出金の交付額で，1兆円を超えている国庫支出金は，7つある。そのうち最大の国庫支出金は，生活扶助や医療扶助などの生活保護費に対して，中央政府が4分の3を負担する生活保護費負担金である。生活保護費負担金は生活保護の急増を反映して2兆8070億円と，最も大きな割合（国庫支出金総額の18.1％）を占めている。

　次いで大きいのが，いずれも投資的経費に対する補助金である普通建設事業費支出金と，社会資本整備総合交付金である。社会資本整備総合交付金は，いわゆるブロック補助金であり，一定のメニューから対象事業を選択できる。義務教育費国庫負担金は，義務教育教職員の給与に対する補助金であり，市町村で教職員の人事権をもつ政令指定都市以外は都道府県に対して交付する。社会保障関係では，従来から金額が大きかった児童手当等交付金に加えて，子ども子育て新支援制度を受けて児童保護費等負担金のほか，近年，急速に金額が増えている障害者自立支援給付費等負担金がある。

　都道府県では義務教育費負担金と普通建設事業費支出金，社会資本整備総合交付金が多く，市町村では生活保護費負担金と児童手当等交付金，障害者自立支援給付費等負担金が上位を占めている。都道府県と市町村の事務分担に応じて，国庫支出金の対象が異なることが読み取れる。

2)　地方財政計画における国庫支出金

　地方財政計画の歳入にも国庫支出金が計上され，それに対応して歳出には補助事業費（投資的経費と一般行政経費のそれぞれ）が計上される。表8-2には2020

表 8-2 2020（令和2）年度地方財政計画の補助事業費（一般行政経費）の一部

（単位：億円）

区　　分	国庫補助負担額	地方負担額	計
（厚生労働省所管）			
保健事業費等補助金	36,956	32,540	69,496
結核医療費負担金	3,436	1,381	4,817
精神保健費等負担金	7,644	3,596	11,240
生活扶助費等負担金	1,329,794	443,184	1,772,978
医療扶助費等負担金	1,454,916	484,972	1,939,888
介護扶助費等負担金	77,361	25,787	103,148
身体障害者保護費負担金	2,195	2,195	4,390
障害者自立支援給付費等負担金	1,512,407	1,512,407	3,024,814
後期高齢者医療給付費等負担金	6,426	2,726,334	2,732,760
介護給付費等負担金	—	3,137,929	3,137,929
在宅福祉事業費補助金	2,672	4,835	7,507
児童保護費等負担金	136,060	136,060	272,120
児童扶養手当給付費負担金	159,870	319,740	479,610
保険基盤安定等負担金	134,958	223,141	358,099
職業転換訓練費負担金	1,176	1,176	2,352
そ　の　他	1,162,795	1,011,169	2,173,964
厚生労働省計	6,028,666	10,066,446	16,095,112

出所）　総務省『令和2年度地方財政計画』。

　（令和2）年度の地方財政計画における厚生労働省所管の補助事業費（一般行政経費）を示している。地方財政計画では，補助事業費は，国庫補助負担額と地方負担額に区分して計上される。国庫負担金である生活保護費に対する生活扶助費等負担金と医療扶助費等負担金，介護扶助費等負担金は，合計で国庫負担額が2兆8621億円，地方負担額が9539億円であり，その割合は3対1である。これは補助率が4分の3であることを示している。このように国庫補助負担額と地方負担額の関係は，個々の国庫支出金における補助率で規定されている。

　地方財政計画では歳入と歳出が同額であるので，補助事業費については，補助事業費と国庫支出金との差額を裏負担として，所要の一般財源額が確保されていることを意味する。さらに，国庫負担金事業についていえば，地方財政法第11条の2で裏負担に相当する一般財源の所要額の少なくとも一部を，基準財政需要額に算入することで，個別の団体に対する財源手当てを行うように規定している。その結果として財政力の乏しい地方自治体でも，国庫負担金事業の執行への配慮がされることとなる。その考え方は，図8-1で示している。

　表8-2では，介護給付費等負担金については，国庫負担額がゼロとされ，地方負担額だけが計上されている。しかし，それは国庫負担が行われていないこ

図 8-1　国の予算との整合性

▶　地方財政計画と国の予算を結ぶポイントは，①地方交付税，②国庫支出金
▶　国が予算で，地方を通じて行う事業を想定し，地方団体への国庫支出金を計上している
▶　地方財政計画は，歳入で国庫支出金を計上するとともに，歳出で，国が予算で想定した事業費を計上
　　して，国庫支出金との差額である地方財源の所要額を認識する

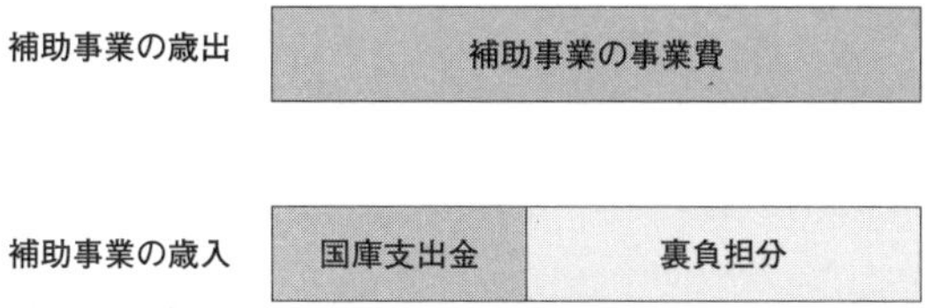

補助事業の歳出	補助事業の事業費	

補助事業の歳入	国庫支出金	裏負担分

とを意味していない。というのも，地方財政計画は地方自治体の普通会計に対応しているからである。介護保険事業は，地方自治体では特別会計で処理され，一般会計からは繰出しが行われている。そのため中央政府からの国庫負担金は，地方自治体の特別会計に繰り入れられるので，地方財政計画では計上されず，地方自治体の一般会計からの繰出金相当分だけが計上されることに注意が必要である。

3)　国庫支出金の交付決定の仕組み

　国庫支出金は，補助金の不正防止などを目的に，1955（昭和30）年に制定された補助金適正化法（補助金等に係る予算の適正化に関する法律）の規定に従って，地方自治体に交付される。そのため手続きが複雑であり，多くの事務処理を必要とする。財政面での地方分権改革を推進するために，国庫支出金の廃止が必要であるとされる理由の1つに，以下で概略を示す交付にかかる事務手続きの煩雑さがある。

　国庫支出金の補助手続きは，まず交付申請から始まる。表8-3は下水道事業にかかる交付申請書類の一覧を示している。そこには工事の内容や用地の確保等を示す，実に多くの書類が必要とされ，その作成に多くの時間を要することがわかる。

　こうした地方自治体からの交付申請を受けて，交付決定の手続きが開始される。申請内容の審査や必要に応じて，実地調査が行われ，交付決定がされる。この交付決定に際しては，経費の配分の変更や，契約方法など経費の執行に関

表8-3　下水道事業にかかる補助申請に要する書類の一覧

申請書類名	部数	A	B	C	備　　考
鑑（知事あて）	1	○	―	―	※建設事務所経由
交付金交付申請書（参考様式第1）	3	○	○	○	※国土交通大臣あて
交付申請額一覧表 　（参考様式第1の別添1）	3	○	○	○	
交付金調書（参考様式第1の別添2）	3	○	○	○	整備計画書の確認
図　　面	3	○	○	○	
事業費財源表（参考様式第10）	3	○	○	○	一般財源・地方債のみは不要
長寿命化計画書（様式2）	3	○	○	○	交付対象の確認（改築・更新工種）
工事設計書	―	―	―	―	交付申請時に内容を審査し返却
本工事費内訳表	1	○	―	―	
付帯工事費内訳表	1	○	―	―	
測量及び試験費内訳表	1	○	―	―	
用地費及び補償費内訳表	1	○	―	―	
用地及び補償費審査表	1	○	―	―	※様式参照
補助事業箇所別調書	2	○	○	―	※公共・特環に分ける
交付申請内訳書	2	○	○	―	※公共・特環に分ける
計画規模の妥当性に関する調書	2	○	○	―	
コスト構造改革チェックリスト	1	○	―	―	

出所）　長野県ホームページ。

する変更などの条件がつけられることがある。

　交付決定を受けて，補助事業が執行される。補助事業の執行についても，中央政府から補助申請の内容と異なって，使途を変更する流用を行わないことが，厳しく求められる。しかも，各府省の求めに応じて，状況報告をしなければならない。事業が終了すれば，実績報告を行わなければならない。

　さらに，交付される補助金の額が確定するのは，実績報告を受け，補助申請に従って，執行されたことを確認した後になる。その際，補助申請と異なっていると判断されると，是正命令がなされることもあり，著しく異なっている場合には，補助金の返還命令がされる。国庫支出金に対しては，国の会計検査の対象となり，そこでも著しく補助金の趣旨と異なる執行がされていると判断される場合には，補助金の返還が求められる。

　国庫支出金の執行にあたって，補助金を交付する国の各府省が，補助要綱を策定する。補助要綱では細部にわたり，執行のルールを決められている。補助金の適正な執行のために必要である反面で，詳細に定めすぎることで地域の実情に反した規定がある場合には，効率的な予算執行が妨げられることがある。

　このように国庫支出金にかかる業務が，煩雑であるにもかかわらず，各府省は基本的に，国庫支出金の廃止には反対である。各府省がめざす政策目的を達

成するには，地方自治体が着実に政策目的に適う事業を，実施する必要があり，一般財源化してしまえば，それが確実でなくなるからである。もっとも，業務繁多にもかかわらず地方自治体でも，事業担当課は所要の予算確保を優先し，一般財源化は必ずしも歓迎しない。社会保障関係ではとくにそのような傾向が強い。しかし，地方自治体が自ら政策の優先順位について判断をし，かつ地域社会の実情に適合した公共サービスを提供するためには，国庫支出金の一般財源化は必要である。

2. 中央政府の財政運営と国庫支出金

1) 義務教育費国庫負担金のあり方

　市町村の基本的な役割は明治以来，戸籍・住民票の管理と義務教育サービスの提供であった。明治期には義務教育の授業料を無償化としたことで，市町村財政が悪化し，それに対して国庫負担を求める動きが盛んになった。さまざまな経緯を経て，義務教育費に対する本格的な国庫負担金制度は，1940（昭和15）年の抜本的税制改革とともに登場する。

　つまり，地方自治体間の財政調整を目的に，人口と課税力をもとに配分される地方分与税が創設されると同時に，教職員の俸給負担が市町村から県に移され，県費負担教職員制度が創設される。それまで定額であった国庫負担が，教職員給与実績の2分の1を，中央政府が負担する定率補助に移行したのである。

　ただし，その当時の県は，中央政府の出先機関であるという性格が強く，義務教育費への国庫負担は，必ずしも地方財源の充実とはいえない。第2次大戦後に，都道府県は，地方自治体として位置づけられ，さらに1949（昭和24）年のシャウプ勧告は，地方財政平衡交付金制度の導入を打ち出す。シャウプ勧告では地方自治体が提供する公共サービスの財政負担は，すべて地方費で賄うことが原則とされる。そのため義務教育費国庫負担金制度は，廃止されるとともに，地方自治体間の財政力の格差を，一定の財源の範囲で調整するにとどまる従来の地方分与税ではなく，地方自治体の財政需要を測定し，財源不足分をすべて補填するという財源保障機能をもった，地方財政平衡交付金が導入された。こうしてシャウプ勧告は，中央政府と地方が一種の割り勘で負担し合う考え方を否定し，原則的に地方自治体が全額負担することとした。ただし，災害復旧

事業費は中央政府が全額負担することとしたのである。

　しかし，文部省は一般財源である地方財政平衡交付金では，必要な義務教育費が確保されないことを懸念した。そこで義務教育の標準教育費を設定して，その額の支出を地方自治体に義務付ける法案を，閣議に提出した。しかし，こうした義務付けは，地方財政平衡交付金の使途を制限しないという趣旨に反するとして，成立しなかったのである。

　占領統治が終了する 1952（昭和 27）年には，文部省は新たに義務教育費国庫負担法案を発表する。この義務教育費国庫負担法案は地方自治体の財政力に応じて，中央政府が国庫負担金によって，最低義務教育費を負担することで，地方財政平衡交付金から義務教育行政を事実上，切り離すことを企図していた。それとは別に議員立法で，義務教育費国庫負担金法案が提出される。結果として定員定額制ではなく，実支出額に基づく義務教育費に対して，中央政府が 2 分の 1 を負担する制度が，1953（昭和 28）年 4 月から施行されたのである。

　なおも文部省は，義務教育職員の国家公務員化と，中央政府が全額負担化をするための義務教育学校職員法案を国会に提出したけれども，地方分権の流れに明らかに反するものとして廃案となっている。そのときに確立された国庫負担の制度は，その後，義務教育教職員給与に対する国庫負担金の補助率が，三位一体改革で 3 分の 1 に引き下げられ，近年では総額裁量制が実現したものの，基本的に継続されている。

　義務教育費国庫負担金をめぐる経緯は，地方財政制度のあり方に重要な示唆を与える。義務教育は国家の重要政策であり，その執行を地方自治体に委任する以上，そのために中央政府は，何らかの負担をすべきという考え方もある。しかし，地方自治を尊重するためには，義務教育にかかる財政需要を測定したうえで，他の行政サービスにかかる分も含めた一般財源の総額を確保し，地方自治体に付与することが最も望ましい。財源の所要額を総額として確保したうえで，使途を中央政府が制限することは望ましくない。

2）　超過負担問題とその解消

　中央政府と地方自治体が財政負担を割り勘にするといっても，公共サービスを提供するのは地方自治体である。公共サービスを提供するのが地方自治体である以上，中央政府が事業費の単価や補助対象を過少に積算して，中央政府の

負担を減少させれば，地方自治体は超過負担を強いられることになる。

　超過負担問題が生じる背景には，各府省が多くの事業をコントロールするために，国庫支出金を薄まきにしたいという意図が存在する。補助金は少額でも，最後の一押しとして機能するため，事業の実施を促す効果が大きいからである。そのため中央政府の財政当局が無理な査定や事業費の積算を行いがちであり，各府省はそうした積算根拠に基づいて補助金を交付している。地方自治体としても，超過負担は困るものの，交付を受けずに全額単費で実施するよりは財政負担が小さいので，国庫支出金の交付を望まないわけにはいかないのである。

　日本の地方財政制度が，中央集権的であると批判されてきた有力な根拠の1つにこの超過負担問題がある。超過負担問題は昭和20年代の後半には問題視されていたが，昭和40年代になってようやく漸進的に見直しに着手され，同年代後半から改善がみられるようになり，規模の大きな補助金については徐々に解消されている。それでもなお，超過負担問題にかかわる補助金行政の運用改善は，毎年度の予算要求にあたって，総務省から各府省に要請されている。

　超過負担解消の機運ができた契機に，いわゆる摂津訴訟がある（1973年）。大阪府摂津市は大阪府知事の認可を受けた4保育所を設置した。ところが，建設費の2分の1が国庫負担金として交付されるべきところ，中央政府はわずか2保育所に対して，支出した建設費の総額の1割にも満たない補助金しか交付しなかった。東京地裁の判決では，交付申請の協議の段階における補助金適化法上の交付申請がなされていないことを根拠に，国庫負担金の支払い請求を求める摂津市の主張を退けている。ところが，中央政府は摂津市との協議にあたって，行政指導によって摂津市側の交付申請を妨げていた。したがって，事実上の門前払いのような判決であったのである。

　現在では，中央政府と地方自治体の法的な関係が改められたことによって，中央政府が行政指導によって，地方自治体の権利である交付申請を，一方的に拒否することはできない。摂津訴訟は，地方分権改革が進む以前の国と地方の関係を，象徴する出来事といえる。もっとも，その後，運用面で超過負担問題を段階的に解消する取り組みが進むこととなり，摂津訴訟は敗訴であったが，大きな影響を与えた。

3)　高率補助金の引き下げ

　昭和 50 年代の後半になると，中央政府の財政再建のために，いわゆる高率補助金の補助率引き下げ問題が浮上する。補助金の補助率の引き下げは，中央政府の財政負担を，地方自治体に転嫁することを意味する。そこで中央政府は，地方自治体が財政逼迫していた時期には，それを救済するために，高率の補助率を設定したのだから，中央政府の財政状況が苦しい時期には，地方自治体が協力すべきだという論理を展開することになる。

　補助金の整理合理化を行う際に，単なる補助率の引き下げであれば，国による地方への関与が小さくなるわけではない。しかし，一般財源化によるとすれば，地方分権に大いに資することになる。そのため地方自治体は，零細補助金の廃止や地方自治体に同化・定着した事務事業に対する補助金を，一般財源化するという地方分権に資する方向での補助金改革を主張した。それは政策奨励のために交付している国庫補助金を，見直しの対象とすべきで，割り勘的な考え方で負担し合う国庫負担金は，対象にすべきでないという主張にも通じることになる。ところが，実際には，生活保護費国庫負担金などの財源規模の大きな社会保障関係の高率の国庫負担金を，中心とした補助率の引き下げが，暫定措置としてではあれ，1985（昭和 60）年度から断行された。

　高率補助金の見直し問題は，1992（平成 4）年度限り終了する。しかし，それは補助率を復元するのではなく，地方税の充実強化と国税のたばこ税の 25% を新たに地方交付税の財源とするなどの財源措置を設けることで結着したのである。

　高率補助金の引き下げ問題は，解決まで長い時間を要した。しかし，その間の学習効果として，国庫負担金の補助率は，地方自治体への関与の度合いに応じるべきであり，補助率を引き下げるのであれば，地方自治体への関与を弱め，地方自治体の事務権限が増えたときに限られるべきである，という原則が確認された。しかし，同時に地方税の充実強化や地方交付税財源の確保があれば，地方自治体への関与を縮小しない場合でも，補助率の引き下げを実施しうるという前例にもなった。それらは，その後の補助金改革でも大きな影響を及ぼすことになる。

3. 地方分権改革における補助金の見直し

1) 国庫支出金の整理合理化

　1993（平成5）年に，国会は，衆参両院で全会一致で地方分権改革の推進の決議をしている。この国会決議を受けて1995（平成7）年には，地方分権推進委員会が発足して，地方分権改革が始動する。地方分権推進委員会は1997（平成9）年の第2次勧告で，国庫補助負担金の整理合理化を盛り込んだ。その基本的な考え方を第2次勧告では，「存在意義の薄れた事務事業及びこれに対する国庫補助負担金の廃止」「同化・定着・定型化しているもの，人件費補助等の一般財源化」「サンセット方式，スクラップ・アンド・ビルド原則の徹底」「奨励的補助金等の国庫補助金と国庫負担金の区分の明確化」とした。さらに国庫補助金を優先的に廃止・縮減し，国庫負担金については生活保護や義務教育など，法令などよる義務付けがある事務の国庫負担金を堅持したうえで，重点化を図るという方針を再提示している。第2次勧告では補助金の廃止・縮減だけでなく，適正化や手続きの簡素化度も含めて，補助金行政の見直しをも勧告している。

　国庫補助金の整理合理化にあたっては，①国策にともなう国家賠償的な性格を有するもの，地方税の代替財源の性格を有するもの，②災害による臨時巨額の財政負担に対するもの，③いったん国において徴収し地方公共団体に交付する形式をとっているが，地方公共団体の事務に付随する収入で地方財源の性格を有するもの（交通安全対策特別交付金など），を除き，原則として廃止・縮減を図るとした。さらに加えて，補助率の低いものや零細な補助金は，原則として廃止・縮減を図るという方針を，打ち出している。これらの国庫補助金整理の考え方は，その後の補助金改革のなかで，常に参照されている。

　もっとも，第2次勧告の内容は，1997（平成9）年に閣議決定された財政構造改革による財政再建が打ち出されたこともあって，ほとんど実現しなかった。そこで地方分権推進委員会は，2001（平成13）年の最終報告で，「国庫補助負担金の廃止・削減という切り口からではなく，国と地方の税源配分のあり方の改革とこれにともなう国庫補助負担金・地方交付税のあり方の改革という切り口から地方税財源の充実確保方策について再検討」するとした。それが後の三

位一体改革の方向を決定づけた。

2) 三位一体改革による補助金の圧縮

　2001（平成13）年に始まる小泉政権では，構造改革の一環として，地方税・地方交付税・国庫支出金を一体的に改革する三位一体改革が打ち出された。経済財政諮問会議における検討結果を受けて，2004（平成16）年度予算から06（平成18）年度までの3カ年において，4兆円の国庫補助負担金の廃止・縮小と，それにともなう税源移譲を含めた，税源配分の見直しを実施することとした。この税源移譲の規模は後に，3兆円と設定され，基幹税である所得税から住民税への移譲とされたのである。

　三位一体改革では，廃止縮減の対象となる国庫補助負担金の対象を，交付を受ける地方自治体側が作成するという手法がとられた。そのために国と地方の協議の場が設けられて，実質的に機能したことで，後の法定化につながることとなった。

　補助金の交付を受ける側の地方自治体が，廃止すべき補助金のリストを作成することによって不要と明言したことが，補助金の廃止・縮減を可能にした。しかし，決着した補助金改革案は，地方案をほとんど反映せず，財源の圧縮を意味するスリム化と，補助率の引き下げがほとんどであり，地方自治体の自由度を増すという意味での地方分権には，寄与しない内容にとどまった。

　三位一体改革では，義務教育費国庫負担金の見直し問題が再燃した。文部科学省は義務教育の維持のためには，国庫負担金が不可欠として，一般財源化に強く反発した。標準的な教職員定員を定める標準法のもとで，国庫負担金については交付される補助金の範囲で，総額裁量制を徹底することが望ましいとして，最終的には，補助率引き下げで決着された。総額裁量制は，義務教育費国庫負担金の総額の範囲内で，給与額や教職員配置に関する地方自治体の裁量を拡大する仕組みであり，教職員の加配定員の実現や少人数学級の弾力的な編成を可能にするものとされる。

3) 社会資本整備総合交付金と一括交付金

　三位一体改革においては補助金の一般財源化は，ほとんど進まなかったけれども，その反面で，補助金の交付金化が進んだ。つまり，事業や経費の内容を

包括化し，個別事業ごとの事前審査を要しないなどの事前関与を，縮小することを通じて，補助金の枠組みのなかで，地方自治体の裁量権を拡大し，使い勝手をよくする試みが進展したのである。

2009（平成21）年度に，民主党政権が実現すると，まず10（平成22）年度予算で，地方自治体が行う社会資本整備についての個別補助金を原則廃止し，社会資本整備や基幹事業の効果をいっそう高めるための事業を，一体的に支援するため自由度の高い総合交付金として，社会資本整備総合交付金が設けられている。さらに，2011（平成23）年度予算からは，いわゆる一括交付金（地域自主戦略交付金）が設けられることとなった。

一括交付金の制度設計にあたっては，「現金給付は国，サービス給付は地方」との原則に基づき，一括交付金の対象外とするのは，保険，現金給付および災害復旧，国家補償的性格，地方税の代替的性格，国庫委託金，特定財源を原資とするものとされ，経常経費でサービス分野と，投資的経費の大半を対象とする案が検討された。それが実現していれば，地方自治体の裁量権が拡大するという意味で，地方分権の成果となることが期待できたが，2011（平成23）年度予算において，地域自主戦略交付金として，具体化する段階では，対象を投資的経費に限ったものとされた。しかも，補助申請なしに客観的な基準によって配分するとしたことから，投資的経費は比較的規模の小さな団体では，財政需要の年度間の変動が大きく，交付団体の対象は規模の大きな団体に限られるというジレンマがあるために，都道府県と政令指定都市に交付対象が限られることとなった。そして政権が再交代すると，2013（平成25）年度予算では，地域自主戦略交付金は廃止された。

補助金改革では補助対象の包括化や，選択を可能とするメニュー化などは，従来から1つの選択肢と考えられてきた。しかしながら，日本には財源保障機能をもった一般補助金である地方交付税があるので，補助金の包括化やメニュー化は，対象事業を拡げれば拡げるほど，両者の区別がつかないという問題が生じる。地域自主戦略交付金は，ねらいはよかったが，交付対象の事業と対象団体を限定せざるをえない枠組みに押し込まれてしまう結果となった。

第 9 章

地方債の起債制限とその運用

1. 地方債の発行の制限

1) 建設公債主義の考え方

市場社会における政府の収入は，租税で調達することが原則である。政府の借入である公的債務，つまり公債（public debt）による収入は，「租税収入の前取り」であり，あくまで例外的な収入である。そこで財政収入を公債で調達することが正当化できるか，正当化できるとすれば，それはどのような場合かを示すのが公債原則である。

アダム・スミスに始まる 18 世紀の古典派経済学は，公債による財源調達を可能な限り避けるべきだという公債原則を唱えた。古典派経済学では経費を不生産的であると考えていたからである。租税収入では民間消費という不生産的な支出に充てられてきた資金を，租税として調達し，同じく不生産的な支出である政府支出に充てる。ところが，公債収入で政府支出を調達する場合には，生産的支出である民間投資に充てられていたはずの資金を，民間経済部門から引き上げることになると古典派経済学では考えた。したがって，古典派経済学では公債による収入は，避けるべきだという公債排撃論を展開したのである。

ところが，19 世紀後半に登場したワグナーなどのドイツ正統派財政学では，政府支出にも生産性を認め，建設公債主義と呼ばれる公債原則を打ち立てている。つまり，政府の財政需要を経常的な財政需要と資本的財政需要や臨時的財政需要（戦費調達など）に区分したうえで，経常的財政需要は租税収入で賄う

のに対して，資本的財政需要や臨時的財政需要については，公債収入で賄うことが妥当であるとしている。ドイツ正統派財政学における財政収支の考え方は，世代間の負担の公平という観点で説明される。政府投資によって形成されたインフラ資産等は，その便益が耐用年数だけ続くものであって，資産の取得年の租税収入だけで賄えば，先の世代が後の世代の受益に対して，負担を前倒しで行うことになり，世代間で不公平となるからである。

　これに対して，20世紀になってから登場したケインズ派のフィスカル・ポリシーでは，景気の後退局面では有効需要が不足するので，それを創出する補整的財政政策が有効であると考えられている。そのうえで，補整的財政政策のための政府支出を賄うのは，公債収入が望ましいと唱える。つまり，公債発行によって民間貯蓄を吸い上げて，有効需要の不足に対応する反面で，好況期に拡大する税収入を政府債務の償還に充て，中長期の景気循環のなかで，財政収支を均衡させようとしている。ドイツ正統派財政学の考え方が，どちらかといえば，静態的な意味での負担の公平を考えているのに対して，ケインズ派の発想は，経済変動に着目した動態的なメカニズムを想定している。現代のいわゆるリフレ派は，短期的な財政収支の均衡よりも，政府の債務償還能力の根源はGDPであって，経済成長を促進して税収の見込み額を大きくしていくことが，政府財政の健全化に資するうえで，重要であるという見方をしている。ケインズ派の動態的なメカニズムをいっそう強調したものであるといえる。

　近年のようなグローバル化した経済情勢にあっては，各国経済が国境を越えて相互に影響し合い，経済が中長期で変動する傾向が強まっている。そのなかでは，リフレ派のような動態的な側面を強調することには，一定の説得力がある。国家財政において，静態的な意味での財政規律に重きを置きすぎると，経済変動を抑制できないで，かえって財政収支が悪化することも考えられる。それに対して，地方財政では財政活動が与えるマクロ経済効果が限定的であるので，国家財政に比べて静態的な財政収支の均衡を図る妥当性がある。実際に，建設公債主義の原則は，明文化されていないものも含めれば，程度の差こそあれ，地方財政では多くの国で採用されている。

　日本の財政法は1947（昭和22）年に成立している。この財政法では，第4条の本則で非募債主義を謳いながら，但し書きで建設国債の発行を認めている。したがって，建設投資に対して建設国債を発行する際には，予算書の総則にお

いて，第4条但し書きの対象となる経費を列挙し，その範囲で建設国債を発行することになる。これに対して赤字国債は，財政法の規定に反するので，発行することを特例として認めるために特例法を定めることになる。

1948（昭和23）年に成立した地方財政法では，原則として非募債主義を採用しながら，建設地方債の発行を認めている。さらに発行対象となるインフラや，公共施設等の資産の耐用年数の範囲で，償還することを求め，建設公債主義としては，より厳密な考え方を適用している。

2） 財政状況に基づく起債制限：許可制，協議制，事前届出制

日本では地方債の起債について，第2次大戦前から中央政府による許可制が導入されてきた。第2次大戦後になると，1947（昭和22）年の地方自治法第226条第3項で，「普通地方公共団体は，地方債を起すについては所轄の行政庁の許可を必要としない」と，自由起債の原則を認めた。ところが，地方自治法第250条で，「当分の間，政令の定むるところにより，地方財政委員会又は都道府県知事の許可を受けなければならない」と規定し，許可制を存続させた。その後，1999（平成11）年に成立した地方分権一括法で，地方債の許可制から協議制に転換されることになる。それにともない，起債制限に関する規定は，地方自治法から地方財政法に移されたのである。

建設公債主義のように，発行対象を制限する以外にも，健全財政を担保するためには，元利償還金の大きさが一定以上になると，起債を制限する方法が有効である。昭和20年代に地方財政の財源不足が著しい時期に，実態的には地方債発行でしのがざるをえない状況であり，昭和20年代の終わりには，多くの地方自治体の財政状況が深刻な状態に陥った。昭和30年代になって，財政再建が進められるようになってからは，赤字の規模や地方債残高が著しく多い地方自治体に対して，財政状況や償還能力を考慮した起債許可方針が打ち出されたのである。

このように地方自治体の財政状況などに応じた起債制限は，1955（昭和30）年度に導入され，65（昭和40）年度に定着していくことになる。その後は毎年度のように，基準が見直されているものの，公債費が過大である団体への起債制限における指標の設定の考え方は，継承されている。協議制度となって実質公債費比率の考え方が導入され，これにともない指標や起債制限が適用される

水準こそ全面改定されるけれども，その考え方は基本的には現在まで継続されている。

　地方債の許可制度は，地方自治体に対して，地方債の発行を原則禁止としながら，とくに条件を満たしたときに限って，中央政府が起債を認めるということから，地方自治への侵害であるといわれてきた。中央政府が地方債を許可制度のもとにおいた理由としては，①許可を得た地方債の元利償還について，地方財政計画を通じてマクロで財源保障することで，地方債に信用を付与すること，②地方債の資金の多くを政府資金で引き受けるが，その際に地方債許可制度を通じて政府資金を一元的に管理し，総合的に配分すること，③資金配分を通じて公共投資に必要な資金を効率的に配分すること，④国の経済政策等と整合的に地方歳出をコントロールするマクロ調整をすること，⑤地方財政計画を通じて標準的な行政水準を確保すること，などがあると説明されてきた。

　そのなかでもとくに注意が必要なものが，②の政府資金の一元的な管理と総合的な配分である。一般に高度経済成長期には，民間部門の投資意欲が高い一方で，所得水準が十分高くないので貯蓄が不足しており，構造的に資金需要が資金供給を上回る資金不足経済であった。それまでは地方債を許可制度にして，限られた公的資金を割り当てなければ，金融市場がタイトとなって金利が上昇する。財政投融資の仕組みは，それを避けるための資金割当てのメカニズムとして機能し，地方債もそのなかに組み入れられていた。ところが，昭和50年代後半になると，日本は資金余剰経済に転換する。資金余剰経済に転じると，資金の割当て機能が不要となり，地方債の許可制度は，中央政府による地方自治体への過剰な関与という色彩が強くなってしまう。

　許可制度のもとでも，手続きの簡素化などの弾力運用が，昭和50年代から徐々に拡大している。1990（平成2）年度には，地方債の許可予定額の決定が，それまでは事業の種類に応じて，一件審査または枠配分のいずれかの方法によっていたが，原則として枠配分に転じている。1999（平成11）年7月には，地方分権一括法によって，協議制の導入が決まり，2006（平成18）年度からの実施が決まる。そこで，改正趣旨を一部先取りするかたちで，許可方針等の大幅な緩和の方向での見直しが，2000（平成12）年度から開始された。実質的に協議制を先取りした運用が行われたことにより，許可制から協議制への切り替えが連続的に行われ，大幅な制度改正でありながら，運用面では大きな変化と

はならなかったのである。

　地方債の協議制への移行は，それまでの起債の原則禁止を，原則自由化にしたという意味では，考え方の大転換を意味する。協議制に移行すると，地方自治体は，地方債の起債に関して総務大臣あるいは都道府県知事と協議をすることになる。協議制には，同意が得られなくても条件付きで執行できる場合と，同意が得られなければ執行できない場合があるが，地方債の協議制は，前者である。

　同意が得られた地方債の起債には，公的資金による借入が可能となり，その元利償還金が地方財政計画に入れられることになる。地方財政計画に算入されるということは，それぞれの地方自治体の元利償還金が，前述した地方交付税の仕組みを通じて，財源措置されることになる。これに対して同意を得ることなく，地方債を起債しようとする場合には，地方自治体の「長」は地方議会に，そのことをあらかじめ報告しなければならない。協議制のもとで，総務大臣は協議における同意基準と地方債計画を策定して公表する。この同意基準の範囲は広く設定されているため，実際には総務大臣の同意なく地方債が起債された実績はない。その必要がないからである。

　協議制のもとでも，実質公債費比率が高い，または実質収支比率が赤字であってその割合が大きいなどの地方自治体について，許可制度が引き続き適用される。それはシャウプ勧告で構想された，広い意味での償還能力を基準とした起債制限の考え方を継承しているといってよい。

　民主党政権は地方分権改革に関する第2次一括法を成立させて，協議制のいっそうの緩和をする趣旨で，事前届出制を2012（平成24）年度から導入した。その趣旨は地方財政の健全性，地方債全体の信用維持を前提としつつも，地方自治体の自主性・自立性を高める観点から，可能な限り「個別事業毎の関与」から「包括的な関与」へと移行させることにある。つまり，財政状況が良好な地方自治体が，民間資金債を発行しようとする場合には，原則として協議を不要とし，事前届出制に移行させることにしたのである。

　協議が不要となれば，事務手続きの負担が軽減され，発行時期の前倒しが可能となるため，金利負担の軽減や事業の円滑な推進などのメリットがある。事前届出制では，協議不要団体を，実質公債費比率等でみて良好な団体に限ることで，起債制度の緩和が地方債の信用力に影響を及ぼさないようにしている。

図 9-1　地方債協議制・事前届出制のあらまし

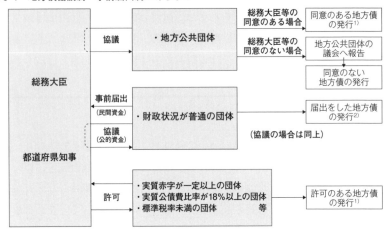

注）　1　総務大臣等の同意（許可）のある地方債に対し，公的資金の充当，元利償還金の地方財政計画への算入。
　　　2　届出をした地方債（民間資金）のうち協議を受けたならば同意をすると認められるものに対し，元利償還金の地方財政計画への算入。
出所）　総務省資料。

　事前届出制に基づいて届出された地方債のうち，協議を受けたならば，同意をすると認められる地方債については，元利償還金を地方財政計画に算入するとともに，予定額を地方債計画に計上する。協議制，許可制と事前届出制の関係は図 9-1 に示した。

3）　地方債の発行限度

　現在の地方債制度のもとでも，実質公債費比率が 18％以上ならば，協議制ではなく許可制になり，公債費負担適正化計画の作成が促される。さらに自治体財政健全化法（地方公共団体の財政の健全化に関する法律）によって，実質公債費比率が 25％以上になると，早期健全化段階に移行し，財政健全化計画の作成が求められる。実質公債費比率等で地方債の発行を規制しているため，実質公債費比率が協議制ないしは事前届出制の範囲であれば，公債費の負担が適正であって，償還が可能な水準であると理解されがちであるが，それは誤解である。

　基準財政需要額に非算入の公債費は，留保財源が償還財源となることから，地方税収が乏しく，留保財源が小さい地方自治体では，実質公債費比率がそれ

ほど高くなくても，非算入公債費・準公債費が，留保財源を簡単に上回ってしまい，財政運営が逼迫する。したがって，税収の乏しい地方自治体では，実質公債費比率が許可制度に移行する18％未満であっても，地方債の償還が難しい状況になりうることに注意が必要である。

　経験的にいえば，財政力指数の平均値（全団体の基準財政収入額の合計を基準財政収入額の合計で除したもの）は，0.6から0.7程度であるが，こうした地方自治体では，起債制限比率が20％で，留保財源と非算入公債費がほぼ同額となる。これに対して財政力指数が0.3程度であれば，起債制限比率が10％前後で非算入公債費がほぼ同額になる。

　かつての許可制度のもとでは，地方税を減税して標準税率未満で課税すると，地方債の発行は許可されなかった。標準税率未満まで減税する余地があるのならば，地方債による財源調達の抑制を優先すべきという考え方からである。現在の協議制のもとでも，地方税を標準税率未満で課税すると，許可制が適用される。地方債の許可方針では，標準税率未満で課税することによる世代間の負担の公平への影響や，地方税収の確保の状況等を勘案するとされている。世代間の負担の公平への影響では，減税による減収額を上回る行政改革を予定しているかどうかをとくに精査するとしている。もしも，減税による減収分を歳出の圧縮等で吸収できなければ，負担を先送りすることになり，建設公債主義の原則に反すると考えられる。

　もっとも，行政改革については計画の有無は問題とされるが，計画の議決等までは求められていない。つまり，予定どおり実施するかどうかは，地方自治体の責任に委ねられている。標準税率未満の地方自治体に地方債の発行が許可されても，それが健全財政を損わないようにすることは，あくまで自己責任であることを忘れてはならない。

2.　地方債制度の概要

1）　地方財政計画と地方債計画

　地方債計画は中央政府の策定する地方債の年度計画である。地方債発行額の見込みを定めて，所要の地方債資金を確保するほか，起債の同意等を通じて，地方債資金の配分を見通す目的で策定されている。図9-2（の左側）に示した

図9-2　地方債計画と地方財政計画との関係（2020〔令和2〕年度）

図9-2　地方債計画と地方財政計画との関係（2020〔令和2〕年度）

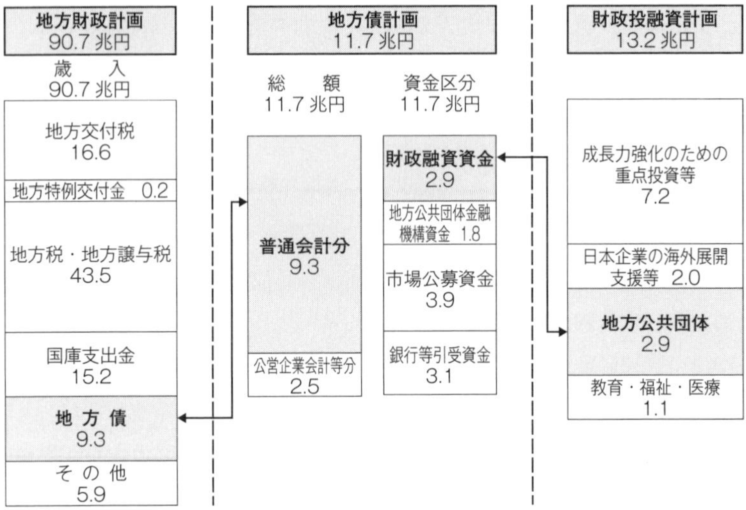

出所）　総務省資料。

ように，地方債計画は地方財政計画と整合的に作成される。中央政府が補正予算を作成して，地方自治体に公共事業等を，追加的に執行することを要請することがある。そうした場合には論理的にいっても，地方自治体には借り入れる以外に財源はなく，地方債を起債せざるをえない。そのための所要資金を手当するなどの理由で，地方債計画は年度途中で改定されることが多い。

　地方財政計画は地方自治体の普通会計を対象にしている。そのため地方公営企業の歳出では，公営企業繰出金がかかわるのみである。これに対して地方債計画の対象となる地方債は，地方財政計画と直接関係する普通会計分と，地方公営企業等分の両方からなっている。一般会計債と公営企業債は対象となる事業別に分かれており，それぞれ充当率や償還ルールが定められている。その意味で，地方債計画には政策分野別の資金の配分機能があるとされる。

　地方債計画に含まれる地方債は，協議制のもとでは同意されるか，許可されるか，あるいは事前届出された地方債である。協議の結果，不同意とされた地方債（実績としてはないが）は，地方財政計画にも地方債計画にも計上されない。

　地方債計画の地方債には，投資的経費の財源となる地方債と，財源不足を補うための地方債がある。後者の代表例が臨時財政対策債である。一方，財源対

策債は建設地方債の充当率を引き上げることで地方交付税の財源不足を補うために起債される。つまり，財源対策債は，投資的経費の財源であると同時に，財源不足を補うという中間的な性格をもっているのである。

2) 地方債の引受資金

　地方債計画には，公的資金をどのように配分するかという重要な機能がある。そのため図9-2（の右半分）のように地方債計画には，資金計画が含まれている。公的資金は財政融資資金と地方公共団体金融機構による引き受けがある。財政融資資金には財政投融資計画との整合性が求められる。

　2001（平成13）年度に実施された財政投融資改革以前であれば，政府資金と公営企業金融公庫資金（地方公共団体金融機構の前身であり公営企業債を中心に引き受けていた）をあわせて，全資金の7割を超える年度もあった。しかし，2001（平成13）年の財政投融資改革の影響で，政府資金による地方債引き受けが次第に減少し，その一方で地方債の市場公募の拡大が促されたことから，地方債の資金構成は大きく変化した。平成20年代に入ると，公的資金は40％程度，民間資金は60％程度で推移している。しかも，この民間資金のうち市場公募債の割合が増えている。それは裏から表現すれば，銀行等引受資金などの「その他民間資金」の割合が減ったことを意味している。現在では都道府県の大部分と，全政令指定都市が公募団体となっている。

3) 地方債の発行手続き

　市町村が銀行等引受資金で，地方債を起債しようとすれば，次のような起債手続きで進められる。まず市町村の起債計画は，都道府県に集計され，それに基づいて総務省は，同意等予定額を決定する。そのうえで総務省は，財務省との間で政府資金の配分を協議することになる。

　こうして総務省は，同意等予定額を決定すると，それを各都道府県に，同意等予定額として提示する。都道府県は総務省との協議，同意を経て，同意等予定額を市町村に通知する。それを受けて市町村は，起債協議書を作成し，都道府県との間で協議をする。市町村は都道府県から同意を得ると，銀行等に対して借入を申し込み，資金の提供を受けるということになる。

　総務省は地方債同意等基準を，政府予算が年度内に成立したことを受けて通

表 9-1　主な地方債の充当率，交付税算入および資金の状況（2019〔令和元〕年度）

事業区分	対象事業	充当率	交付税算入率	資金
一般会計債				
公共事業等		90%（本来分50% 財対債分40%）	財対債分50%	財・機構・民間
防災・減災・国土強靭化緊急対策事業		100%	50%	財・民間
公営住宅建設事業		100%	—	財・機構・民間
災害復旧事業	補助・直轄災害復旧（現年）	公共土木施設等100% 農地・農林漁業施設90%	95%	財
	補助・直轄災害復旧（過年）	公共土木施設等90% 農地・農林漁業施設80%	95%	
	歳入欠かん等	100%	57%（特別交付税）	
	小災害復旧	公共土木施設等100% 一般被災地50%、被害激甚地74% 農林施設・一般被災地65%、被害激甚地80%	公共土木施設等66.5%（財政力補正により95.0%まで）農地100%	
	地方公営企業災害復旧・火災復旧	100%		
	一般単独災害復旧	公共土木施設等100%、農地・農林漁業施設65%	47.5%（財政力補正により85.5%まで）	
全国防災事業		100%	80%	財・機構
学校教育施設等整備		建物（国庫負担事業分）90%（通常分75%、財対債分15%）	通常分70%、財対債分50%	財・機構・民間
		建物（単独事業分）75%	大規模改造は30%	
		学校施設環境改善交付金事業等75%		
		上記であって危険改築事業、不適格改築事業90%（通常分75%、財対債分15%）	通常分70%、財対債分50%	
		義務教育施設・高等学校用地90%		
		上記以外の施設用地75%		
社会福祉施設整備事業	通常分	80%		機構・民間
	貸付目的の施設用地の取得	90%		
一般廃棄物処理施設	施設（補助事業分）	90%（通常分75% 財対債分15%）	通常分70% 財対債分50%	財・機構・民間
	施設（単独事業分）	75%	30%	
	上記の重点化等	90%（通常分75% 財対債分15%）	通常分70% 財対債分50%	
	清掃運搬施設等	75%		
	用地関係	100%		
一般補助施設整備	通常分	事業によって異なる	事業によって異なる	財・民間
	うち豪雪対策事業	80%		財
	うち特別転貸債	100%		財
一般単独事業	一般	事業によって異なる	半島振興道路整備30%など事業によって異なる	民間
	うち河川等	90%	—	機構・民間
	うち臨時高等学校改築等	90%	—	機構・民間
	うち地域総合整備資金貸付	100%	金利分の75%	機構・民間
	うち被災施設復旧関連事業債	100%	70%	機構・民間
	地域活性化	90%	30%	機構・民間
	防災対策（防災基盤一般）	75%	30%	機構・民間
	防災対策（自然災害防止）	100%	28.5～57%（財政力に応じて）	機構・民間
	旧合併特例債	旧法95% 新法90%	旧法70% 新法50%	機構・民間
	地方道路等整備（道路 橋道 林道）	90%	—	機構・民間
	緊急防災・減災	100%	70%	機構・民間
	公共施設等適正管理推進事業	90%	事業によって異なる	機構・民間
	緊急自然災害防止事業	100%	70%	機構・民間
辺地および過疎対策事業	辺地対策事業	100%（一部事業によって異なる）	80%	財
	過疎対策事業	100%（一部事業によって異なる）	70%	財
公共用地等先行取得		100%	—	民間
行政改革推進債，調整債		100%	—	民間
臨時財政対策債		100%	100%	財・機構・民間
退職手当債		100%	—	民間
公営企業債		100%	水道事業（出資債等）、下水道事業、病院事業に一部交付税措置	財・機構・民間

注）　資金区分における財は財政融資資金，機構は地方公共団体金融機構資金，民間は市場公募資金または銀行等引受資金。

出所）　地方債制度研究会編『事業別地方債実務ハンドブック（令和元年度版）』ぎょうせい，から作成。

常，4月上旬に告示する。そこには地方債の事業区分が定められている。同日に示される地方債同意等基準運用要綱では，発行対象となる事業等についての詳細が定められている。さらに，地方債では事業ごとの充当率も，同日に告示される。事業区分，対象事業，充当率，充当される資金の種類，および地方交付税法等に基づいて決定される基準財政需要額への算入率などが，地方債の発行のために，とくに重要な要件である。それらを一覧にして示したのが，表9-1である。発行手続きはかつてに比べて簡素化が進んでいる。

3. 地方債の政策課題

1) 地方債の安全性

地方債の信用維持の対応には，中央政府レベルでの対応と，地方自治体レベルでの対応がある。総務省は中央政府による「制度的対応」として，①地方税，地方交付税制度に基づく，マクロ・ミクロ両面からの財源保障，②地方財政法に基づく，早期是正措置としての地方債許可制度，③自治体財政健全化法に基づく，財政の早期健全化・再生，の3点をあげている。さらに地方自治体レベルの対応として，①行財政改革の推進，平成の合併，②地域活性化施策の推進による税源の確保，③財務情報の開示，IRの推進，の3点を指摘している。これに，①第三セクター等の経営改革，②地方公会計の取組，という2つの取り組みを加えている。地方債の信用維持にとって重要なのは，中央政府による「制度的対応」である。

地方財政計画の歳出には，公債費という項目がある。それは地方交付税の基準財政需要額に算入される部分だけでなく，同意または許可，あるいは事前届出した起債分を対象としている。民間資金で引き受けている地方債の場合，償還期間や償還のルール，金利などは，地方自治体によってまちまちであるので，地方財政計画の公債費は多くの場合，一定のルールに基づいて，元利償還金を算出した理論償還である。それは実績値と基本的に連動している。したがって，ほぼ実額に等しい公債費を含んだ地方財政計画の歳出と，同額の歳入が確保されるということは，地方財政全体のマクロベースでは，償還財源が確保されることになる。これは地方債の償還確実性を担保するうえでの最も重要な前提条件である。

ただし，マクロベースで償還財源が確保されても，それぞれの地方自治体ごとのミクロベースで，地方債の償還財源が確保されることまでは意味しない。公債費の一部または全額を基準財政需要額に算入する措置は，実質的に公債費の負担を軽減するとはいえ，非算入の公債費あるいは準公債費の償還財源が確保されているとは限らないからである。そのため公債費・準公債費の大きな地方自治体については，実質公債費比率によって，起債を制限する制度的な仕組みを設けている。公債費の過重な地方自治体については，地方債の発行を不許可とする強行手段を担保している。

　こうした措置に加えて，最終的に自治体財政健全化法によって，地方財政の早期健全化・再生の仕組みを機能させる。地方財政の早期健全・再生の仕組みは，地方自治体の財政の自主再建を，促す仕組みだといってよい。つまり，地方債の償還が不可能な状況が生じる前の段階で，法的に財政健全化を促す仕組みを動かす。中央政府が地方自治体の負債を肩代わりしないにもかかわらず，地方債が償還不能とならないことに対して，中央政府による地方自治体への暗黙の政府保証があるなどと誤解されることがある。実際は，地方自治体が自主再建の可能な範囲を逸脱しないように，事前に健全化の仕組みを機能させるものである。

2) 市場化の進展

　日本の地方債制度は，協議制の導入によって，地方債制度の自由化が実現したといえる。協議の仕組みなどが残っているが，それは地方財政法第5条が定める建設公債主義の原則を確保するために，適債性のある起債であるかどうかを審査する必要があるからにすぎない。地方債同意等基準も，適債性の要件を具体的に定めたものといえる。適債性の要件を政府が確認する必要があるのは，究極には公的資金の配分を行っているからだといえる。

　小規模な地方自治体では資金調達コストが大きく，単独の地方自治体で調達すると，金利変動等のさまざまなリスクも生じるので，公的資金の配分は欠かせない。その一方で，都道府県や政令指定都市になると，市場公募債で少なくとも必要な資金の一部分は調達できる。しかも，共同発行の仕組みによって，市場化に対応することもできる。そこで近年では市場化を進めるために，金融機関や投資家からみて，地方債の金融商品としての魅力を高める動きが顕著と

なっている。

　市場公募地方債の共同発行は，2003（平成 15）年度から始められた。共同発行で発行ロットを拡大すれば，調達金利を下げられるメリットが生じる。単独では最大規模の東京都債よりも，共同発行債の発行ロットは大きく，流通金利は東京都債に比肩する水準で推移している。

　2006（平成 18）年 9 月からは，市場公募債における発行金利を，統一条件で引受金融機関と交渉するという統一条件交渉が廃止された。統一条件交渉は地方債が償還確実であることから，引受条件も同一であってよいという引受側の了解もあって，続けられてきた慣習である。しかし，金融市場では発行ロットの違いなどの理由で，流通金利に差が生じていたことを考えれば，統一条件交渉の廃止は妥当といえる。この廃止に先立って，2002（平成 14）年 4 月には，東京都債とその他団体債の 2 つに分けて，交渉するツーテーブル方式が導入され，2004（平成 16）年 4 月からは，個別交渉（東京都と横浜市）と統一条件交渉が併存する状態となっていた。

　2009（平成 21）年 4 月に金融不安への対策の一環として，日本銀行の「適格担保取扱基本要領」が一部改正された。適格基準を満たす地方自治体向け証書貸付債権が，新たに日銀適格担保の対象となるとともに，証券形式による銀行等引受債も適格担保の範囲が大幅に拡大された。2019（令和元）年 7 月には，日本銀行は地方債の適格担保の範囲を拡充し，従来，公募債に限っていたものを，非公募債（証券形式）および証券貸付債権（証書形式）も含めることとされた。金融機関の資金繰りの改善に役立つことが期待される。

　こうした改正は金融危機の時代にあっては，銀行の資金調達余力を補強し，地方債の信用を高める意味がある。国際決済銀行（BIS）におけるバーゼル合意のもとでの銀行等の自己資本比率規制における地方債のリスク・ウェイトも，当初は 10％とされていたけれども，地方債は償還確実性があるので，国債と変わらないという見方に基づいて，1994（平成 6）年から地方債のリスク・ウェイトはゼロとされた。

　2006（平成 18）年 1 月からペーパーレス決済システムである一般債振替制度がスタートした。地方債もその対象となった（国債については 2003〔平成 15〕年から実施済み）。これは地方債の円滑な消化のために，必要な措置であったといえる。

電子決済制度導入にあわせた税制上の優遇措置として，2008（平成20）年1月以降，国債と同様に地方債は，非居住者，外国法人（外国投資信託の受託者である場合を含む）が受け取る振替地方債の利子について，所得税または法人税が課税されない源泉徴収が設けられた。さらに，2010（平成22）年度税制改正で，非課税手続きが簡素化され，地方公共団体金融機構債でも海外投資家が受け取る振替債利子等の非課税措置が講じられた。

3）　共同発行機関である地方公共団体金融機構

　単独で市場公募債を発行するには，資金調達コストが上がりすぎる小規模な地方自治体にとって，地方債の共同発行機関の設立は宿願であった。その構想は戦前からあり，戦後も何度か検討されたが，実現はしなかった。戦前から戦後にかけて資金市場がタイトである状況のもとでは，財政投融資によって政府資金を一元管理することが，最も調達コストが低く，資金の効率的配分が可能となると考えられていたからである。

　そうした状況ではあったが，政府保証債を発行して，地方公営企業の資金を調達する金融機関として，公営企業金融公庫が1957（昭和32）年に発足している。その後，第1次オイルショックの経済不況のもとで，地方債の引受資金の不足という問題が生じ，公営企業金融公庫に普通会計債を引き受けられるようにする改組問題が浮上した。その結果として，公営企業金融公庫を改組こそしないものの，1978（昭和53）年度予算から普通会計債のうち臨時地方道路整備事業，臨時河川等整備事業，臨時高等学校整備事業の3事業を融資対象とすることになったのである。

　小泉内閣になると，構造改革の一環として，政府関係金融機関の改革問題が浮上する。こうした問題への検討が重ねられた結果，第1次安倍内閣のもとで2007（平成19）年には，中央政府が全額出資する公営企業金融公庫を，すべての地方公共団体が出資する地方共同法人である地方公営企業等金融機構に改組する方針が定められた。地方公営企業等金融機構は，債券発行により資金調達を行い，地方公営企業等の行う事業に対して貸付を行うこととされた。その融資対象事業は公営企業金融公庫のものを基本的に継承していた。政府保証のない機構債ではあったけれども，豊富な内部留保と保有債権が安全であることを背景に，低い調達金利で順調に機構債が市場で消化されたのである。

地方公営企業等金融機構が発足した直後の2008（平成20）年10月には，リーマン・ショックを受けた経済対策が，麻生内閣で取りまとめられる。そのなかで地方自治体（一般会計）に長期・低利の資金を融通できる，地方共同の金融機構の創設の検討が盛り込まれた。それを受けて，地方公営企業等金融機構をさらに改組し，普通会計債を含むすべての地方債の資金を貸付対象とする地方公共団体金融機構への改組が決まり，2009（平成21）年度から貸付を開始したのである。

　普通会計債として臨時3事業に，合併特例事業，防災対策事業，地域活性化事業を加え，臨時財政対策債の急増に対処して長期の資金調達が困難な市町村分を中心に，融資枠を設けている。地方公営企業等金融機構への改組では，地方債資金の調達について資本市場を経由する方向が志向された。これに対して地方公共団体金融機構への改組の際には，とくに小規模な地方自治体の資金調達を，支援する仕組みを用意することに主眼が置かれたのである。

第10章

地方自治体の予算・決算

1. 地方自治体の財務と予算

1) 地方財政と予算

　地方財政の運営にかかわる予算・決算・会計などにともなう事務を，地方財務と呼んでいる。この地方財務を規定する法体系は，地方自治法を中心にして，地方税法，地方財政法，地方公営企業法から成り立っている。予算とは政府の経済活動である財政を運営するシステムである。政府の経済活動である財政を運営するのに，なぜ予算が必要かといえば，それは政府が本来，経済活動を営む経済主体ではないからである。

　市場社会では経済活動は，私的領域で営むことになっている。これに対して政府は，あくまでも公的領域で社会の統合を図るという政治活動を営む政治主体なのである。とはいえ，政府が公的領域で政治活動を営むにしても，それには財貨やサービスが必要である。そのため政府も，財政という経済活動を行わざるをえない。公的領域における政府の活動は，政治活動にしろ経済活動にしろ社会の構成員の合意に基づいて行われる。したがって，政府の経済活動である財政も，社会の構成員の合意に基づいて営まれる。そのための制度が予算である。

　ただし，予算は社会の構成員の合意を得るためだけの制度ではない。民間領域の家計や企業という経済主体では，決定と執行が不可分に結びつき，刻々と変動する市場に即応して行動できる。ところが，政府という経済主体では，議

会による決定と行政による執行が分離している。そのため予算は，財政について社会の構成員の合意を形成するとともに，議会を通じた社会の構成員の決定に基づいて，財政を執行する制度である必要がある。

2) 地方財政の予算原則

　財政をコントロールするシステムとしての予算制度を，どのようにデザインするかという基準を予算原則と呼んでいる。こうした予算原則は，財政を社会の構成員の意思のもとに決定して執行する，という観点から提唱されている。地方自治体の予算にも予算原則が適用される。

　予算原則は大きく2つに分類できる。第1は，予算そのものの内容と形式に関する原則であり，第2は，予算の編成と執行という予算過程に関する原則である。こうした分類にしたがって，地方財政について唱えられる予算原則をまとめたのが図10-1である。

　内容と形式にかかわる原則のうち，総計予算主義とは，歳入と歳出はすべて予算に計上しなければならないという原則である。予算に計上されない財源がつくり出されれば，住民も議会も財政を有効にコントロールすることができない。総計予算主義の原則は，地方自治法第210条に規定され，完全性の原則とも呼ばれる。総計予算主義に対して，たとえば租税収入から徴税費を控除するように，歳入からそれを取得するために必要な費用を差し引いて計上することを純計主義と呼んでいる。

　単一予算主義の原則とは，歳入と歳出を計上する予算は，1つでなければならないという原則である。複数の予算の存在を許せば，住民や議会の統制を逃れる財政操作の余地が生じてしまうからである。

　予算過程に関する原則のうち，予算事前議決の原則は，予算の編成・成立の過程にかかわっている。予算は会計年度が始まるまでに，議会によって議決されなければ，執行ができないとする原則である。この原則は議会の議決なくして，予算の執行ができないことを示すとともに，議会に十分な審議期間を与えることも考慮して，予算の編成を完了することをも要請している。こうした予算事前議決の原則は，地方自治法の第211条で規定されている。都道府県と政令指定都市では，年度開始前30日，市町村では年度開始前20日までに，予算を議会に提出しなければならない。

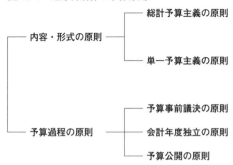

図 10-1　地方自治体の予算原則

```
　　　　　　　　　　　　　　　　┌──── 総計予算主義の原則
　　　　┌──── 内容・形式の原則 ──┤
　　　　│　　　　　　　　　　　　└──── 単一予算主義の原則
────┤
　　　　│　　　　　　　　　　　　┌──── 予算事前議決の原則
　　　　└──── 予算過程の原則 ───┼──── 会計年度独立の原則
　　　　　　　　　　　　　　　　└──── 予算公開の原則
```

　地方自治法第208条第2項に定められている会計年度独立の原則とは，それぞれの年度の歳出は，その年度の歳入で賄わなければならないという原則である。こうした原則の前提には，予算は会計年度ごとに議決しなければならないという単年度主義の原則がある。会計年度独立の原則に基づいて，予算は会計年度ごとに歳入と歳出が，一致するように編成されている。予算の執行においても，その会計年度の歳出は，その会計年度の歳入で支弁すべきだというのが，会計年度独立の原則である。

　最後の予算公開の原則は，予算過程あるいは予算の全領域にかかわっている。財政を予算によって住民がコントロールするには，予算に関する情報が，住民に対して公開されていなければならないという財政民主主義の基本となる原則である。

3）　会計年度と会計年度区分

　地方自治法の「第9章財務」の「第2節予算」は，「総計予算主義の原則」を規定した「一会計年度における一切の収入及び支出は，すべてこれを歳入歳出予算に編入しなければならない」という第210条から始まる。この規定は，総計予算主義の原則と同時に，現金主義会計の原則をも謳っているといってよい。

　財政法の第2条では，収入とは「現金の収納」であり，支出とは「現金の支払」と定義している。現金の授受が実際に実施された時点で収入や支出とする会計原則を現金主義会計といい，現金授受とは無関係に，資産価値の増加や減

少が生じた時点で収入や支出として処理する会計原則を発生主義会計という。

　企業会計では発生主義会計に基づいて処理される。企業が機械設備を購入した際には，現金主義では支出とされるけれども，発生主義会計では費用とはならない。購入された機械設備は，一定期間にわたって稼働し，生産に貢献するからである。そのため発生主義会計では，機械設備の投資額ではなく減価償却費を，その年度の費用として処理することになる。

　企業会計が発生主義会計に基づくのは，企業会計の目的が経済パフォーマンス，つまり企業が追求する利潤を確定することにあるからである。これに対して政府の目的は，民主主義的統治にあり，予算の目的は政府を民主主義に基づいてコントロールすることにある。そのため予算では，現金主義会計が採用されることになる。

　「歳入歳出」と表現する際の「歳」とは会計年度を意味する。つまり，歳入とは一会計年度の収入，歳出とは一会計年度の支出のことをいう。会計年度は地方自治法第208条によって，「毎年4月1日に始まり，翌年3月31日に終るものとする」と規定されている。つまり，会計年度は中央政府も地方自治体も同じである。

　しかし，日本の地方自治体の予算編成は，中央政府の予算編成と密接に関連している。というよりも，中央政府の予算が確定しないと，地方自治体は実質的に予算を編成できない。そのため中央政府の会計年度を早め，地方自治体の会計年度と相違させることが提起されてきた。1962（昭和37）年には政府与党のもとに，「会計年度に関する調査会」が設けられ，田中角栄政調会長が中央政府の会計年度の暦年制を推進する方針を表明したけれども，実現にいたらなかった。

　会計年度独立の原則がある一方で，会計年度が終了しても，現金の収入と支出の整理を実施する出納整理期間が設けられている。出納整理期間は会計年度終了後から出納閉鎖期日まで，つまり4月1から5月31日までである。予算は現金主義に基づいている。その一方で，収入と支出の会計年度の所属区分は，一種の発生主義に基づくことになる。そのため会計年度の終了とともに，予算執行が停止されてしまうと現金の収支を会計年度とともに完了することが不可能となるので，出納整理期間が必要となる。その反面で，それを設けることによって，決算の作成時期はそれだけ遅くなる。

2. 地方自治体の予算と決算

1) 予算の性格と内容

　予算は単なる見積りでも計画でもない。予算は拘束力をもつ見積書である。見積りや計画という意味の予算であれば，私的領域の経済主体である企業でも家計でも作成する。ただし，決定と執行が統合されている私的領域の経済主体では，予算に拘束されることなく，市場の状況に合わせ，自由に変更が可能である。それに対して，決定と執行が分離されている政府という経済主体では，予算は執行機関から決定機関への財政権限の許可要請書であり，ひとたび議決されれば，決定機関から執行機関への財政権限の付与書となる。つまり，予算は拘束力をもつ文書となる。

　予算の内容は，厳格に規定され，地方自治法の第215条では，①歳入歳出予算，②継続費，③繰越明許費，④債務負担行為，⑤地方債，⑥一時借入金，⑦歳出予算の各項の経費の金額の流用，の7つとされる。財政法の規定する中央政府の予算と比較すると，予算の総括的規定を定める予算総則が地方自治体の予算にはない。中央政府の予算で予算総則が定めている公債や一時借入金の限度，あるいは予算科目間の融通に関する事項については，予算総則に代わって，「地方債」「一時借入金」「歳出予算の各項の経費の金額の流用」という独立の予算が設定されている。

　歳入歳出予算とは予算の本体である。歳入歳出の予算の内容は，歳入予算にあっては性質にしたがって，「款」に大別し，次いで「項」に区分する。歳出予算にあっても目的にしたがって，「款」および「項」に区分することになっている。この「款」および「項」を予算科目というが，さらに「項」の内容を明らかにするため，「目」「節」という予算科目が設けられている。そのうち議決の対象となるのは「項」までであり，これを議定科目といい，「目」以下を執行科目と呼んでいる。

　中央政府の予算では歳入歳出予算は各府省などの組織に分類され，その後に歳入予算では「部」「款」「項」，歳出予算では「項」という予算科目に区分される。まず組織に分類されるのは，中央政府の予算では予算の執行責任を，各府省の長が負うからである。それに対して，歳入については，各府省の長は事

務を管理するにすぎないため，歳入予算では組織を歳出予算のように，「所管」と表示せず，「主管」と表している。これに対して，地方政府の予算では，予算の執行責任が首長に統一されるため，組織別に分類されることがない。

　歳入歳出予算に続く継続費，繰越明許費，債務負担行為の3つの予算は，会計年度独立の原則を厳格に守ることができないことへの対応として設けられている。政府の行う事業が大規模化すれば，単年度ではとても完了しない。多年度を要する事業を，会計年度ごとに必要な経費を歳出予算で議決していくと，ある年度には可決された事業が，次の年度で否決され，事業が中断するという事態も生じかねない。そこでまず継続費という予算が設けられている。継続費とは多年度にわたって事業を実施しようとする場合に，経費の総額と年割額を定め，あらかじめ議会の議決を経て，多年度にわたって支出する制度をいう。

　継続費が適用されるような多年度にわたる事業でなくても，その年度内に使用が終了する見込みのない経費もある。その場合にあらかじめ議会の議決を得たうえで，翌年度にも繰り越して使用できる制度を，繰越明許費と呼んでいる。

　さらに債務負担行為は，債務を負担する行為，つまり契約は年度内に必要だが，実際の支出は翌年度以降に発生するという場合に適用される。翌年度以降に支出義務が生じることを，あらかじめ予算として議決を得ておくことになる。

　残る地方債，一時借入金，歳出予算の各項の金額の流用という予算は，前述のように国の予算では予算総則に規定される事柄と関連している。地方債には発行限度額だけでなく，起債目的，起債方法，利率および償還の方法も定めなければならない。一時借入金は年度内に償還される資金繰りのための借入金である。一時借入金では限度額が定められる。中央政府の予算では，議定科目の間での融通を移用といい，それは原則として禁止されている。しかし，予算総則であらかじめ議決を得ておけば可能となる。地方自治体の予算でも，議定科目の間で予算を融通することは禁止されている。しかし，項間においては，「歳出予算の各項の経費の金額の流用」で議決を得ておけば流用することができる。

　以上のような地方自治体の7つの予算のうち，歳入歳出予算，継続費，繰越明許費，債務負担行為，地方債について，予算の様式を例示したのが図10-2である。

図10-2　地方自治体の予算原則

歳入歳出予算歳入

款	項	金　　額
（例） 市　　税	市 民 税	千円 ×××

歳入歳出予算歳出

款	項	金　　額
（例） 民 生 費	社会福祉費	千円 ×××

継　続　費

款	項	事 業 名	総　　額	年　　　度	年 割 額
（例） 土 木 費	都市計画費	○○排水路建設工事	千円 ×××	平成 26 年度 平成 27 年度	千円 ××× ×××

繰越明許費

款	項	事 業 名	総　　額
（例） 消 防 費	消 防 費	消防自動車購入費	千円 ×××

債務負担行為

事　　　業	期　　　間	限 度 額
（例） 清掃工場増改築用地取得事業	平成 26 年度から平成 30 年度まで	千円 ×××

地　方　債

起債の目的	限 度 額	起債の方法	利　　率	償還の方法
（例） 公営住宅建設事業費	千円 ×××	普通貸借 または 証券発行	6%以内	政府資金については，その融資条件により，銀行その他の場合にはその債権者と協定するものによる

2)　地方自治体の予算の種類

　地方自治体の予算は，7つの内容から構成されているが，それは単一予算主義の原則に反する。政府の活動領域が拡大した現代の財政では，このような予算原則も厳格に守ることができなくなっている。地方自治法の第209条では，「普通地方公共団体の会計は，一般会計及び特別会計とする」と規定している。つまり，初めから単一予算主義の原則を放棄し，地方自治体の予算が一般会計と特別会計という複数予算から構成されることを明言しているのである。

特別会計の設置要件は，「特定の事業を行う場合」と，「その特定の歳入をもつて特定の歳出に充て一般の歳入歳出と区分して経理する必要がある場合」の2つである。中央政府の予算と比べてみると，中央政府の予算では認められている「特定の資金を保有してその運用を行う場合」という設置要件が含まれていない。これは市場の結果を修正し，国民経済をマクロ的に管理していく任務を，地方自治体は十分に担えないことに関連している。

特別会計予算の設置にかかわる地方自治体の予算の最も主要な特色は，その設置に関して中央政府の政策の影響を受けることである。個別の法律によって，設置が義務付けられてしまう特別会計がある。たとえば，国民健康保険法に基づく国民健康保険特別会計が該当する。さらに補助金交付の際に，特別会計の設置を要請される場合もある。

特別会計の会計方式も，中央政府の予算ではそれぞれの特別会計法で規定されている。それに対して，地方自治体の予算の特別会計では，地方公営企業法の適用される事業の特別会計に企業会計方式が採用される。地方公営企業法の適用される特別会計には，中央政府の予算では予算総則で規定される弾力条項が認められている。

地方自治体の予算では普通会計と公営事業会計という区分も行われる。しかし，この区分は統計上あるいは観念上の区分にすぎない。普通会計とは，一般会計と，特別会計のうち公営企業会計，準公営企業会計，さらに収益事業会計を除いた特別会計を加え，会計間の重複などを控除した純計を示す。

単一予算の原則に反して，地方自治体の予算は，編成時期によっても複数化せざるをえない。状況に応じて補正予算を設ける必要があるからである。中央政府には経済安定化機能があるため，補正予算が景気政策の観点から編成されることが多い。その際，地方自治体は，中央政府との調整のために，補正予算の編成で対応する。しかも，本来は補正予算を編成すべき場合であっても，後述する専決処分が発動されることも少なくない。

さらに地方自治体予算では，中央政府の予算編成が遅れたり，首長の改選を控える場合などには，慣行として当初予算には，必要最小限度の経費を計上するという予算編成が行われることがある。こうした当初予算を，骨格予算と呼んでいる。この骨格予算に，通常の予算にするための補正予算を肉づけ予算と呼んでいる。

補正予算とは別に，予算事前議決の原則に対する救済措置として設けられた予算が，暫定予算である。予算事前議決の原則からいって，会計年度が開始されるまでに予算が成立しなければ，予算の空白が生じてしまう。そのため本予算が成立するまでの間，必要やむをえざる経費だけを計上した暫定予算が編成される。暫定予算は，本予算が成立すればそれに吸収される。

3） 予算過程と予算循環

予算によって財政が運営されていく過程は，3つの過程から成り立っている。第1に翌年度の財政の計画を立て，議会によって決定される編成・成立までの過程，第2に決定された予算に基づいて財政が運用される執行過程，第3に執行の結果をまとめ，執行責任を解除してもらう決算過程である。それぞれの過程に1年間が費やされ，1つの予算循環（budget cycle）は3年間にわたる。なお，地方自治法では予算編成という表現は用いず，同義ながら予算の調製という用語が用いられている。

中央政府の予算の審議・成立過程とは異なり，地方自治体の予算の成立過程では，首長には原案執行権と専決処分権がある。地方自治体の予算では，予算の執行にあたる首長に，議会の審議権を制限する権限をも与えている。議会が予算について行った議決について，首長に異議がある場合には，議会に再議を求めることができる。これを「長の拒否権」と呼んでいる。この拒否権には再議を求めることができる一般的拒否権と，再議を求めることが首長に義務付けられている特別的拒否権とがある。一般的拒否権が行使されると，3分の2以上の多数をもって再議決しなければ，議決は確定しない。

特別的拒否権には，①違法な議決，②収入または支出が執行不可能な議決，③義務費を削減または減額する議決，④非常災害復旧費などを削減または減額する議決，が行われた場合に，首長が再議に付さなければならない義務的再議がある。このうち義務費を削減または減額する議決を再議に付した場合に，再議決でもなお削減または減額するとされても，首長は原案どおりに予算に計上して執行することができる。これを「長の原案執行権」という。

さらに，首長は議会の議決に代わって予算を決定することができる専決処分権をもっている。つまり，議会が成立しなかったり，議会を招集する余裕がなかったり，議会が議決すべき案件を議決しなかったなどの場合には，首長は予

算を専決処分とすることができる。

　こうした長の原案執行権や専決処分権は，議会の議決なしに予算の執行を認めることになり，予算事前議決の原則に背いている。ただし，地方自治体では住民の直接選挙によって選ばれる首長制がとられているため，議会と首長との対立を調整する方法として，長の原案執行権や専決処分権が認められている。しかし，こうした規定は，単に執行機関の権限を強化しただけではない。それは中央政府の決定を，地方自治体に執行する仕組みでもある。中央政府が要請する「法令により負担する経費，法律の規定に基づき当該行政庁の職権により命ずる経費その他地方公共団体の義務に属する経費」は，義務費として原案執行権が認められることに表れている。

　予算が成立すれば，次に執行過程に移る。年度当初に予算執行方針が示され，それに基づいて，配当，支出負担行為，支出という3つの手順で，予算は執行される。予算の配当とは，首長が事業担当部署に対して，支出負担行為の内容と限度額を示すことをいう。つまり，事業担当部署は配当された歳出予算の限度内でのみ支出することができる。予算執行方針に基づいて予算配当方針が策定され，事業担当部署が四半期ごとに，財政担当部署に歳出予算所要額見積書を提出する。この提出された歳出予算所要額見積書を，財政担当部署長が審査し，四半期ごとに予算を事業担当部署に配当する。

　予算が配当されると，それに基づいて支出負担行為が行われる。支出負担行為とは支出の原因となる契約などの行為であり，購入契約や請負契約などを結ぶことをいう。支出負担行為が行われると，首長が会計管理者（以前は出納長ないしは収入役）に対して支出命令を発し，予算に合致していることが確認されたうえで，支出が行われることになる。

　執行過程が終わると決算過程に移る。予算の執行状況は，決算という予算に準じた文書にまとめられることになる。決算の調製は会計管理者があたる。会計年度が3月31日に終了すると，5月31日までは出納整理期間であり，会計管理者はそれ以後3カ月以内に決算を調製し，首長に提出しなければならない。

　首長は，決算を監査委員の審査に付したうえで，議会に提出しなければならない。決算審議への関心は，1年前に執行済みのものが対象であることから，予算審議に比較すると通常，あまり高くはならない。決算には議決は行われず，議会によって認定される。議会が認定しない場合でも決算は無効とはならない。

議会によって決算が認定されると，その結果が住民に公表される。地方自治の決算の特色は，住民に対してと同時に，総務大臣あるいは都道府県知事に報告義務を負っている点にある。

3. 地方公営企業の予算と決算

1) 地方公営企業の概念と経営原則

　予算は拘束力をもつ見積書であるが，それは地方自治体の場合，一般会計については妥当するものの，特別会計のうち，とくに企業的性格を備えた予算には妥当しない。また，一般会計であっても，歳入予算は拘束力をもたない。歳入予算で拘束力をもつのは，地方税法であって予算は単なる見積りにすぎない。企業的な特別会計のうち，たとえば病院事業ならば，病院に来院する患者数が増加すれば，経費は当然に増大するけれども，その度に補正予算を編成するのは不合理である。そこで，予算に対して弾力条項などが認められている。

　原則として，市場社会の政府は無産国家であって，それゆえに租税国家と呼ばれる。つまり，市場社会の政府は資産を所有していないので，租税を調達している。ところが，現実の政府は，無償で公共サービスを提供するだけでは，統治という使命を果たすことができず，有償で財・サービスをも提供する活動をあわせて実施している。そこで，「官庁会計方式」ではなく，「企業会計方式」と呼ばれる会計方式が一部で導入されることになる。

　地方自治体が有償で財・サービスを提供する活動を，公営企業と呼んでいる。それは地方自治体が経営する企業部門といえる。地方公営企業は，第2次大戦前の明治時代から存在していた。ただし，公営企業という用語は，1948（昭和23）年の地方財政法の適債性のある事業に対して初めて使われている。さらに，地方公営企業という事業体を指す言葉としては，1952（昭和27）年の地方公営企業法によって初めて使用され，法的に位置づけられたのである。

　第2次大戦前の公営企業の代表は，水道と市電である。いずれも都市化にともなって生じる都市問題への対応といってよい。水道は日清戦争から日露戦争の時期にかけて大阪市，広島市，東京市，岡山市，神戸市などで普及していく。市電は1903（明治36）年に大阪市が公営企業として開始し，東京市では11（明治44）年に民営企業を買収する形式で発足した歴史がある。昭和の初期に大阪

市長を務めた関一をはじめとして，公営企業の位置づけをめぐる議論が展開されている。そこでは，地方自治体の営む事業を，租税などで賄う無償主義と公営造物の実費主義，および収益主義の3つに区分して，公営企業は収益主義，あるいは実費主義と収益主義の両方に該当するなどと唱えられたのである。

地方公営企業法の第3条では，「地方公営企業は，常に企業の経済性を発揮するとともに，その本来の目的である公共の福祉を増進するように運営されなければならない」と規定している。つまり，企業の経済性と公共の福祉の両立を求めている。そこで，企業の経済性とは何を意味するかが問われる。それが利潤の追求を意味するのであれば，当然，発生主義会計が導入される。とはいえ，そもそも金儲けをすべきではない公的領域で活動する地方自治体が，利潤追求を目的としてよいのかが問題となる。その一方で，間接税を課税する代替として，専売事業のように政府が利潤を追求することが認められる場合もある。

地方公営企業法の経済性の考え方は，独立採算制に近いといってよい。1965（昭和40）年の地方公営企業制度調査会の答申は，独立採算制に徹すべしと唱え，「公共性の原則と独立採算制の原則は両立しうる」としている。独立採算制とは，社会主義国であったソビエト連邦の国営企業で採用された原則であり，それがアメリカやイギリスなどを経由して日本に持ち込まれている。ただし，独立採算制といっても経常収支のみなのか，資本収支をも含めるのかによって会計方式にも相違が出てくる。また，公共の福祉をどう考えるかによっても，予算原則が異なってくることになる。

2) 公営企業の範囲

地方自治体の予算は，一般会計と特別会計とに分かれるが，特別会計には「公営企業会計」が含まれる。地方財政法の第6条は，「公営企業で政令で定めるものについては，その経理は，特別会計を設けてこれを行い」と定めており，特定の公営企業については，特別会計の設置を義務付けている。

この政令に定める公営企業とは，①水道事業，②工業用水道事業，③交通事業，④電気事業，⑤ガス事業，⑥簡易水道事業，⑦港湾整備事業，⑧病院事業，⑨市場事業，⑩と畜場事業，⑪観光施設事業，⑫宅地造成事業，⑬公共下水道事業である。

ところが，地方公営企業法の第2条では，地方公営企業法を適用する事業と

図 10-3　地方公営企業の範囲

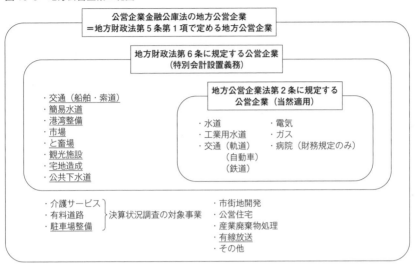

注）　下線の地方公営企業は財務規定の任意適用。
出所）　総務省資料。

して，①水道事業（簡易水道事業を除く），②工業用水道事業，③軌道事業，④
自動車運送事業，⑤鉄道事業，⑥電気事業，⑦ガス事業，の7つの事業を列挙
し，これに地方公営企業法の財務規定のみが適用される事業として，⑧病院事
業を加えている。

　この8つの事業については，企業会計方式の発生主義会計が適用され，経営
経費を経常収入で賄うという独立採算制が適用される。その場合，1966（昭和
41）年の地方公営企業法の改正では，料金収入で回収すべきではない費用にか
かる一般会計からの繰出しを認め，一般会計との負担区分の明確化というかた
ちで，地方公営企業の採算性が求められている。ただし，地方財政法もまた，
地方公営企業法の財務規定の適用を受ける8事業だけではなく，公営企業全体
を対象として，公営企業に対する採算制を求めている。財務規定の適用につい
て，地方公営企業は8事業以外の簡易水道，公共下水道，港湾整備，観光施設，
宅地造成などは，その他事業として，地方公営企業法の財務規定を適用するか
しないかは任意とされている。ただし，財務規定の適用範囲の拡大は懸案とさ
れており，下水道事業や簡易水道事業については，財務規定の当然適用が検討

されている。

地方債の起債対象経費を規定している地方財政法の第5条では，第1項で「交通事業，ガス事業，水道事業その他地方公共団体の行う企業」と広く規定している。こうして特別会計には企業会計方式による会計と，官庁会計方式による会計が併存している。そこで特別会計のうちでも，官庁会計方式で経理する会計を単に「特別会計」といい，企業会計方式で経理する会計を「公営企業会計」と呼ぶこともある。

以上の関係は図10-3のように示される。以下で地方公営企業と呼んでいるのは，地方公営企業法の財務規定の適用が義務付けられている8事業を指している。

3）　地方公営企業の予算・決算の考え方

地方公営企業の事業年度は，4月1日から3月31日までの1年間である。そのために地方公営企業会計の予算は，一般会計予算の歳出予算のように，議会による歳出権限の付与といった性格はもたず，経営活動の目標設定という性格が強い。そこで地方公営企業法の第24条第1項では，「地方公営企業の予算は，地方公営企業の毎事業年度における業務の予定量並びにこれに関する収入及び支出の大綱を定める」と規定している。

地方公営企業の予算の内容は，予定収入と予定支出を定める収入支出予算を中心として，債務負担行為や企業債，一時借入金の限度額，一般会計・他会計からの補助金，利益剰余金の処分などから構成されている。収入支出予算は，経常的な営業活動にともなう損益を示す収益的の収入・支出（地方公営企業法施行規則別表第5号予算様式の第3条によることから3条予算）と，設備投資や企業債償還計画のための資金予算である資本的収入・支出（同様に4条予算）に大別される。

地方公営企業の予算は，地方公共団体の長が調製し，議会の議決を経て成立するものだが，その原案は地方公営企業の管理者が作成する。それは地方公営企業は，管理者の権限と責任のもとで運営されるべきだとの考え方に基づいている。

地方公営企業の予算における特徴に，一般会計にはない弾力条項が認められていることがある。地方公営企業法の第24条第3項では，前段で「業務量の

増加に因り地方公営企業の業務のため直接必要な経費に不足を生じたときは，管理者は，当該業務量の増加に因り増加する収入に相当する金額を当該企業の業務のため直接必要な経費に使用することができる」と定められている。地方公営企業の予算は，歳出の規制に主眼があるわけではなく，効率的な運営のためなので，より大きな収益に結びつく限り，予算超過の支出を認める弾力条項が設けられている。

　議会による統制については，地方公営企業法の第24条第3項後段で「この場合においては，遅滞なく，管理者は，当該地方公共団体の長にその旨を報告するものとし，報告を受けた地方公共団体の長は，次の会議においてその旨を議会に報告しなければならない」としており，補正予算等を通じた議決を求めていない。中央政府の財政でも財政投融資計画について，融資額等に関する弾力条項が設けられているのも，同様に一般会計のような予算統制がなじまないからである。

　地方公営企業の決算については，管理者が調製して地方自治体の長に提出する。決算の調製・提出の期限は，出納整理期間がないことから，毎事業年度終了後2カ月以内の5月31日までである。地方公営企業の決算の性質は，予算の執行状況というよりも，経営成績や財務状況を明らかにするものであり，決算書類としては決算報告書ならびに損益計算書，剰余金計算書または欠損金計算書，剰余金処分計算書または欠損金処理計算書，貸借対照表から構成されている。

第11章

自治体財政健全化法と
地方公会計改革

1. 自治体財政健全化法の枠組みと考え方

1) 制度の枠組み

　地方財政の運営についての責任は，地方自治体の構成員である住民が引き受けざるをえない。同時に，地方財政についての決定権限は，中央政府がその一部を制限している。地方財政についての最終責任を，中央政府が負うからこそ，地方財政に介入しているといってよい。その1つとして，地方自治体の財政状況が悪化すると，地方財政の改善を促すルールを，中央政府は設けている。2008（平成20）年度決算から本格適用された自治体財政健全化法は，旧再建法である地方財政再建促進特別措置法の50年ぶりの全面改正であった。

　旧法からの改善点は，まずは財政指標についてである。財政状態の捕捉のために4つの財政指標を設けている。さらに一般会計等だけでなく，特別会計，公営企業会計および土地開発公社や第三セクター等を対象に含めている。しかも，その指標の正確性を期するために，監査委員による財政指標の審査を行うこととしたのである。

　旧再建法の規定ではいきなり再建団体に陥ることになっていたが，早期健全化の段階を設けたことも重要である。それにともない議会による監視機能を強化している。さらに強調すべきは，旧法の時代には十分に現状を開示することがなかった公営事業や，外郭団体のもたらす赤字・負債・債務保証・損失補償について捕捉するようにしたことである。

図 11-1 地方財政健全化法の枠組み

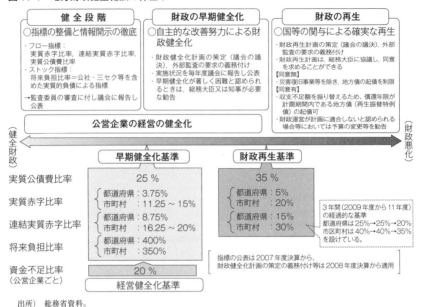

	健 全 段 階	財政の早期健全化	財政の再生
	○指標の整備と情報開示の徹底	○自主的な改善努力による財政健全化	○国等の関与による確実な再生

健 全 段 階
○指標の整備と情報開示の徹底
・フロー指標:
実質赤字比率, 連結実質赤字比率, 実質公債費比率
・ストック指標:
将来負担比率＝公社・三セク含めた実質的負債による指標
→監査委員の審査に付し議会に報告し公表

財政の早期健全化
○自主的な改善努力による財政健全化
・財政健全化計画の策定（議会の議決）, 外部監査の要求の義務付け
・実施状況を毎年度議会に報告し公表
・早期健全化が著しく困難と認められるときは, 総務大臣又は知事が必要な勧告

財政の再生
○国等の関与による確実な再生
・財政再生計画の策定（議会の議決）, 外部監査の要求の義務付け
・財政再生計画は, 総務大臣に協議し, 同意を求めることができる
【同意無】
・災害復旧事業等を除き, 地方債の起債を制限
【同意有】
・収支不足額を振り替えるため, 償還年限が計画期間内である地方債（再生振替特例債）の起債可
・財政運営が計画に適合しないと認められる場合等においては予算の変更等を勧告

公営企業の経営の健全化

（健全財政）←→（財政悪化）

	早期健全化基準	財政再生基準	
実質公債費比率	25 %	35 %	
実質赤字比率	都道府県：3.75% 市町村：11.25〜15%	都道府県：5% 市町村：20%	3年間（2009年度から11年度）の経過的な基準 都道府県は25%→25%→20% 市区町村は40%→40%→35% を設けている。
連結実質赤字比率	都道府県：8.75% 市町村：16.25〜20%	都道府県：15% 市町村：30%	
将来負担比率	都道府県：400% 市町村：350%		
資金不足比率 （公営企業ごと）	20 %		指標の公表は2007年度決算から, 財政健全化計画の策定の義務付け等は2008年度決算から適用
	経営健全化基準		

出所) 総務省資料。

　図11-1には自治体財政健全化法の概要を示した。地方自治体の財政状況を4つの財政指標（実質赤字比率，連結実質赤字比率，実質公債費比率，将来負担比率）に基づいて，「健全段階」「財政の早期健全化」「財政の再生」の3つの段階に分類する。

　「健全段階」であれば，地方財政を通常どおりに運営できるけれども，「財政の早期健全化」になると，財政健全化計画を策定して，その地方自治体の議会の議決を受けなければならない。進捗状況を議会に毎年度報告するなど，議会の監視のもとで，健全化を進めることになる。

　さらに「財政の再生」となると，財政再生計画を策定して，その地方自治体の議決を受けるだけではなく，総務大臣との協議を経て，その同意を求めなければならない。総務大臣の同意が得られなければ，地方債の起債が原則できなくなる。逆に総務大臣の同意が得られれば，資金不足額を長期債である再生振替債に振り替え，計画的に償還を進めることができる。総務大臣からは計画の進捗管理を受け，可及的速やかに健全段階にいたるように促されることとなる。公営企業についていえば，資金不足比率に基づいて，単独で「公営企業の経営

図 11-2　協議不要基準，地財法早期是正基準，早期健全化基準，再生基準の比較

	〈協議・届出〉	〈早期是正措置〉	〈早期健全化段階〉	〈再生段階〉
		公債費負担適正化計画（同意等基準）	財政健全化計画（財政健全化法）	財政再生計画（財政健全化法）
①実質公債費比率	18	25	35	
		実質赤字解消計画（同意等基準）	財政健全化計画（財政健全化法）	財政再生計画（財政健全化法）
②実質赤字比率 ※（ ）内は市区町村	2.5 （2.5～10）	3.75 （11.25～15）	5 （20）	
		地財法に基づく起債許可	財政健全化計画（財政健全化法）	財政再生計画（財政健全化法）
③連結実質赤字比率 ※（ ）内は市区町村	0 （0）	8.75 （16.25～20）	15 （30）	
			健全化法に基づく起債許可	
			財政健全化計画（財政健全化法）	
④将来負担比率 ※（ ）内は一般市区町村	300 （200）	400 （350）		
		資金不足等解消計画（同意等基準）	経営健全化計画（財政健全化法）	
⑤資金不足比率	10	20		
	地財法に基づく起債協議・届出	地財法に基づく起債許可		

出所）　総務省資料。

の健全化」の適用を受ける。

　自治体財政健全化法で規定している 4 つの指標は，実質赤字比率，連結実質赤字比率，実質公債費比率，将来負担比率からなる。実質赤字比率は，一般会計等の資金不足を示し，連結実質赤字比率はすべての会計の資金不足額の純計を表している。実質公債費比率は実質的な債務の重さを償還のフロー・ベースで示す指標として，すべての会計と一部事務組合・広域連合の公債費・準公債費から，地方交付税でカバーされる部分を除いて算定される。将来負担比率は将来の債務の実質的な重さをストック・ベースで示す指標であり，すべての会計と一部事務組合・広域連合，土地開発公社，住宅供給公社および第三セクター等の債務保証，損失補償契約による負債やそれに準じるものから，地方交付税でカバーされる部分を除いて算出される。

　このように，健全化判断比率は，資金不足を示す 2 指標と，債務の重さをフローとストックで示す 2 指標からなる。そこでは，資金不足を示す指標が主たる指標であり，債務の重さを表す指標は，資金不足をもたらす蓋然性があると

いう意味で，従たる指標である。

　地方財政法に基づく起債制限である協議制，許可制，事前届出制の基準と，自治体財政健全化法に基づく早期健全化，再生基準との関係を示したものが図11-2である。起債制限にかかわる基準は，自治体財政健全化法の適用に先立って，財政状況の悪化を早期に警戒するものとして位置づけられている。

　自治体財政健全化法の本格施行後，数年が経過すると健全化判断比率が早期健全化基準以上である地方自治体は，皆無に近い状態となり，うち財政再生基準以上の地方自治体は施行以来，夕張市のみである。それは地方自治体のほとんどが，「健全段階」に属していることを意味している。自治体財政健全化法は「財政の早期健全化」であっても，法律の枠組みに沿った健全化の手続きが適用される。その意味では自主的な財政運営が阻害される。自治体財政健全化法の適用は，例外的に財政状況が悪化した団体にのみでなければ，地方分権に反することになる。該当する地方自治体が少ないことが，むしろ妥当であるといえる。

2）　破たんをさせない意味

　自治体健全化法は地方債の償還ができない事態になってから，金利の減免や債権の一部の放棄を求めるような債務調整の実施を前提としない，財政再建のための法的な枠組みである。すなわち，債務の返済や赤字の解消をあくまで自力で可能であるという意味での自主再建ができる範囲以上には，財政状況を悪化させない規制である。4指標の中心である実質赤字の再生基準は，旧法以来20%に設定されている。それは一般財源の総額の2割以上の資金不足に陥ると，数年後に赤字が解消されるまで，強制的な再建プログラムを適用して，赤字削減の年次計画を作成しつつ，中央政府の進捗管理を受け入れることを意味している。仮に財政再生計画で想定しなかった施設の建設や，大規模な補修等が必要になったときには，そのつど，財政再生計画の修正について総務大臣の同意を得なければならないのである。

　債務調整は貸し手側の金融機関等の承認によって実現する。金融機関等が債務調整を承認するのは，債権の全額返済が不可能と判断するときだけである。一般に地方自治体の人件費は，非常勤職員や一部事務組合等の職員分を含めると，一般財源の3割程度はある。仮に総人件費を1割カットすれば，3%の赤

字が解消できる。したがって，人件費の１割カットを数年続ければ，単年度の収支均衡は可能ということになる。しかも，地方自治体には貯金である基金もあり，売却可能な資産も所有しており，超過課税等の増収手段もある。したがって，２割程度の資金不足は，自力で十分解消できる範囲であるといえる。

アメリカの地方自治体では，いわゆる連邦破産法第９章の適用を受けて，債務調整を起こす場合がある。それは債務が過重であって自力返済ができず，債務調整が不可避であると裁判所が認定することを意味している。アメリカでは自治体財政健全化法のように，債務調整に陥ることを未然に食い止める手段がない。日本の地方自治体が破たんしないことに対して，過保護という印象をもたれることがある。しかし，保護されているのは地方自治体ではなく，債権者である金融機関や地方自治体の破たんによって，影響を受ける民間経済である。地方自治体の本務は，民間の経済活動のための環境を整備することであるので，それを損なうことを未然に食い止め，あくまで自力返済を求める自治体財政健全化法の考え方は，理に適っているといってよい。

3) 一般会計とそれ以外の会計の健全性

自治体財政健全化法にともなって，新たな指標として設けられた連結実質赤字比率は，一般会計，特別会計，地方公営企業会計という地方自治体のすべての会計の資金不足の純計を算定し，その純計の標準財政規模に対する比率である。とはいえ，地方公営企業会計は発生主義会計であるので，現金主義会計の資金不足に近似する指標として，流動負債と流動資産の差額を資金不足額とみなしている。ただし，単純に資金不足額を集計しているのではなく，解消可能資金不足額を除いた部分のみを資金不足としている。

解消可能資金不足額とは，当面は資金不足が生じていても，中長期の間には解消の見込みのある部分を指す。その算定方法は複数認められているが，代表的なものは債務償還額の累計額から，減価償却累計額を差し引いたものである。すなわち，減価償却よりも前倒しで債務を償還することによって生じた資金不足は，中長期で解消可能であるという見方を採用していることになる。

確かに，下水道事業会計などでは，公営企業債を30年で償還するが，下水道設備の中心である下水管などの管渠部分の減価償却期間は50年である。理論的には施設整備開始から元利償還が終わる30年間を経由すると，耐用年数

にいたる 50 年目までの間に，資金不足が回復することが見込まれることになる。

ところで，資金不足額として解消可能資金不足額を採用することは，減価償却費を回収するだけの収益があれば，当該会計は健全であると判断することを意味している。現金主義会計と発生主義会計の主な相違点のなかで大きなものは，減価償却費のような資本費である。したがって，解消可能資金不足額を採用した資金不足額とは，現金主義会計の資金不足額を，発生主義会計の当期利益に近似させることを意味する。すなわち，連結実質赤字比率の算定では，一般会計はあくまで資金不足で財政状況を診断するけれども，一般会計以外の会計では発生主義会計ベースで，健全性を診断することになる。一般会計以外の会計では，収入を料金等の徴収に依拠しているため，料金等の水準が適正であるか否かは，減価償却費等を勘案した発生主義会計ベースで，事業で発生した費用を回収できるかどうかによって判断することになるからである。

2. 地方公会計改革の推進

1) 公会計改革の経緯とねらい

　政府部門の会計に発生主義会計の基準を導入する動きが，国際的にも顕著になっている。日本でも 2000（平成 12）年には，1998（平成 10）年度決算に基づく中央政府の貸借対照表が，試案として公表されている。その後も国有資産の評価などの条件整備が進められ，2005（平成 17）年には 03（平成 15）年度決算に基づく省庁別貸借対照表が公表された。

　地方自治体でも自主的な取り組みが，地方自治体ごとに進むとともに，2000（平成 12）年度末に総務省が貸借対照表の作成・公表の考え方を示した総務省方式を提示した。さらに 2006（平成 18）年に総務省は，貸借対照表・行政コスト計算書・純資産変動計算書・資金収支計算書からなる財務書類 4 表の作成についての方向性をまとめている。

　こうして従来の総務省方式を改訂して，財務書類 4 表を作成する総務省方式改訂モデルと，中央政府の省庁別貸借対照表に準拠する基準モデルの 2 つが提示された。この結果として地方自治体ではいずれかの方式に沿って，公会計に取り組むように求められることになった。これらの 2 方式は，新地方公会計モ

デルと呼ばれている。その後，2014（平成26）年には会計基準を統一して，基準モデルを簡素にした基準で財務書類を作成するように，総務省は地方自治体に要請した。その際，仕訳の導入や固定資産台帳の整備が求められている。

　発生主義会計に基づく財務書類整備の目的は，①説明責任の履行（財務情報のわかりやすい開示），②財政の効率化・適正化（資産・債務管理，費用管理，政策評価・予算編成・決算分析と関係づけて，地方議会における予算・決算審議での利用等），などとされている。さらに財務書類整備の効果（現金主義による会計の補完）としては，第1に発生主義会計による正確な行政コストの把握（みえにくいコスト〔減価償却費，各種引当金〕の明示，人にかかるコストなどコスト意識の醸成），第2に資産・負債（ストック）の総体の一覧的把握（資産形成に関する情報〔資産・負債のストック情報〕の明示），第3に連結ベースでの財務状況の把握（普通地方公共団体を中心とする行政サービス提供主体の財務状況を一体的に把握），と指摘されている。

　第1の発生主義会計による正確な行政コストの把握は，コストを発生ベースで包括的に捕捉する効果といえる。第2は資産などのストックの情報開示の充実による効果であり，第3は一般会計等だけでなく地方自治体の全体的な財政活動の捕捉による効果を強調したものである。

2)　財務書類4表の概要

　財務書類4表は貸借対照表，行政コスト計算書，純資産変動計算書，資金収支計算書からなる。そのうち貸借対照表は，地方自治体の所有する資産と債務についての情報を示している。公共資産については，①将来の経済的便益の流入が見込まれる資産である事業用資産，②経済的便益の流入は見込まれないもの，行政サービス提供に必要な資産であるインフラ資産，③売却が可能な資産，に区分し，その保有状況を住民に開示する。そのほか出資金や貸付金，基金等の投資等と，流動資産である資金や未収金に区分して示すとされている。負債では1年超で償還される固定負債について，地方債，退職手当引当金，その他に区分し，1年以内に償還される流動資産とは区分して示している。資産と負債の差額は，純資産として表示される。

　第2の行政コスト計算書は，地方自治体の経常的な活動にともなうコストと，使用料・手数料等の収入を示している。コストの面では，人件費等の「人にか

かるコスト」，物件費等の「物にかかるコスト」，社会保障給付などの移転支出的なコスト，公債費（利払い）などの「その他コスト」に区分される。この行政コスト計算書では，経常費用に対応する経常収益としては，提供される公共サービスの直接的な対価の性格のある使用料・手数料のみを計上している。経常費用と経常収益の差額は，純経常行政コストとして認識される。

第3の純資産変動計算書は，貸借対照表における純資産の変動の要因を示している。純資産の変動要因は，行政コスト計算書における純経常行政コストと，財源調達の結果として地方自治体が受け入れた地方税・地方交付税・補助金（経常，建設）などとの差額，さらには資産評価替えや無償受入との差額となる。

第4の資金収支計算書は，現金の収支を示している。経常的な経費と収入との差額を示す経常的収支，投資的な経費とその財源との差額を示す，公共資産整備収支，投資・財務的収支に区分して表示される。そこから基礎的な財政収支を導くこともできる。この資金収支計算書における期末資金残高は，貸借対照表の流動資産における現金に一致する。

財務書類4表は，発生主義会計の考え方に基づいて，地方財政の状況を，総覧性をもって表示することがめざされている。どのように資金を調達し，それが経常的な経費や投資的経費に支出され，どのような資産を形成し，どのような負債を負うようになったかなど，財政活動全体をコンパクトに表示することが意図されている。

3) 建設公債主義における現金主義会計の重要性と公会計改革の意義

財務書類4表を作成し公表する意義は，現金主義による会計処理の補完であって，現金主義会計ではみえにくいコストの明示や，正確なストック情報を把握し，将来の住民負担を意識することにある。しかも，連結財務書類を作成する場合には，土地開発公社などの公社や第三セクター等を含めた全体的な財政状況の把握などが可能になる。こうした財務会計的な意義に加えて，管理会計的な意義として，特定の行政サービスにかかるコスト分析を行うことや，政策評価へ反映させること，あるいは事業別または施設別の財務書類に基づく分析を行うことなどがあげられる。

発生主義会計に基づかなければ，地方自治体の財政分析は不可能という見方がされることが多い。しかし，自治体財政健全化法の健全化判断比率では，少

なくとも一般会計についていえば，現金主義会計の資金不足をベースにした実質収支をもって財政状況の診断をしているのである。

　現金主義会計では収支が黒字であることは，資金不足が生じていないことを示している。これに対して発生主義会計では，収支の健全とは償還能力が担保されていることを示している。政府であっても民間企業であっても，その両方が担保されていることが求められる。借入や資産の取得をまったく想定しなければ，現金主義会計でも健全性の判断ができるけれども，借入を行えば現金主義会計では，キャッシュ・インとなるので，収支は改善する。負債が増えて，収支が健全である，と診断されることには矛盾があるので，現金主義会計では財政状況の診断ができないと思われがちである。

　ところが，政府会計では，単に現金主義会計によるだけでなく，建設公債主義が採用されていることを忘れてはならない。建設公債主義では投資的経費の財源の一部として借入を行うとされ，いわゆる資金不足に対する借入はできない。しかも，日本の地方財政法のように，借入の対象となる取得資産の耐用年数よりも，償還期間を短く設定することは，減価償却期間よりも償還期間が短いことになる。そうなると，資産の取得時には資産の方が借入よりも大きく，減価償却が始まると，資産が減価するよりも，速いペースで負債が減少していくことになるので，貸借対照表は必然的に資産超過となる。すなわち，ドイツ正統派財政学で重視された建設公債主義の原則は，公会計の貸借対照表を，常に資産超過にして健全な状態にすることを義務付ける規制であるといえる。建設公債主義のもとで，貸借対照表が資産超過になることを示したものが図11-3である。建設公債主義のもとでは，発生主義会計は常に健全であるので，財政状態の健全性は，資金不足に集約されることになる。つまり，現金主義会計における収支不足にのみ，注目していればよいことになる。

　これに対して民間企業の会計では，借入に対する制限がないので，発生主義会計での健全性が担保されていれば，償還能力があるということになる。融資を受ければ，資金不足は解消される。そうなると，財務状態の健全性は，発生主義会計の健全性に集約され，貸借対照表や損益計算書の健全性に，注目していればよいことになる。このように民間企業と政府では，図11-4で示したように，現金主義会計と発生主義会計の関係が対照的なものとなる。

　そもそも政府会計では，民間企業のような企業の業績に対する決算にかかわ

図 11-3　建設公債主義のもとでの貸借対照表

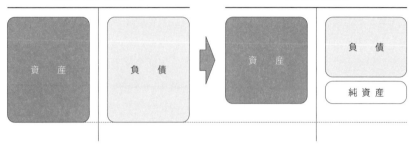

図 11-4　現金主義会計と発生主義会計の関係：民間企業と政府財政の違い

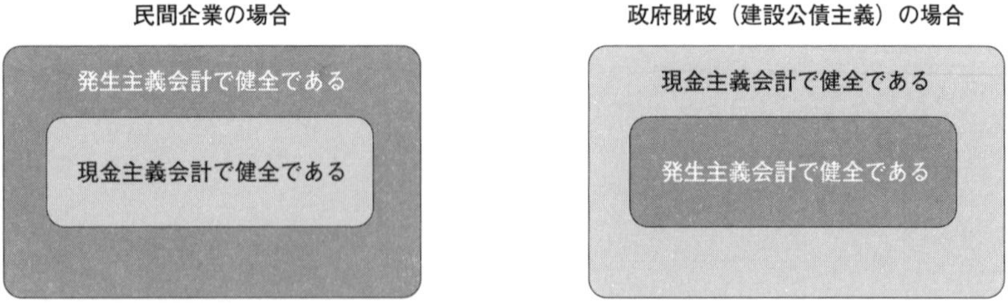

民間企業の場合

発生主義会計で健全である

現金主義会計で健全である

発生主義会計で健全であれば，償還能力があるとみなされるので，金融機関から融資を受けられ，現金主義会計で不健全となることがない。
→発生主義会計のほうが相対的に重要。

政府財政（建設公債主義）の場合

現金主義会計で健全である

発生主義会計で健全である

建設公債主義では，発生する費用に前倒しで税金等を投入して負担することが求められ，資金不足を借入でしのぐことができないので，現金主義会計で不健全でなければ，発生主義会計は基本的に不健全になることはない。
→現金主義会計のほうが相対的に重要。

る事後責任ではなく，政治的権力者を民主主義的な統制のもとに置くために，予算に対する事前統制が重視されてきた。つまり，歳出予算とは誰の責任で，何にいくら支出することを認めるかという歳出権限の付与である。したがって，現金主義会計に基づく統制が重要だといってよい。政府財政の健全性を担保するうえで，現金主義会計の欠陥を補う条件が，非募債主義または建設公債主義なのである。

　中央政府の財政では，建設公債主義は事実上放棄されている。しかし，地方財政では建設公債主義の原則は担保されている。確かに，臨時財政対策債のような赤字地方債は存在する。しかし，その償還財源の全額が，地方交付税の基

準財政需要額に算入されることを勘案すれば，貸借対照表では臨時財政対策債という負債に対して，見合いの償還財源が資産として存在すると考えることができる。そうだとすれば，臨時財政対策債の残高は，見合いの資産との間で相殺される。また，臨時財政対策債を負債とみても，地方自治体の貸借対照表は，実績としては資産超過であるのが通例である。

したがって，発生主義会計に基づく財政分析は，基本的に地方自治体の財政状況は健全であるという結果になる。発生主義会計に基づく財務書類4表を作成し公表する意義は，財務会計として現金主義会計ではみえない財政の不健全性を，明らかにするということではなく，財務活動を総覧的に開示するコンパクトな資料を公表することと，管理会計的な意味で個々の財政活動の分析に用いることに尽きるのである。

3. 地方公営企業会計の改革と第三セクター等の改革

1) 地方公営企業会計の改革

地方公営企業の会計基準は，発生主義会計に基づくものでありながら，民間企業の会計基準とは大きく異なる。地方公営企業法は1952（昭和27）年に成立し，その際に定められた会計基準が，66（昭和41）年の法律の大規模な改正時にもほとんど修正されず，そこからさらに40年以上も改正されることがなかった。

民間企業と地方公営企業は，経営に関する原則が異なる。地方公営企業の会計基準は，地方公営企業独自の経営原則に沿ったものであるだけに，民間企業の会計に慣れ親しんだ者からは，かえってわかりにくい。そこで2014（平成26）年度予算・決算から，地方公営企業会計を改革し，民間企業の会計基準に，できるだけ近い会計基準を適用することとした。その結果，財務諸表の内容は大きく変わる。しかしながら，実態が変わるわけではないので，財政状況の診断は基本的に変わらない。

地方公営企業会計改革の柱は，資本制度の見直しと会計基準の見直しからなる。地方公営企業会計では資本制度について，従来は利益処分に関する義務付けが設けられていたが，地方分権改革における義務付けの緩和のなかで見直されることとなった。その内容は，①法定積立金（減債積立金，利益積立金）の積

立義務を廃止する，②条例または議会の議決によって利益および資本剰余金を処分できる，③経営判断に応じて減資ができる，ことなどである。

　会計基準の見直しの項目は，多岐にわたるが，代表的な例が借入資本金制度の廃止とみなし償却の見直しである。かつて借入資本金という考え方が導入されたのは，地方公営企業が株式発行によって資本金の調達をせず，建設・改良の対象となった資本的設備や構築物等の固定資産（事業用資産）などの実物資産を，永久に維持することが前提となっていたことに対し，資本について公営企業特有の解釈を行うことで，建設・改良の財源である企業債や他会計からの長期借入金について，実質的に資本金に相当する機能をもつとみなしたのである。

　地方公営企業は地方自治体の一部であって，公営企業債は地方自治体の借入となる。したがって，その償還が企業の収益でカバーできない場合には，最終的には一般会計等がその負担を負う。地方自治体が，地方公営企業の建設・改良にかかる資金を地方債で調達して，地方公営企業に資金提供したものとみなせば，地方公営企業の貸借対照表では，地方自治体から提供された資金相当額を，自己資金とみなすことは，あながち無理な話ではない。中央政府の財政でいえば，一般会計において建設国債で調達した資金を，財政投融資機関に出資金として交付することに近い。そうだとすれば，借入資本金の会計処理は，まさに地方公営企業の特性に応じた考え方であるといえる。

　しかしながら，借入金を資本金として取り扱うことには抵抗感があり，借入金として処理するように見直された。①借入資本金を負債に計上し，1年以内に返済期限が到来する債務は，流動負債に分類する，②負債計上にあたり，建設または改良等に充てられた企業債および他会計長期借入金については，他の借入金と区分する，③負債のうち，後年度一般会計負担分については，その旨を注記する，という見直しである。

　みなし償却とは，地方公営企業が建設補助金や一般会計負担金等の交付を受けて取得した固定資産について，交付された補助金・負担金を除いて，帳簿原価または帳簿価額とみなして，減価償却の算出を行うことができるという地方公営企業に特有の制度である。地方公営企業では事業収入で，費用を回収することができるように，料金等を設定する必要がある。その際に回収すべき費用は，補助金が充てられていない部分であることから，補助金部分を減価償却の

対象としないことには一定の妥当性がある。ただし，みなし償却は任意適用であることから，地方公営企業の貸借対照表は地方自治体間の比較が難しいという問題があり，財務書類では資産価額の実態を，正確に表す必要があるとする考え方に照らして廃止された。

償却資産の取得・改良にともない交付される補助金，一般会計負担金等については，「長期前受金」として負債（繰延収益）に計上し，減価償却の見合い分を，順次，収益化することとされた。長期前受金は取り崩すことが前提であるので，貸借対照表では資本ではなく，負債に計上されることが適当と判断されたのである。

そのほか退職給付引当金の義務化など，さまざまな見直しが行われた結果，資本金が減少し，逆に負債が増加し，資産が減少することで，貸借対照表の内容が悪化することとなった。そこで，そうした会計基準の見直しが，自治体財政健全化法の健全化判断比率に与える影響を，経過措置も含めてできるだけ小さくするように配慮された。それは会計基準の見直しが，地方公営企業の財務状況の診断の見直しに直結するものではないからである。

地方公営企業会計については，財務規定の適用範囲の拡大という課題もある。地方財政法の第6条に規定する地方公営企業については，特別会計設置の義務があるなど，一般会計からの独立性が求められ，地方公営企業法の法適用企業でなくても，独立採算（あるいは，一般会計との負担区分の明確化）が求められている。自治体財政健全化法では，法非適用企業についても単体で，資金不足比率を通じて健全化が求められることとなった。そのため地方公営企業会計の財務規定を適用することが望ましい。とりわけ，地方公営企業法で，財務規定が任意適用とされている下水道事業や簡易水道事業などは，事業数も多いため，適用が急がれる。

地方公営企業では，運営の公正を確保する観点から，事業にかかる費用に対して，料金収入と一般会計の負担との間で，負担区分を明確化することが求められる。そのためには発生主義会計を適用し，費用を把握することが必要となる。財務規定適用の拡大が必要である理由も，まずはそこにある。さらに，下水道事業や水道事業では，人口減少社会において料金水準を抑制しながら設備等の更新を進める必要がある。財務規定適用の際に作成される固定資産台帳によって，設備等の現状が把握されることが重要であると考えられている。

2) 第三セクター等の改革

　第2次大戦後の高度成長期には，地域開発の手法として土地開発公社，住宅供給公社などの地方公社や，地方自治体が出資等を行っている法人である第三セクターが多用された。ところが最近では，一部の地方公社や第三セクター等で財務状況が悪化し，改善が見込まれないことから，将来の財政負担が懸念されるようになった。第三セクター等については財務情報の開示を進めるとともに，経営改善を要する場合には，完全民営化を含めた組織の見直し，あるいは改善の見込みのない事業の清算が求められている。

　図11-5で示したように，自治体財政健全化法では地方公社や第三セクター等がもたらす財政負担を，将来負担比率によって，一定のルールのもとで開示している。土地開発公社の保有する販売用の土地の地価下落にともなう含み損は，毎年度の将来負担比率の算定において捕捉し，第三セクター等の損失補償債務等にかかる一般会計等負担見込額についても，一定の算定基準を定めて明らかにしている。したがって，かつてのように財政負担がみえないわけではな

図 11-5　将来負担比率の考え方

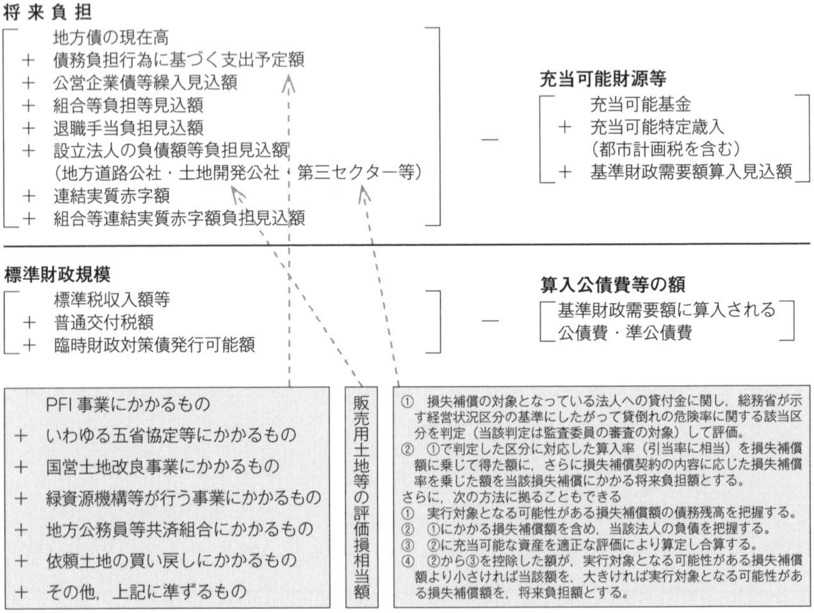

将 来 負 担
```
┌   地方債の現在高
│ + 債務負担行為に基づく支出予定額
│ + 公営企業債等繰入見込額
│ + 組合等負担等見込額
│ + 退職手当負担見込額
│ + 設立法人の負債額等負担見込額
│   （地方道路公社・土地開発公社・第三セクター等）
│ + 連結実質赤字額
└ + 組合等連結実質赤字額負担見込額
```

充当可能財源等
```
┌   充当可能基金
│ + 充当可能特定歳入
│   （都市計画税を含む）
└ + 基準財政需要額算入見込額
```

標準財政規模
```
┌   標準税収入額等
│ + 普通交付税額
└ + 臨時財政対策債発行可能額
```

算入公債費等の額
```
┌ 基準財政需要額に算入される
└ 公債費・準公債費
```

```
┌   PFI事業にかかるもの
│ + いわゆる五省協定等にかかるもの
│ + 国営土地改良事業にかかるもの
│ + 緑資源機構等が行う事業にかかるもの
│ + 地方公務員等共済組合にかかるもの
│ + 依頼土地の買い戻しにかかるもの
└ + その他，上記に準ずるもの
```

販売用土地等の評価損相当額

① 損失補償の対象となっている法人への貸付金に関し，総務省が示す経営状況区分の基準にしたがって貸倒れの危険率に関する該当区分を判定（当該判定は監査委員の審査の対象）して評価。
② ①で判定した区分に対応した算入率（引当率に相当）を損失補償額に乗じて得た額に，さらに損失補償契約の内容に応じた損失補償率を乗じた額を当該損失補償にかかる将来負担額とする。
さらに，次の方法に拠ることもできる。
① 実行対象となる可能性がある損失補償額の債務残高を把握する。
② ①にかかる損失補償額を含め，当該法人の負債を把握する。
③ ②に充当可能な資産を適正な評価により算定し合算する。
④ ②から③を控除した額が，実行対象となる可能性がある損失補償額より小さければ当該額を，大きければ実行対象となる可能性がある損失補償額を，将来負担額とする。

い。地方自治体の公会計では連結財務書類の作成が求められているが，将来負担比率の算定においては，外郭団体を含めた将来負担が，より包括的に算定されていることにも，注意が必要である。

　第三セクター等の清算などを行う場合には，開発行政の失敗によって生じた，財政負担にかかる政治的責任が問われることになる。さらに，破たん処理を先送りすると，財政負担が累増していくことになる。開発行政に乗り出した以上，その後の処理は，責任をもって果たさなければならないのである。

3） 地方自治体の財政健全化と財務情報の開示

　バブル崩壊後，経済対策を行う動きもあったけれども，21世紀に入った頃から，財政健全化が大きな課題となり，地方財政に対しても厳しい目が向けられるようになった。地方財政の健全化の動きとともに浮上したのが，「破たん」と「公会計の改革」である。

　地方自治体が破たんしないことに対して，地方自治体の財政状況が危機的となれば，中央政府が肩代わりするという暗黙の政府保証がある，といった間違った見方がされることもある。しかし，地方自治体が債務の償還ができなくなる事態を招かないのは，中央政府が肩代わりするからではなく，自主再建が可能な範囲で，中央政府が地方自治体の財政健全化に向けた規制を発動して，あくまで自力で債務の償還を行うようにするからである。

　1955（昭和30）年の法律である旧再建法の地方財政再建促進特別措置法には，2つの欠陥が存在した。それは一般会計以外の赤字や負債についての捕捉が十分でないことと，地方自治体の算定した財政指標の確かさを担保する仕組みがなかったことである。どちらも自治体財政健全化法では対応されているといってよい。

　その結果として法人格が同一である一般会計等，特別会計，地方公営企業会計までは，破たんをさせないで自力再建を積極的に進めることとされた。ただし，地方公営企業等には，たとえば観光施設など，住民の生活にとって不可欠な行政サービスとはいえないものが含まれているので，それらは地方公営企業以外の手段で運営することが促されている。そのうえで，基礎的な住民サービスの提供にかかわる部分は，破たんさせないようにしたのである。

　その一方で，法人格が異なる土地開発公社，住宅供給公社などの地方公社や，

第三セクターなどの外郭団体については，財務内容が悪化し，業績が向上しないとみられる場合には，早々に事業の縮小や整理，清算などの破たん処理を進めて，それにかかる債務保証や損失補償についての処理を急ぐことが求められてきた。法人格が同一か，異なるかに応じて，対照的な処理が求められるようになったのである。

その一方で，地方自治体の財政の健全化を進める法的な枠組みは，一般会計から外郭団体まで，最終的にはすべて自治体財政健全化法で一元的に対応され，健全化判断比率あるいは資金不足比率という財政指標で，包括的に財政状態が診断されている。地方公会計や地方公営企業会計の改革は，健全化判断比率や資金不足比率と関係はあるものの，あくまでそれらを補足するものという位置づけである。

地方自治体の公会計や地方公営企業会計の改革は，民間の会計基準に準拠して，財政活動を包括的開示するための条件整備という大きな意味がある。しかし，それをしなければ，真の財政状況が診断できないというわけではない。地方自治体の公会計や地方公営企業会計の改革の意義は，財政情報の開示手段の充実にある。

開発行政の行きづまりの後処理としての土地開発公社や第三セクターなどの清算は，決して容易なことではない。しかし，政治的責任を負ってでも，時間をかけて処理していくほかはない。むしろ重要な問題は公立病院，下水道，あるいは簡易水道などの地域住民の生活の根幹を支える地方公営企業にある。とりわけ，大都市から遠く，高齢化が進む過疎の地方自治体では，公立病院は住民生活を支えるライフラインである。そうなると，病院の経営努力だけでは解消できない赤字は，一般会計で支えざるをえない。下水道や簡易水道についても，人口の大幅な減少で事業収入が減ったとしても，それがライフラインである限り，一般会計からの繰出金で支えるべきである。施設規模の適正化を図りつつ，どこまで一般会計で支えるかの考え方を整理し，計画的に事業運営を図ることが望まれる。人口減少社会にあって，インフラや公共施設の維持管理や更新が大きな問題とされているが，地方公営企業についても状況は同じである。

第12章

地方分権改革と
地方財政制度のあり方

1. 財政面での地方分権

1)「歳出の自治」と「歳入の自治」

　社会や生活への国民の決定権限を強化するために，地方分権を推進しようと
すれば，国民にとって身近な政府である地方自治体に，多くの事務権限を配分
し，中央政府の歳出よりも地方自治体の歳出が拡充していく必要がある。しか
し，それだけでは十分ではない。地方自治体が公共サービスの多くを提供して
いたとしても，地方自治体が中央政府の決定したとおりに，公共サービスを提
供するだけでは，地方分権が進展したとはいえないからである。2000（平成
12）年の地方分権一括法の施行まで存在した機関委任事務に象徴されるように，
日本では公共サービスの決定権を中央政府が握り，地方自治体は公共サービス
を執行するにすぎないという状況が続いていた。

　機関委任事務の廃止は，地方分権の推進にとって偉大な一歩ではあったけれ
ども，中央政府が決定し，地方自治体が執行するという仕組みのいわば外壁を
取り外したにすぎない。中央政府が決定し，地方自治体が執行するという仕組
みの支柱は，頑として残っている。機関委任事務は廃止されたが，法令で事細
かに義務付けをしてしまえば，地方自治体はそれに従って執行せざるをえない。
したがって，法令に基づいた地方自治体への義務付けの見直しを，進めていく
必要があったのである。

　しかも，地方分権が財政面で進むためには，事務の決定が中央政府で行われ，

地方自治体が事務を執行するという，決定と執行との非対応を，解消するだけでは十分ではない。地方自治体に事務が多く配分されていても，それに対応して課税権が，地方自治体に配分されていなければ，意味がないからである。事務配分に基づく需要に対応して，課税権が十分に配分されていなければ，地方自治体は中央政府による財源移転に頼らざるをえなくなるからである。

　中央政府が地方自治体に，財源を移転する目的は2つある。1つは，中央政府が企画した政策を地方自治体に執行させたいという目的である。もう1つは，地方自治体間の財政力格差を是正したいという財政調整目的である。前者の場合には使途を特定した特定補助金という形態をとり，後者の場合には一般補助金という形態をとる。特定補助金の方が，財政自主権を大きく制限することになる。しかも，特定補助金では補助要綱などで，執行に厳格な要件が求められてしまうのである。

　行政事務の決定と執行の非対応が生じることは，「歳出の自治」が失われている状態を意味する。事務配分と課税権の非対応が生じていることは，「歳入の自治」を欠いた状態であることを意味する。地方分権を推進しようとすれば，「歳出の自治」と「歳入の自治」の財政における両面を，大きく見直す必要があるのである。

2）　国税と地方税の関係

　「歳入の自治」の回復は，事務配分に対応するように，課税権の配分を拡大することを意味する。課税権は立法権（地方税の課税を法律に基づいて決定する権限），収入権（税収を受け取る権限），徴税権（徴収を行う権限）という3つからなる。地方税の課税形態は国税との関係で，①独立方式（国税と地方税が異なる税を課税する），②重複方式（国税と地方税が同じ税を重複して課税する），③税収分配方式（1つの税を中央政府と地方政府で分け合う，共同方式と移譲方式がある）の3つに区分できる。このうち独立方式と重複方式は，分離方式と呼ぶことができる。

　日本の地方税体系では，道府県税は道府県民税，事業税，それに地方消費税，市町村税は市町村民税と固定資産税が，基幹的な税となっている。道府県民税，市町村民税，事業税は，国税である所得税と法人税と課税ベースが，ほぼ同じの重複方式である。固定資産税は国税に該当する租税がなく独立方式である。

事業税は，本来は独立方式の道府県税と設定されており，現在では，資本金割や付加価値割が導入されたことで，分離方式と重複方式との中間形態となった。

税収分配方式よりも分離方式の方が分権的であり，分離方式のなかでも，課税標準と税率を地方自治体が設定できる独立方式がより分権的である。もっとも，いかなる課税形態の地方税であっても，中央政府は地方自治体に対して法令等で，課税権に制限を加える場合がある。日本では地方税法によって，地方税として課税すべき租税を列挙し，地方税法に定めのない租税を，地方自治体が課税する場合には，中央政府と協議をして，その同意を得ることが要件とされている。

3) 財政自主権の拡大に向けて

国税と地方税との税源配分の原則には，税源移動性基準の税源配分原則と，政府機能基準の税源配分原則の大きく2つがある。境界を管理しない地方自治体は，固定資産税のように移動性のない租税物件への課税が望ましいと考えるのが，税源移動性基準の考え方である。それに沿えば，中央政府には最も移動の激しいモノに課税する租税を国税に配分し，モノと固定資産との中間の移動性のあるヒトへの課税は，広域の地方自治体の租税に配分することになる。

政府機能基準では，国税には応能原則に基づく租税を，地方税には応益原則に基づく租税を配分することになる。資源配分機能，所得再分配機能，経済安定化機能という財政の3つの機能のうち，境界を管理しない政府である地方自治体は，資源配分機能のみを担い，中央政府は財政の3つの機能すべてを担うと考えられたからである。こうした政府機能基準に基づくと，国税には所得税や法人税を，地方税には消費税や固定資産税を配分することが正当化される。

ところが，現在では国民国家による国境管理が，経済のボーダレス化によって弱化しており，それにともなって中央政府による所得再分配機能も劣化している。そうなると，中央政府の現金給付による所得再分配機能を，地方自治体が現物給付による所得再分配政策で代替せざるをえなくなる。こうした政府機能の変化は，政府機能基準に基づく税源配分を曖昧にするとともに，国税から地方税への税源移譲という税源配分の見直しを，喫緊の政策課題として浮上させたのである。

第2次大戦を契機に先進諸国で，所得税・法人税を基幹税とする租税制度が

定着する。しかし，現物給付による所得再分配などの政府機能が拡大するにつれ，所得税・法人税という所得課税と，付加価値税という一般消費税を，基幹税とする租税制度が形成されてくる。しかも，地方自治体の政府機能が拡大するとともに，基幹税の税源配分もより地方自治体へ移管する方向で見直されるようになったのである。

先進諸国における基幹税の税源配分のタイプは，大きくは3つある。1つは，所得税・法人税を国税に配分し，一般消費税を地方税に配分するアメリカ型である。もっとも，アメリカでは付加価値税は導入されておらず，一般消費税ではあるが，小売売上税が地方税に配分されている。もう1つは，付加価値税を国税に，所得税を地方税に配分するスウェーデン型である。最後の1つは，所得税や付加価値税という基幹税を，それぞれ国税と地方税に半分ずつ配分するドイツ型である。

昼夜間人口の移動が激しい日本では，所得税と付加価値税という基幹税のいずれか一方を，国税か地方税に配分するという基幹税の配分方式はなじまない。ドイツ型のように，2つの基幹税をそれぞれ半分ずつ分かち合う方式を追求せざるをえない。

2. 日本における地方分権改革の経緯と課題

1) 戦後の分権改革

第2章で述べたように，19世紀後半の頃から近代から現代に移行するなかで，政府の機能が拡大していくとともに，地方自治体から中央政府へ財政のウェイトが高まる傾向があるという見方をポーピッツが示した。第1次大戦後の混乱したドイツの状況を念頭に置きながら，①経済政策と社会政策に対する統一的要求の高まり，②財政力の弱い地方自治体への中央政府の介入の必要性の増大などを根拠にしている。また，第2次大戦後に，イギリスのピーコックとワイズマンは，財政において中央政府の役割が増大し，戦時中に生じる転位効果と結びつけ，租税収入が国税に集中する集中過程が生じていると指摘する。それに対して，ドイツの財政学者レクテンワルトは，第2次大戦後に中央政府の歳出の相対的縮小が顕著になることを指摘している。1980年代になると，むしろ地方分権への傾向は顕著になっている。

こうした地方分権の潮流は，国民国家の黄昏，さらには経済のグローバル化と呼ばれる現象と密接に結びついている。前述のとおり，経済のボーダレス化，あるいはグローバル化という現象は，中央政府財政が担うとされる所得再分配機能や経済安定化機能を機能不全状態に陥らせる。その結果として，所得格差の拡大や経済の不安定化が溢れ出てくる。そこで，貧困者に限定して提供する選択的サービスが中心となる中央政府による社会保障サービスに対して，地方自治体が現物給付によって，家族やコミュニティの機能を代替して，普遍的サービスの提供を行うことが求められるようになってくる。

　大正デモクラシーという地方分権運動の歴史がある日本では，第2次大戦後の戦後改革で，民主化の重要なアジェンダとして，地方分権が位置づけられる。第2次大戦後，シャウプ勧告に基づく地方財政改革が提唱されたものの，地方分権の徹底という意味では形骸化され，昭和20年代後半には財政再建団体が続出してしまう。それも民主化という戦後改革のもとで，義務教育や社会保障等の分野で，地方自治体の行政任務が重くなっていたにもかかわらず，地方財政に十分な財源が保障されなかったことが，主要な要因となっている。

　高度成長期になると，地方財政の赤字が解消されるものの，中央政府が成長政策として，地方財政を動員する政策が展開される。それは昭和40年代に入って，福田大蔵大臣が唱える「国・地方は車の両輪論」に象徴されている。こうした地方財政を中央政府の政策に動員する手段として，補助金が拡充されていくことになる。地方財政をコントロールする手段として，補助金を多用した帰結として，昭和40年代には，摂津訴訟に象徴されるように，国庫補助負担金の超過負担問題が浮上することになる。訴訟は市側の敗訴となったが，中央政府も超過負担問題の是正に努めざるをえなくなるのである。

　昭和40年代には高度成長の結果として，過疎・過密問題など地方財政が取り組まざるをえない問題が発生してくる。このように地方財政は，高度成長の歪みへの対応に追われているなかで，第1次オイルショックが生じて高度成長が終焉を告げ，財源確保が難しい苦難の時期を迎えてしまう。そのなかで，1977（昭和52）年には，地方債の起債を中央政府が制限することは不当だとする，美濃部亮吉都知事による東京都起債訴訟問題が浮上したのである。

2) 対等協力の関係：地方分権推進委員会

　昭和50年代の後半になると，「増税なき財政再建」のもとで，公共支出の減量を推進する文脈のなかで，地方分権の推進が提唱されてくる。しかし，それは行政改革を推進する増税なき財政再建路線と，表裏の関係のもとに提唱されている。増税なき財政再建路線による歳出の合理化と圧縮という文脈のなかで，地方分権の推進が検討されるようにもなっている。その流れは，小泉内閣による構造改革路線にも引き継がれていくことになる。

　このような改革推進の潮流によって，地方分権の受け皿づくりとしての行政改革という性格が刻印されてしまう。それは地方分権のあるべき理念に沿ったものではない。それにもかかわらず，小泉構造改革全体の通奏低音となっている市場主義的な改革理念は，経済界の歓迎するところとなり，地方分権改革を推進する1つの潮流を形成した。こうして「小さな政府」をめざす市場主義的な改革の時流に乗って，地方分権改革が政策課題として浮上することが，日本の地方分権改革の独特のゆがんだ文脈なのである。

　このように，日本における地方分権改革は，日本に固有の文脈と世界的な潮流という2つのトレンドによって織り上げられている。この2つの潮流が合流して，1993（平成5）年の国会における地方分権の推進に関する決議が実現したといってよい。この国会決議に基づいて，地方分権推進委員会（1995〔平成7〕～2001〔平成13〕年）が設置され，その活動の成果は1999（平成11）年の地方分権一括法の成立として結実している。

　地方分権推進委員会は中央政府と地方自治体との関係を，「上下主従の関係から対等協力の関係」に改めることを旗印に，中央政府が地方自治体を支配する象徴である機関委任事務の廃止を勧告する。さらに，法令の解釈権を中央政府が一方的に独占せず，中央政府が法令に基づかない通達等が法的拘束力をもつことを禁止した。法令に関する中央政府と地方自治体の解釈が異なる場合には，中立的な立場の国地方係争処理委員会で判断が下されることとなった。そのことは，中央政府による地方自治体へのコントロールが制限されることを意味する。

　機関委任事務は廃止され，最小限必要なものに限定した法定受託事務に切り替えられた。法定受託事務とは「国が本来はたすべき役割に係る事務であって，国においてその適正な処理を特に確保する必要があるもの」と定義されている。

法定受託事務以外の地方自治体の事務は，自治事務と呼ばれている。たとえば，生活保護は法定受託事務であり，小・中学校の運営は自治事務である。もっとも，自治事務といえども，法令によって細部の執行まで規定してしまえば，地方自治体の執行を拘束できる。ただし，法定受託事務は本来が中央政府の事務であるため，中央政府による地方自治体への是正の指示や代執行等が可能なので，法令に基づく是正の要求にとどまる自治事務とは，中央政府の関与のあり方が大きく相違している。

　そのほか，地方分権一括法は，地方債の発行を原則禁止から原則自由に転じる協議制の導入や，地方税法に基づかない法定外税を拡大していく方向などが盛り込まれた。2001（平成13）年に地方分権推進委員会は，引継ぎ書の意味を込めた最終報告で，地方分権改革の残された課題を指摘して，任期を終了し解散したのである。

3) 税財源の改革と義務付けの見直し

　地方分権推進委員会の最終報告では，地方分権改革を「未完の改革」として，次なる改革課題が列挙されている。次なる改革課題として重要視されたのは，税財源の改革と義務付けの見直しである。税財源の改革は小泉内閣のもとで，2003（平成15）年度予算によって一部が先行実施され，04（平成16）年度から06（平成18）年度までの三位一体改革として実施された。4兆円の国庫補助負担金の廃止・縮減と，国税である所得税から地方税である個人住民税へ，3兆円の税源移譲が実現した。

　地方分権推進委員会の第2次勧告では，税財源の改革を盛り込んでいる。そこでは国庫補助負担金を廃止・縮減して，代替財源として地方税を充実することを求めていた。しかし，それでは廃止・縮減した国庫補助負担金に見合った額しか，地方税の充実が実現しないことから，最終報告では地方税の移譲額を決めて，それに見合う国庫補助負担金の見直しを進めることを要請した。

　ところが，三位一体改革では，税源移譲と国庫補助負担金の廃止・縮減のみならず，地方交付税の削減を盛り込んでいる。地方交付税は一般財源ではあるけれども，自主財源ではないので，構造改革の論理のもとではその削減が必要，と位置づけられてしまったからである。2004（平成16）年度予算で，地方交付税が前年度比で実質12%削減されると，地方自治体に大きな衝撃を与え，そ

れ以降の年度の地方自治体の財政運営に決定的な影響を与えることとなったのである。

とはいえ，3兆円の税源移譲が実現したことは，大きな意義があり，国庫補助負担金を一気に4兆円も廃止・縮減したことは，過去に例のない成果である。しかし，地方交付税の削減が響いて，三位一体改革に対する地方自治体からの評価は，一般に冷たい。しかも，国庫補助負担金の見直しは，補助率の引き下げと包括補助金への衣替えが，大きな割合を占めていた。国庫補助負担金を廃止することで完全に自主財源化し，財源面で中央政府のコントロールがなくなったのは，公立保育所の運営補助金など，4兆円のうちごく一部に限られ，地方分権が進んだという実感をともなう規模ではなかったのである。

地方分権推進委員会が最終報告で，次なる改革課題として，税財源の改革と並行して重視したのが，義務付けの緩和である。地方分権一括法で機関委任事務を廃止したけれども，法令，つまり法律や政省令等で，地方自治体に義務付けをすることはできる。そこで次に義務付けの緩和が課題となる。

義務付けが緩和され，法令上の規定がなくなれば，地方自治体は条例で規定できる。たとえば，保育所の保育面積は最低基準を法令で定めて，義務付けている。この義務付けの緩和をすると，待機児童の解消を急ぐ地方自治体は，保育面積の基準を引き下げて，保育所の定員を増やすことが可能となる。

義務付けの見直しは，第1次安倍内閣で設けられた地方分権改革推進委員会（2007〔平成19〕〜09〔平成21〕年）における第1次勧告から第3次までの勧告によって，取り上げられることになる。2009（平成21）年には自公政権から民主党政権へ政権交代が実現し，地方分権改革推進計画で，義務付けの見直しについての勧告の内容を受け止め，地域主権改革関連一括法（第1次，第2次）として，勧告内容の一部を実現させた。2012（平成24）年には再度，自公政権へと移行し，第2次安倍内閣は，義務付けの見直しをさらに進め，第3次と第4次の一括法を成立させた。そこで，地方分権改革推進委員会の勧告事項に基づく検討が終了した。

その後2014（平成26）年からは，地方自治体が義務付け等の緩和を提言し，それを受けて検討を進める「提案募集方式」が導入され，初年度の提言に基づく第5次一括法が2015（平成27）年6月に成立した。その後，毎年，一括法が成立している。このように，地方自治体の要請に基づく地方分権が進む体制が

整えられた。

このように，義務付けの見直しは，時間こそ要しているものの，着実に進んでいる。それに対して，税財源の改革については十分とはいえない。補助金の一般財源化は，地方分権という意味では前進であるけれども，その見返りの財源が十分に確保されるわけではない。民主党政権時代は，社会保障と義務教育分野を除いて，補助金の一括交付金化を進める方針を掲げた。一括交付金を検討する過程では，地方分権の趣旨に照らして，社会保障給付における現金給付は国費負担とする反面，現物給付についてはすべて一括交付金化の対象にするという思い切った考え方が提唱されたものの，最終的には現金給付と現物給付の切り分けという構想は実現しなかった。再度の政権交代によって民主党政権で実現した地方財源の改革の多くは取りやめとなり，維持されたのは，消費税および地方消費税率の引き上げにともなう地方財源の強化のほか，直轄事業負担金における維持管理分の地方負担の廃止などである。

3. 事務の性格と負担区分

1) 自治事務・法定受託事務と義務付けの関係

「歳出の自治」と「歳入の自治」の両面を回復して，地方分権を推進するという観点に照らすと，「事務区分」と「負担区分」との改革を関連づけて考察する必要がある。「事業区分」の改革については，地方分権一括法によって，機関委任事務が廃止され，地方自治体の「事務区分」は，自治事務と法定受託事務とに区分された。自治事務であっても，たとえば義務教育の内容に関して，地方自治体に裁量権が保障されているわけではない。義務教育の年限など教育サービスの骨格の部分は，校舎の面積や安全基準などに関しても，法令に基づく各種の義務付け等が設けられている。その緩和は，「歳出の自治」の拡大のうえで，重要な課題となる。義務付けが緩和されると，地方自治体の条例制定権をはじめ，地方自治体の裁量権が拡充される。

2) 国と地方の財政負担の区分

「歳入の自治」の拡大のためには，特定補助金，つまり国庫支出金を通じた中央政府の関与を縮小する必要がある。自治事務と法定受託事務という「事務

図 12-1　事務の性格・国の関与の度合いと国と地方の負担区分の多層的関係

法令に基づく実施の義務付け	地方公共団体が法令に基づいて実施しなければならない事務		義務付けがされていない事務
是正等に関する国の関与	法定受託事務		自治事務

利害の所在		一部またはもっぱら地方の利害に関係のある事務		
		国と地方の相互の利害　　　　　　もっぱら地方の利害		

| 国による費用負担の根拠 | もっぱら国の利益に関係のある事務（地方財政法第10条の4） | ○その円滑な運営を期するためには，なお，国が進んで経費を負担する必要があるもの（地方財政法第10条）
○地方公共団体が国民経済に適合するように総合的に樹立された計画に従って実施しなければならない土木その他の建設事業に要する経費（地方財政法第10条の2）
○災害にかかる事務で，地方税法または地方交付税法によってはその財政需要に適合した財源を得ることが困難なものを行うために要する経費（地方財政法第10条の3） | | 国は，その施策を行うため特別の必要があると認めるとき，または地方公共団体の財政上特別の必要があると認めるときに限り，補助金を交付することができる（地方財政法第16条） | |
| | 補助事業
国庫委託金 | 補助事業
国庫負担金 | 単独事業 | 補助事業
国庫補助金 | 単独事業 |

区分」と，地方自治体が実施する事務であっても，中央政府が財源の一部または全額を負担する補助事業なのか単独事業なのかという「負担区分」は，歴史的な経緯のなかで形成されてきた。そのため事務区分と負担区分は，関連があるものの，図 12-1 で示したように，必ずしも整合的になっていない。

　1948（昭和 23）年に制定された地方財政法は，地方自治体の財政健全化の基礎となる建設公債主義に基づく地方債の制限のほか，国と地方の負担区分の原則を明確にすることを主要なねらいとしていた。内務省解体後の状況で，中央政府が国庫支出金等を通じて，地方自治体への財政負担の安易な転嫁を避けることをめざしていたのである。

　1952（昭和 27）年の改正で地方財政法は，第 9 条において地方自治体が実施する事務は，原則としてすべて地方自治体の負担で実施するという原則を確立する。その一方で，シャウプ勧告や神戸勧告に反して，国と地方の事務配分を

完全に切り分けずに，重複して事務分担をすることを前提に，同年の改正のなかで，中央政府が負担できる例外として，第3章でも述べたように「国庫負担金」「国庫委託金」「国庫補助金」の3つを設けている。

地方財政法第10条から第10条の3において国庫負担金は，3つの国庫負担金が規定されている。第1は，「地方公共団体が法令に基づいて実施しなければならない事務であつて，国と地方公共団体相互の利害に関係がある事務のうち，その円滑な運営を期するためには，なお，国が進んで経費を負担する必要がある」場合であり，一般行政費国庫負担金と呼ばれる。第2は，「地方公共団体が国民経済に適合するように総合的に樹立された計画に従つて実施しなければならない法律又は政令で定める土木その他の建設事業に要する」経費への負担で，建設事業費国庫負担金と呼ばれる。第3は，「地方公共団体が実施しなければならない法律又は政令で定める災害に係る事務で，地方税法又は地方交付税法によつてはその財政需要に適合した財源を得ることが困難なものを行うために要する」経費への負担で，災害復旧事業費国庫負担金と呼ばれる。3つの国庫負担金の対象事業は，中央政府と地方自治体が協力して行う事業であり，中央政府の割り勘分が国庫負担金にあたる。

それに対して国庫委託金は，もっぱら中央政府の利害に関係のある事務に対して交付される。国庫委託金では中央政府が経費の全額を負担し，地方自治体は経費を負担する義務を負わない。そのため地方財政法の条文に列挙された対象に対して交付されることになる。

地方財政法の第16条で国庫補助金は，中央政府が施策を実施するために特別の必要があると認めるときや，地方自治体に財政上特別の必要があると認めるときに限って，その地方自治体に補助金を交付することができると規定されている。すなわち，国庫補助金とは，もっぱら地方の利害にかかわる事業に対して，中央政府が政策的理由に基づいて，とくに補助をするものである。

このように地方財政法は，事務が中央政府の利害であるか，地方自治体の利害であるか，その中間であるかという事務の利害を基準として，中央政府と地方自治体の負担区分を確定しようとしている。こうした考え方の延長線上に，中央政府の直轄事業に対する地方自治体の負担金を位置づけることができる。道路，河川，港湾などの中央政府の直轄事業であっても，それが立地する地方自治体にも利害があるとして，直轄事業負担金を求めるからである。直轄事業

負担金の運営では事業費の内容が不透明であり，補助事業の補助対象経費に比べて範囲が広いなどの問題がある。維持管理費に対しても負担金を徴収するといった不合理については見直されたが，直轄事業負担金の廃止を求める声はなお大きい。

3）　義務付けや国の関与のあり方と負担区分の関係

　事務区分では法定受託事務を法律に限定列挙し，それ以外を自治事務としている。そのため同一の事業であっても，一部だけが法定受託事務である場合もあり，どこまでが自治事務でどこからが法定受託事務であるかの切り分けが難しいこともある。さらに補助金についても，地方財政法第10条に基づく国庫負担金であるのか，第16条に基づく国庫補助金であるのかが，必ずしも明確でないものもある。

　図12-1には，上段に義務付けの有無や強弱と，中央政府の関与の度合いを示す法定受託事務か自治事務かの区分を示し，中下段で中央政府と地方自治体の利害に着目して，補助事業となるか否かを示してある。こうした2つの次元における区分は，それぞれが整合的に対応しているわけではない。

　法定受託事務を最小限にとどめた2000（平成12）年に施行された地方分権一括法の成果として，左方向ほど国の関与や利害が強く，右方向ほど弱いという意味でおおむね整合性がある。しかし，たとえば法定受託事務だからといって，全額あるいはそれに近い割合で，中央政府が負担するといったところまでの整理はされていない。法定受託事務である国政選挙や国の指定統計は，国庫委託金事業であって全額国費である。しかし，同じ法定受託事務であっても，生活保護は国庫負担金事業であって地方負担をともなう。さらに戸籍事務は，法定受託事務であるにもかかわらず，中央政府の負担はなく，単独事業として執行されているのである。

　中下段の地方財政法上の区分については，中央政府と地方自治体の利害という観点から整理されているが，利害があるかどうかの判断に関して明確な根拠が必ずしもあるわけではない。地方財政法が中央政府と地方自治体の利害という明確な切り分けが難しい概念で，負担区分をしたことが，その後の補助金行政の肥大化を招き，地方財政の中央集権化の原因となったという見方は，根強いものとなっている。

地方財政法は第10条で国庫支出金の対象を定義するとともに，対象事業を限定列挙している。さらに，第10条の4では国庫委託金について同様に，定義と当該事業を列挙している。仮に事務の性格が，中央政府と地方自治体の両方に利害があったとしても，条文に列挙されていない事業は，国庫負担金の対象とはされないのである。

それに対して第16条では，国庫補助金について，定義も当該事業も示されていない。国庫負担金や国庫委託金が，法律補助と呼ばれるのに対して，国庫補助金は予算措置と呼ばれる所以である。

地方分権を推進するのであれば，図12-1の中下段では国庫補助金であろうと，国庫負担金であろうと，補助率の引き下げでは意味がなく，補助金そのものを廃止して単独事業にしなければならない。補助金には使途などを定めた補助要綱があり，法令上の義務付けよりも，詳細で厳しい内容であることも多い。補助金の廃止までいかなくても，補助要綱の内容を緩和すれば，地方分権に資する。

国庫委託金については，もっぱら中央政府の利害にかかわる以上，それを廃止することは，地方分権に資するものではないと整理されている。地方分権を推進するうえでの補助金の見直しを，国庫補助負担金の改革と呼ぶことが多いのは，そのためである。国庫補助負担金の改革を進めるには，国庫負担金よりも国庫補助金の廃止を優先すべきであるとされている。それは中央政府の利害が一部でもある以上，中央政府が負担をすべきだというという考え方があるからである。国庫補助金の対象事業のうち，地方自治体の事務として同化・定着・定型化したものは，国庫補助をする政策目的が薄れているとして，廃止すべきと整理されている。仮に，国庫補助金が全廃されれば，図12-1では左から右に移るほど義務付けが小さくなり，かつすべて単独事業となり，すっきりとした整理になる。

事務の性格と負担区分を整合的に整理するという王道で地方分権を進めることは，原則論として望ましい。かつて，第2次大戦後にはシャウプ勧告が，国庫支出金を廃止して，地方財政平衡交付金で財源保障したうえで，地方税の税源配分を分離することを勧告するとともに，それに対応した事務配分を負担するように勧告した。シャウプ勧告では，国の補助金は国庫補助金こそふさわしいとされている。しかし，それを受けた神戸勧告の内容は，ほとんど実行され

ず，むしろ逆コースを歩み始めた経緯がある。

　地方分権推進委員会も法定受託事務の範囲を最小限にするとともに，その財源は全額を国費とすることを検討した。しかし，財源確保に対する不安から，成案にいたらず挫折した経緯もある。中央政府と地方自治体の負担区分は，事務の性格だけではなく，実質的に所要の地方財源が確保できるかどうかで判断されることが桎梏となるという苦い歴史を繰り返している。

未来を構想するために

1.　地方財政を学ぶ

1)　「生」と関連づける

　地方財政を学ぶということは，地方財政に関する事実を単に「知る」ことではない。つまり，地方財政に関する「知識」の集合を修得することが，地方財政を学ぶことではない。もちろん，地方財政を対象とする学問は，単なる地方財政に関する知識の集合ではない。学問とは体系的に秩序立てられた知識である。したがって，地方財政を対象とする学問では，地方財政に関する知識を体系的に秩序立てている。地方財政を対象とする学問を地方財政論と呼んでおくと，地方財政論を学ぶということは，地方財政に関して体系的に秩序立てられた知識を学ぶということになる。

　本書は日本の地方財政に焦点を絞りながら，地方財政論の入門書としてまとめられている。つまり，本書を学ぶことで，日本の地方財政を体系的に秩序立てて理解してもらうことを意図している。しかし，地方財政に関する知識を体系的に秩序立てて修得しただけでは，本書を学ぶという作業を完了したことにはならない。というのも，地方財政に関する知識を体系的に秩序立て，それを自己の生と関連づけて初めて，本書を学んだということになるからである。

　自己の生とは自己の職業を意味していない。「生きる」という意義において，職業とは単なる演技でしかない。公務員は公務員らしく振る舞っているから，公務員なのであり，会社員は会社員らしく振る舞っているから会社員なのであ

る。しかし，公務員であろうと，会社員であろうと，その人間をその人間たらしめている「点」のようなものが存在し，その発現が「生きる」ということだといってよい。

　自己の生と関連づけるとは，そうした全体性のある「生」と関連づけることであり，職業という部分的な「生」と関連づけることではない。もっとも，地方財政に携っている地方公務員にとってみれば，職務の遂行に地方財政に関する知識が役立つことは間違いない。しかし，職務遂行上に必要な知識ということであれば，知識を習得するだけで十分である。

　もちろん，地方公務員に限らず国家公務員でも職務遂行上の知識として，地方財政に関する知識が要求される場合がある。というよりも，公務員でなくとも，会社員でも，さらには農業や商工業の自営業者でも，勤務遂行上の実践的知識として，地方財政の知識が必要な場合がある。しかし，そうした場合であれば，知識の修得だけで十分であり，それも部分的な知識の修得で事足りるはずである。

　「生きる」ということは，自己の状況を否定し，新しき状況を形成することだといってよい。つまり，現在を否定し，未来を創造することである。もちろん，自己を取り囲む状況は全体的である。学問あるいは科学は，状況の真実を把握しようとする。しかし，科学は状況の全体真実を解明しようとはしない。

　科学は全体状況を細分化し，考察の対象を限定して，部分真実のみを明らかにしようとする。ジグソー・パズルの図柄全体を状況とすれば，ジグソー・パズルの小片の図柄のみを解明しようとするのが科学だといってよい。

　もっとも，全体真実を把握することは不可能である。強いていえば宗教が全体真実を，まずは把握しようとする方法論をとっているといえるかもしれない。

　科学は部分真実のみしか解明できない。しかも，科学は部分真実にすらも過ちを繰り返しながら接近していくにすぎない。科学を学ぶということは，部分真実を解明しようとする科学を相互に関連づけながら，生きるために否定すべき全体状況を認識しようとすることでなければならないのである。

　地方財政論を学ぶことも同様である。地方財政に関する知識を体系的に秩序立てても，部分真実にしか接近できない。しかも，本書で解説された地方財政論についても，筆者らが過去からの地方財政論を学びながら，共同作業によって秩序づけた知識の体系にすぎない。それが部分真実にどれほど接近できてい

るかも確かではない。したがって，本書が体系的に秩序づけた知識を修得するだけではなく，読者自身が自己を取り囲む状況認識と結びつけて，「生」への決断と関連づけなければならないのである。

2) 学問としての地方財政

学問は「生きる」ということの指針である。しかし，地方財政論を学ぶということを生への決断と結びつけなければならない理由については，学問一般がそうである以上の理由がある。それは地方財政という現象がすべての社会の構成員の決断，つまり社会の構成員による共同意思決定によって生じているからである。

職業を通じて地方財政に携わるときには，地方財政に関する知識の修得だけでよいことはすでに述べた。しかし，社会の構成員として，地方財政の運営について共同意思決定をする際には，自己の「生」との関連で意思決定をせざるをえないのである。

地方財政の共同意思決定者として，地方財政論を学ぶということは，自己の「生」と関連づけなければならないことを意味する。地方公務員であっても社会の構成員として共同意思決定者となる。したがって，すべての社会の構成員が地方財政論を自己の「生」と関連づけて学ぶ必要がある。

もっとも，学問として地方財政論を学ばなければ，地方財政の共同意思決定ができないわけではない。というよりも，地方財政は共同社会で「生きる」という体験を通して学ぶことができる。しかし，体験を通して学んだことは，ともすれば真実ではないことが多い。

真実は体験を通して，学んだ実感を批判してみないと見えてこない。体験を通して学んだ実感を信じれば，太陽は東から上り，西に沈むにとどまる。体験実感を信じる限り，地球の周りを太陽が回っていることになる。この体験実感を批判しなければ，太陽の周りを地球が回っているという真実は認識できない。地球ではなく太陽に身を置いていたら，事態はどのように見えるのかと，自己の体験実感を相対化しなければ，真実は見えてこないのである。

自己の体験実感を相対化する作業，それが学問を学ぶことだといってよい。そうだとすれば地方財政論も，地方財政に対する自己の体験的実感を相対化するために学ぶことになる。それは地方財政の共同意思決定を真実に基づかせる

ための営みだといってよい。こうした営みの必要性は，地方財政の共同意思決定についての結果責任を，社会の構成員が連帯責任で引き受けなければならないことから生じる。

　地方財政の結果責任は，地域社会の構成員である住民が引き受ける。地方財政に無関心で共同意思決定に参加したという自覚がなかったとしても，結果責任は必ず住民に降り掛かってくる。自分は無力であることが，責任を逃れる理由とはならないのである。

　そうだとすれば，社会の構成員は地方財政論を学ばざるをえなくなる。もっとも，地方財政論も真実を解明しているとは限らない。それだからこそ地方財政論を学ぶということは，自己の「生」と関連づけることが必要なのである。

　当然ながら，地方財政の真実を解明する責任は，地方財政論を提示する研究者の側にある。邪な利害に支配され，真実へのアプローチを怠った研究者は，歴史的責任で断罪されることになる。

　しかも，地方財政論を探究する研究者は，常に自己の地方財政論を相対化して，真実にアプローチしていくために，不断の努力を怠ってはならない。地方財政論を読者が自己の「生」と関連づけることを考えれば，地方財政論を全体真実との関連で構造化しておかなければならない。

3) 歴史的責任

　本書は筆者らの共同作業による地方財政論である。この地方財政論をもとに，状況責任を果たすために自己の「生」と関連づけることが，本書を学ぶことである。それは状況責任を果たすために，本書を導き星として状況把握することを意味する。そうだとすれば，本書を導き星として活用するために，本書が地方財政に関する知識を体系的に秩序立てた方法論を明示しておく必要があろう。

　すでに繰り返し示唆してきたように，本書は現代社会，つまり市場社会を財政という窓を通して眺めようとしている。そこでは，トータル・システムとしての現代社会が，経済システム（市場），政治システム（国家），社会システム（共同体）という3つのサブ・システムから構成されていると把握している。財政は，その3つのサブ・システムの交錯現象と位置づけている。したがって，財政に分析の焦点を絞れば，トータル・システムとしての現代社会にアプローチしうると考えている。

財政という現象は，常識的には経済と政治との交錯現象として理解されているといってよい。財政という舞台では，経済と政治との綱引きが演じられると考えることができる。

　こうした常識的理解に対して本書は，財政を経済と政治だけではなく，社会を加えた3つの社会現象の交錯現象として捉える。それは状況認識の視座に，社会システム，つまり共同体をも取り込むことを意味する。

　政治システムと経済システムだけでなく，社会システムをも加えた3つのサブ・システムの交錯として財政を把握することは，財政を支配・被支配のための経済としてではなく，共同社会の共同責任のための経済としても捉えることを意味する。それとともに地域的差異によって規定される共同体を視座に取り込んだことは，財政を地域的差異に規定される現象として把握することになる。したがって，最基底の地域社会に裏打ちされた財政から，国家財政へとボトムアップで構造化される地方財政論として財政を考察していくことになる。

　地方財政論では，共同体という生活細胞に基礎づけられている財政現象を考察している。人間の生活は大気，水，大地が織り上げるホメオスタシス（homeostasis）としての地域という自然環境に抱かれている。こうした地域ごとに個性ある自然環境に抱かれて，人間の価値観と感受性が培養され，地域に固有の生活様式が生まれて，地域共同体というコミュニティが形成される。

　こうしたコミュニティとしての社会システムは，現代社会では機能が分散してしまい，地域経済システムに加えて，地域政治システムが析出して，地方財政が登場してくることになる。つまり，地方財政は地域経済，地域政治，それに独自の地域社会を，生活細胞としての地域社会というトータル・システムに統合していくことになる。

　統合された生活細胞は集合して，心臓や消化器という器官を形成するように広域の地域社会を組織して，そうした広域の地域社会が国家に統合される。統合された生活細胞は，このように国家へと統合されていくけれども，そうした生活細胞の相互の関係は政府間財政関係となって表れる。

　本書でも政府間財政関係を基軸に位置づけている。それは日本の中央集権的政府間財政関係に異議を申し立てているからである。とはいえ，それは国民統合という財政の使命を否定しているわけではない。地域社会の多様な個性を復活させ，伝統と文化に彩られた自然と人間との共生（symbiosis），人間と人間

との共生を復位させることによる新たな国民統合を希求しているのである。

2. 地方財政論を活かす

1) 自己再生力を喪失した「危機」

　第2次大戦後に形成された「時代」は崩壊している。世界的経済秩序は1973（昭和48）年の第1次オイルショックとブレトン・ウッズ体制の崩壊によって終わりを告げている。世界政治秩序も東西冷戦の終焉によって破たんしたといってよい。

　しかし，1つの「時代」が終わりを告げても，新しき「時代」が産声をあげているわけではない。世界はいま，新しき「時代」が生まれ出ずる苦しみに喘ぐ「危機の時代」にあるといえる。

　地球上のいたるところで，地域紛争が勃発し，テロと呼ばれる残虐な行為が噴出している。勇ましい戦い太鼓が，世界中で打ち鳴らされて，世界は騒然とした状況にある。世界秩序が崩壊し，新しい世界秩序がいまだ形成されていないからである。

　それどころではない。このところ世界を駆け巡るトップ・ニュースは，異常気象で埋め尽くされているといっても過言ではない。夏には熱波，大洪水，竜巻が生じ，冬には寒波，大豪雪，大洪水が世界の各地で発生している。タイフーンもハリケーンも，巨大化するばかりである。

　異常気象には閾値効果があるといわれる。つまり，無変化の状態が長期間継続した後に，劇的な変化を生じるといわれている。閾値効果が存在するとすれば，すでに閾値を突破したと認識するに十分な異常気象が，世界を闊歩している。

　こうした異常気象は，1つの時代の終焉によって生じている異常社会現象と無関係ではない。というのも，異常気象は人渦によって形成されているといっても過言ではない。経済とは人間が生存を維持するために自然に動きかける行為だとすれば，異常気象については人間の経済が重要な要因となっていることは間違いない。しかも，異常気象現象と異常社会現象は相互に関連しながら，相乗現象としても表出する。

　第2次大戦後に先進諸国は，重化学工業化によって「黄金の30年」と呼ば

れる高度成長，経済成長を実現するとともに，中央集権的な「福祉国家」を形成し，所得再分配によって社会統合を図っていく。つまり，「福祉国家」の時代とは「経済成長と再分配との幸福な結婚」の時代だったのである。

　1973（昭和48）年の第1次オイルショックは，こうした幸福な時代の終わりを告げる鐘を鳴らした。大量生産・大量消費を実現した重化学工業化は，自然資源の大量消費をもたらし，第1次オイルショックは石油をはじめとする自然資源の枯渇を警告したと考えられるからである。

　第1次オイルショックの前年の1972（昭和47）年に，「ローマ・クラブ」が『成長の限界』と題した報告書を発表する。この『成長の限界』は文字どおり環境制約からの「成長の限界」を警告している。しかし，この「成長の限界」は環境制約といっても，石油などの化石燃料をはじめとする再生不能資源の枯渇による「成長の限界」を警告していたのである。

　ところが，新自由主義が躍り出て，「成長の限界」は市場に委ねれば解決可能だと声高に唱える。つまり，再生不能資源が枯渇しても，市場の価格メカニズムによって，代替する再生不能資源が見出されると主張する。こうして原子力発電が推進されていくことになる。

　新自由主義は「成長」「成長」と連呼し，「福祉国家」を根源的に批判しつつ，「再分配なき経済成長」を推進していく。「再分配なき経済成長」を追求した結果は，あらゆる領域で格差が拡大し，地域間格差が深刻化する。もちろん，こうした格差の拡大は，地域紛争の火種となるだけではなく，異常な社会現象が溢れ出る原因ともなる。

　しかも，「成長の限界」の警告を無視して推進された経済成長は，再生不能資源の枯渇どころか，再生可能資源を再生可能ではなくさせてしまう。つまり，自然の自己再生力が喪失されていく。そのため「成長の限界」という警告は，自然の自己再生力の「持続可能性」へと置き換えられたのである。

　「成長の限界」から「持続可能性」を求めるまでに深刻化した自然環境の破壊が，異常気象の重要な要因となっていることはいうまでもない。しかも，異常気象は経済危機とも連動する。リーマン・ショックをみても，経済危機が生じる前提には，原油価格と穀物価格の高騰がある。いうまでもなく原油価格の高騰は再生不能資源の枯渇に，穀物価格の高騰は再生可能資源の再生力喪失に，それぞれ起因する。

自然が自己再生力を喪失しているだけではない。異常な社会現象は人間の社会が自己再生力を喪失した証左といえる。1つの時代が終わり，新たな時代が始まろうとする「危機の時代」に，自然と社会の自己再生力を喪失することは，この水色の惑星とともに歩んできた旅路が終わりを告げるかもしれないという本源的危機の時代に，現在があることを含意しているといってよい。

2）　地方分権への道

　新しき時代を構想することは，自然と人間社会との自己再生力を持続可能にするヴィジョンを描くことだといってもよい。それは大量生産・大量消費の自然資源多消費型産業構造を転換していくことにほかならない。それは「量」の経済を「質」の経済に転換させることだといってよい。

　自然科学で最も重要な法則に，熱力学の第一法則と第二法則があるが，経済学は熱力学の第二法則を取り込んではいない。熱力学の第一法則とは，エネルギーの量は一定で，エネルギーは生産することも消費することもできないという法則である。熱力学の第二法則とはエクセルギーの法則である。エクセルギーとはエネルギーの「質」であり，エネルギーの仕事をする能力である。エネルギーにはエネルギーという「質」に差異があり，この差異は高い方が低い方への絶えざる均衡運動で解消されていくという法則が，熱力学の第二法則である。

　熱エネルギーは質の低いエネルギーだけれども，電気エネルギーは質の高いエネルギーである。アメリカのエネルギー研究家エイモリー・ロビンス（A. B. Lovins）は，「家の中を電気で暖めようとすることは，電動ノコギリでバターを切るのと同じくらい愚かなことだ」という名言を吐いている。つまり，エネルギーの質を考慮して，エネルギーを使用せざるをえないのである。

　そうだとすれば，「量」の経済そのものを，「質」の経済へと転換しなければならない。「量」を「質」に置き換えるのは，人間の神経系統の能力である知識だといってよい。「量」を「質」に置き換えることで，人間が生存に必要な自然資源を飛躍的に節約するとともに，自然の自己再生力を持続可能にすることができる。

　「質」の経済は，地域ごとに相違する自然とその変化によって実現される。大地から泉が吹き出るようにファウンテン効果で地域から経済が活性化し，地

域分権型経済構造が形成されることになる。

　古き時代を支えていた「量」の経済が「質」の経済へと転換し，集権的メインフレーム型経済が，地域分権型の経済へ転換していくと，それと重ね書きするように，公共空間も再編せざるをえなくなる。メインフレーム型の「量の経済」を基盤にしていた中央集権的な福祉国家は再編せざるをえなくなる。

　それは福祉国家が中央集権的に現金給付による所得再分配で，国民生活を保障していた社会的セーフティネットを，育児，介護，医療，教育などの現物給付で張り替えることを意味する。こうした現物給付は，当然のことながら，それぞれの地域社会での生活実態に適応して供給される必要がある。つまり，地方自治体ごとに地域住民の共同意思決定で提供した方が，合理的であることはいうまでもない。これが地方分権を推進すべき根拠である。

　しかも，地方分権へと舵を切らなければならない決定的な根拠がある。それは環境問題という人類史的課題である。環境問題はグローバルな問題だといわれる。しかし，自然の顔は地域ごとに相違している。したがって，地域ごとに相違する自然と人間との共生を実現しなければ，環境問題の解決はありえないのである。

3)　未来へのアジェンダ

　日本において地方分権へと舵を切る烽火（のろし）は，1993（平成5）年の衆参両議院における全会一致の「地方分権の推進に関する決議」であった。すでに日本が地方分権改革を推進し始めてから，20年以上の歳月が流れ，人間でたとえれば，一度死んで生まれ変わる儀式である成年式を迎えたことになる。

　この20年以上に及ぶ地方分権改革の過程は，第1次分権改革と第2次分権改革に区分され，この2つの分権改革の間に三位一体改革が位置づけられている。第1次分権改革は先の国会決議に始まり，99（平成11）年の「地方分権一括法」の成立をもって終わる。この第1次分権改革の成果は「機関委任事務の廃止，国の関与の新しいルールの確立等」と評価されている。

　2001（平成13）年に地方分権改革推進会議が発足し，02（平成14）年から毎年閣議決定された結果として，「三位一体改革」が実施される。すでに繰り返し述べてきたように，「三位一体改革」ではほぼ3兆円の地方税財源が増加したけれども，補助金が約4兆円削減されたばかりでなく，地方交付税が約5兆

円減少させられてしまう。つまり，地方税という自主財源は増加したけれども，地方税と地方交付税をあわせた一般財源は減少し，地方財政の財源が全体としても圧縮されてしまったのである。

　地方分権という観点からすれば，地方自治体が自己決定できる一般財源が拡大していかなければ，地方分権改革とはいいがたい。地方財源の総額が圧縮されたばかりか，一般財源を大幅に削減してしまった「三位一体改革」は，地方分権に逆行する改革だったといえる。地方分権改革として自主財源を強化することを謳い文句に実施された「三位一体改革」が，地方分権改革の目的とは反対方向に動いてしまった履歴効果は，大いなる負の遺産となっている。地方自治体が財政面における地方分権に消極的になってしまったからである。

　第2次分権改革は2006（平成18）年の地方分権改革推進法の成立をもって始まる。しかし，「三位一体改革」の負の遺産から，第2次改革では規制緩和にあたる義務付けの見直しと権限移譲に焦点が絞られて推進されていく。この第2次分権改革も2014（平成26）年に第4次一括法が成立したことで，一段落の決着をみた。

　次に，新たなステージで，地方分権をどのように推進するかが問われることになった。というのも，社会的セーフティネットを張り替え，新しい時代を形成していくには，地方分権を推進することが鍵となるからである。

　これまでの2次にわたる地方分権改革では，機関委任事務の廃止，義務付けの見直し，権限移譲という地方財政の「歳出の自治」にかかわる改革に焦点が絞られてきた。しかし，「歳入の自治」の回復については，「三位一体改革」の苦い経験から進んでいない。新たなステージで地方分権改革を推進するとすれば，財政面での地方分権改革，つまり「歳入の自治」への改革が重要なアジェンダとなる。

　しかし，2次にわたる地方分権改革によって，制度的改革が一段落したとの気運が漂ってしまった。とはいえ，あえて繰り返せば，この歴史的転換期に地方分権改革を推進することが，新しき時代を形成する条件となることを忘れてはならない。

　そこで地方分権改革有識者会議では2014（平成26）年6月24日に，「個性を活かし自立した地方をつくる――地方分権改革の総括と展望」と題する新たなステージでの地方分権改革の推進方針を発表した。この「総括と展望」では，

これまでの中央政府主導の地方分権改革から，地方主導の地方分権改革への転換を，というよりも住民主導の地方分権改革を唱えている。

　もちろん，住民主導の地方分権改革といっても，住民が地方分権改革への情熱を燃やさなければ意味がない。しかし，そうした情熱は，住民に地方分権への意識改革が必要だと説得を繰り返しても，燃え盛るわけではない。そのため「総括と展望」では，すでに制度改革が一定以上進んだので，その意義を地方自治体が住民に実感させる段階に到達しているということを強く訴えている。

　それは団体自治が進んだことのメリットを住民に実感させると言い換えてもよい。団体自治が進めば，住民参加で住民自治が活性化しさえすれば，住民は未来の生活と社会を身近な公共空間で決定できる権限を拡大することができるようになる。

　地方分権改革のメリットを自覚した住民の情熱を「原動力」に，地方自治体が地方分権改革を具体的に提言していく。そうした下から上への地方分権改革，それは「地方発の地方分権改革」ということになる。第5次以降の分権一括法は，地方が求める改革の実現をめざしている。2015（平成27）年の第5次以来，毎年，新しい地方分権一括法が制定され，2020（令和2）年度は第10次となった。本書はこうした地方分権改革の導き星になればと願い，地方財政の「知の構造化」を意図している。

　住民自治の活性化は地域社会の活性化と同義だといってもよい。地域社会が活性化するということは，人間を目的とする人間関係を強めるという意味でもある。市場における人間関係は，人間を手段とみなす関係である。人間を手段だとみなすと，人間は人口としてしか把握できなくなり，人口減少に脅えることになる。しかし，人間を目的とする人間関係からは，人口減少に脅える意味は小さくなる。

　この歴史の転換期には過剰に拡大した人間を手段とみなす人間関係に対して，人間を目的だとみなす人間関係を再生させて，歴史の峠を踏み越えさせる必要がある。それが地方分権改革を推進する意味なのである。

地方財政をより深く学ぶためのリーディング・リスト

　本書を通して，日本の地方財政について学んでいただいたが，さらに踏み込んで，とくに各論を詳しく学びたいという読者の方のために，以下にリーディング・リストをあげておく。ぜひ，手にとって，読んでみてほしい。なかには品切となっており，書店の店頭にないものもあるが，図書館などを通じて利用されることをお勧めする。

財政学・税制一般
①神野直彦『財政学（改訂版）』有斐閣，2007 年
②神野直彦『税金 常識のウソ』文藝春秋（文春新書），2013 年
　＊①②ともに，筆者の 1 人による教科書・入門書である。①は財政学全般に関する，理論や歴史を踏まえた体系的な 1 冊である。

地方財政全般
③佐藤進『地方財政総論（改訂版）』税務経理協会，1993 年
④林健久編『地方財政読本（第 5 版）』東洋経済新報社，2003 年
⑤米原淳七郎『地方財政学』有斐閣，1977 年
⑥木下和夫編『地方自治の財政理論』創文社，1966 年
⑦柴田護『自治の流れの中で——戦後地方税財政外史』ぎょうせい，1975 年
⑧岡本全勝『地方財政改革論議——地方交付税の将来像』ぎょうせい，2002 年
⑨黒田武一郎編著『三位一体の改革と将来像——地方税・地方交付税』ぎょうせい，2007 年
⑩小西砂千夫『地方財政改革の政治経済学——相互扶助の精神を生かした制度設計』有斐閣，2007 年
⑪小西砂千夫『日本地方財政史——制度の背景と文脈をとらえる』有斐閣，2017 年
⑫小西砂千夫『地方財政改革の現代史』有斐閣，2020 年
　＊③④は地方財政全般に関する入門書として優れている。⑤⑥はマスグレイブ流の財政学の地方財政論への応用といえる。⑦⑧⑨は総務省関係者による地方財政に関する政策課題の解説書である。⑩⑪⑫は筆者の 1 人による地方財政制度のあり方についての研究書である。

地　方　税
⑬神野直彦・金子勝編著『地方に税源を』東洋経済新報社，1998 年
⑭神野直彦・伊藤祐一郎編『どうなる地方税財源——分権委最終報告から見た地方税財源充実の視点』ぎょうせい，2002 年
　＊⑬⑭はいずれも筆者の 1 人によるものであり，⑬は地方税への税源移譲の重要性を

主張した研究書であり，⑭は地方分権改革における税制をはじめとする制度改革の
あり方に関する解説書である。

地方交付税

⑮神野直彦・池上岳彦編著『地方交付税 何が問題か——財政調整制度の歴史と国際比
較』東洋経済新報社，2003 年

⑯石原信雄『新地方財政調整制度論（改訂版）』ぎょうせい，2016 年

⑰岡本全勝『地方交付税 仕組と機能——地域格差の是正と個性化の支援』大蔵省印刷
局，1995 年

⑱黒田武一郎『地方交付税を考える——制度への理解と財政運営の視点』ぎょうせい，
2018 年

⑲小西砂千夫『基本から学ぶ地方財政（新版）』学陽書房，2018 年

⑳小西砂千夫『地方財政のヒミツ』ぎょうせい，2012 年

　＊⑮は筆者の 1 人による地方交付税の理論に関する研究書，⑯⑰⑱は総務省関係者に
　よる制度の歴史的展開を踏まえた解説書であり，⑲⑳は筆者の 1 人による地方交付
　税等に関する詳細な制度解説である。

地 方 債

㉑平嶋彰英・植田浩『地方債』ぎょうせい，2001 年

㉒小西砂千夫編著『市場と向き合う地方債——自由化と財政秩序維持のバランス』有斐
閣，2011 年

　＊㉑は地方債の制度解説であり，とくに協議制の導入に関する解説が詳しく，㉒は筆
　者の 1 人による地方債に関する研究書である。

地方公営企業

㉓細谷芳郎『図解 地方公営企業法（第 3 版）』第一法規，2018 年

　＊地方公営企業全般を詳しく解説している。

補 助 金

㉔小滝敏之『補助金適正化法解説——補助金行政の法理と実務（全訂新版，増補第 2
版）』全国会計職員協会，2016 年

　＊補助金適正化法の趣旨や内容，運用について詳細な解説が加えられている。

公会計・健全化法

㉕小西砂千夫『公会計改革の財政学』日本評論社，2012 年

㉖小西砂千夫『自治体財政健全化法のしくみと運営——制度の詳解と運用のポイントが
わかる』学陽書房，2019 年

㉗小西砂千夫『公会計改革と自治体財政健全法を読み解く——財務 4 表・公営企業会計

改革・法適用拡大・健全化法・三セク改革・インフラ更新』日本加除出版，2014 年
㉘犬丸淳『自治体破綻の財政学──米国デトロイトの経験と日本への教訓』日本経済評論社，2017 年
　＊㉕は公会計改革全般，㉖は自治体財政健全化法の法制度，㉗は自治体財政健全化法や地方公営企業会計の改革，第三セクター改革などについて，それぞれの関連性に着目した筆者の 1 人による解説書である。㉘はデトロイト市の破綻についての経緯を詳細に分析し，日本の制度との比較を行った研究書である。

地方分権関係
㉙西尾勝『地方分権改革』東京大学出版会，2007 年
㉚西尾勝『自治・分権再考──地方自治を志す人たちへ』ぎょうせい，2013 年
　＊いずれも，近年の地方自治制度の歴史的経緯を理解するうえでもっとも適した研究書である。

地方財政関係資料
㉛地方交付税制度研究会編『地方交付税のあらまし（各年度版)』地方財務協会
㉜地方財政制度研究会編『地方財政要覧（各年度版)』地方財務協会
㉝『改正 地方財政詳解（各年度版)』地方財務協会
㉞地方債制度研究会編『地方債（各年度版)』地方財務協会
㉟総務省編『地方財政白書（各年度版)』
　＊地方財政に関する制度の解説や変遷を調べるうえですぐれている。そのほかにも，統計を所収した冊子は『地方財政統計年報』『地方債年報』をはじめ，いくつもある。また，直近の制度の変化を調べるには，月刊『地方財政』（地方財務協会)，月刊『地方財務』（ぎょうせい)，『自治日報』（自治日報社）などの定期刊行物，ネット配信の『i-jamp』（時事通信社）を参照することをお勧めする。

索　引

【事　項】

244

246

【人 名】

■ 著者紹介

神野　直彦（じんの　なおひこ）
1981 年，東京大学大学院経済学研究科博士課程単位取得退学
現在，日本社会事業大学学長，東京大学名誉教授
主要著作：『システム改革の政治経済学』岩波書店，1998 年；『人間回復の
経済学』岩波書店，2002 年；『地域再生の経済学』中央公論新社，2002
年；『財政学（改訂版）』有斐閣，2007 年；『教育再生の条件』岩波書店，
2007 年；『「分かち合い」の経済学』岩波書店，2010 年；『税金 常識のウ
ソ』文藝春秋，2013 年；『「人間国家」への改革』NHK 出版，2015 年；
『経済学は悲しみを分かち合うために』岩波書店，2018 年

小西　砂千夫（こにし　さちお）
1988 年，関西学院大学大学院経済学研究科博士課程単位取得
現在，関西学院大学人間福祉学部・大学院経済学研究科教授
主要著作：『日本の税制改革』有斐閣，1997 年；『地方財政改革の政治経済
学』有斐閣，2007 年；『市場と向き合う地方債』（編著）有斐閣，2011 年；
『日本財政の現代史』（共編，全 3 巻）有斐閣，2014 年；『財政学』日本評
論社，2017 年；『日本地方財政史』有斐閣，2017 年；『自治体財政健全化
法のしくみと運営』学陽書房，2019 年；『地方財政改革の現代史』有斐閣，
2020 年

日本の地方財政（第 2 版）
Local Government Finance in Japan, 2nd ed.

2014 年 10 月 20 日　初　版第 1 刷発行
2020 年 11 月 10 日　第 2 版第 1 刷発行

著　者	神　野　直　彦
	小　西　砂　千　夫
発行者	江　草　貞　治
発行所	株式会社　有　斐　閣

〔101-0051〕東京都千代田区神田神保町 2-17
電話　(03)3264-1315〔編集〕
　　　(03)3265-6811〔営業〕
http://www.yuhikaku.co.jp/

印刷・萩原印刷株式会社／製本・大口製本印刷株式会社
© 2020, Naohiko Jinno, Sachio Konishi.　Printed in Japan
落丁・乱丁本はお取替えいたします。

★定価はカバーに表示してあります。

ISBN 978-4-641-16575-5